COLEÇÃO
TODOS OS
CANTOS

Luís Antônio Giron

MARIO REIS
O FINO DO SAMBA

editora 34

EDITORA 34

Editora 34 Ltda.
Rua Hungria, 592 Jardim Europa CEP 01455-000
São Paulo - SP Brasil Tel/Fax (11) 3816-6777 editora34@uol.com.br

Copyright © Editora 34 Ltda., 2001
Mario Reis: o fino do samba © Luís Antônio Giron, 2001

A FOTOCÓPIA DE QUALQUER FOLHA DESTE LIVRO É ILEGAL, E CONFIGURA UMA APROPRIAÇÃO INDEVIDA DOS DIREITOS INTELECTUAIS E PATRIMONIAIS DO AUTOR.

Imagem da capa:
Mario Reis no filme Alô, Alô, Carnaval, *1936*

Imagem da 4ª capa:
Mario Reis na piscina do Country Club, 1950

Capa, projeto gráfico e editoração eletrônica:
Bracher & Malta Produção Gráfica

Revisão:
Alexandre Barbosa de Souza

1ª Edição - 2001

Catalogação na Fonte do Departamento Nacional do Livro
(Fundação Biblioteca Nacional, RJ, Brasil)

    Giron, Luís Antônio
G527m Mario Reis: o fino do samba / Luís Antônio
    Giron — São Paulo: Ed. 34, 2001.
    320 p. (Coleção Todos os Cantos)

    Inclui discografia.

    ISBN 85-7326-201-X

      1. Reis, Mario, 1907-1981. I. Título. II. Série.

            CDD - 780.9

MARIO REIS
O FINO DO SAMBA

1. Dizendo a melodia 11
2. Futebol e orfandade 27
3. "Estylo novo" 41
4. Um disco perdido 53
5. Apocalipse mecânico 69
6. Zé Carioca vai às compras 87
7. Dá licença, seu Mario? 111
8. Carmen, tango e amor 131
9. Na esquina da vida 149
10. De galã a excêntrico 169
11. Parou por quê? 201
12. Darcy e balangandãs 215
13. Garbo no Copa 229
14. Escrete dos chatos 255
15. Rasguei a minha fantasia 267
16. Datas e fatos 279
17. Os filmes 281
18. Os discos 285
19. Fontes 301

Agradecimentos 307
Índice remissivo 309

MARIO REIS
O FINO DO SAMBA

A Abel Cardoso Junior

"Pode-se dizer, sem exagero, que todos os cantores, a partir do aparecimento de Mario Reis, sofreram, direta ou indiretamente, a sua influência."

Lúcio Rangel

"Ele era uma enciclopédia."

Aloysio de Oliveira

"Era um computador."

Lindolpho Gaya

"Foi o artista que criou o canto brasileiro. Foi um intelectual da arte quando não se pensava em arte. Foi o mais irracional dos intelectuais. Ele trouxe a noção de que o canto é uma coisa, de que ele existe e precisava ser construído."

Julio Bressane

"Ele cantava falando e criou escola. A partir dele, a própria indústria da música se modificou."

Mozart de Araújo

"Quando comecei a gravar carnaval, mostrava minhas músicas antes ao Mario Reis, porque eu o considerava o maior crítico da época, o cara que tinha mais noção do que era o povo. Teve uma carreira curta no rádio, mas tudo o que fez foi perfeito."

Jorge Goulart

"Mario sempre foi um intérprete de música carioca, de modo que a música brasileira que mais sucesso fez sempre foi a música do Rio de Janeiro e quem gravava bem isso era Mario Reis. Em parceria com Francisco Alves, ele fez verdadeiras jóias."

Dorival Caymmi

"Cantava como se sussurrasse ao ouvido da namorada."

Paulo Tapajós

"Ele foi o cantor que mais teve bom gosto para escolher as suas músicas. O bom gosto do Mario era excepcional, ele deixou um repertório que ninguém vai esquecer, nunca."

Aracy de Almeida

"Morreu virgem, como Kant e Newton."

Sérgio Augusto

"Morreu virgem, como Hitler e Paulo Francis."

Hélio Fernandes

"Foi um come-quieto."

Floriano Belham

Em 1929, a primeira fotografia promocional do jovem Mario Reis: sambista e acadêmico.

1.
DIZENDO A MELODIA

Mario da Silveira Meirelles Reis foi um símbolo de refinamento. Pertencia a uma família da alta sociedade carioca, formou-se em Direito e levou a vida como quis: sem trabalhar pesado, usufruindo dos confortos que a cidade natal oferecia à sua classe. Poderia ter passado pela existência assim, sem ter deixado marcas. E realmente quase não há pegadas visíveis de sua vida privada.

O que ficou está basicamente nos sulcos onde gravou sua voz. Porque Mario Reis foi o primeiro a cantar samba com traje a rigor. Foi ele quem retirou do gênero o seu traço folclórico e étnico para trazê-lo aos salões da alta sociedade. Também desenvolveu uma maneira nova de interpretá-lo, baseando-se na fala cotidiana e num fraseado doce que tornava mais amigável o contato da letra com a música. Inaugurou o samba *Art Déco*.

Ganhou uma série de títulos: o "Gentleman do Violão", o "Bacharel do Samba" e, finalmente, "Doutor em Samba". Deu início à guerra cultural entre doutores e sambistas, tipos brasileiros que até hoje se engalfinham pelo prestígio no *show business*. Provou que o samba não tinha a ver com luta de classes. Inspirou Noel Rosa, seu fã, a afirmar, numa música, que o samba não vinha do morro nem da cidade, mas nascia do coração.

Mario se consagrou, lançou grandes clássicos do gênero, alterou-o da noite para o dia, com a força de sua originalidade. E, do dia para a noite, desistiu de cantar sem que ninguém entendesse a razão. De repente, ele declarava que odiava o sucesso, os jornalistas, a superexposição de seu nome nos cartazes e nos selos dos discos. Os jornalistas não perdoaram e o rebatizaram mais tarde: a "Greta Garbo Brasileira". Como a atriz sueca, ele saía de cartaz com pânico de envelhecer em público. Estava com 28 anos.

"Não tente descobrir nenhum motivo especial para explicar por que parei de cantar", aconselhava aos repórteres. "Não tente, também, descobrir nenhum motivo especial para explicar por que eu voltei a cantar em público e a gravar."

Por que, como um meteoro imprevisível, ele voltava para gravar discos ou fazer um espetáculo? Talvez para lembrar o público de que ainda existia.

A presente biografia é uma tentativa de descobrir os motivos especiais que Mario Reis sempre fez questão de não mencionar e mostrar, os rumos de suas duas vidas, a de grã-fino e a de sambista. O livro é fruto de uma investigação quase detetivesca, de entrevistas e pesquisas em jornais e documentos. Como tal, deixou muitas lacunas, que deverão ser preenchidas com a aparição eventual de uma chave que revele um segredo, que esclareça uma passagem apenas relatada e nunca comprovada. Como não há herdeiros do cantor e seus objetos pessoais desapareceram, a tentativa de construção de detalhes de sua vida foi difícil. Muitas pistas estão no próprio repertório que deixou, pelo qual ele buscava contar um pouco de sua vida, seus hábitos, sua filosofia pessimista de existência, dita com sorriso aberto.

De material, não restou quase nada. A mala de recordações, que manteve durante a vida, desapareceu do hotel Copacabana Palace, onde passou a viver a partir de 1957. Não se sabe do paradeiro de sua biblioteca, que mantinha fechada num apartamento que lhe servia de depósito. Seu irmão, João, herdeiro de seus bens, morreu em 1985, deixando tudo a uma governanta, que não deixou vestígios. Seu show de despedida, no Golden Room do Copacabana Palace, em setembro de 1971, foi gravado em videoteipe pela Rede Globo e exibido uma única vez. Poucos meses depois, a fita com o adeus de Mario Reis foi apagada.

Mario morreu em outubro de 1981, sem herdeiros diretos nem seguidores artísticos; amigos, só raros, quase todos do Country Club, exclusivíssima agremiação situada em Ipanema, da qual ele fazia parte desde 4 de maio de 1940. Isso porque já não freqüentava o Jockey Club, onde jogava bridge, desde que derrubaram o prédio neoclássico da avenida Rio Branco, em 1974.

Mario era um cidadão recluso, de hábitos e comportamento excêntricos; também uma figura da cidade do Rio de Janeiro. Tanto que chegou a pensar em escrever um guia sentimental das ruas e logradouros públicos cariocas, assunto que dizia conhecer como poucos. "Meu mundo vai do Jockey Club ao Country", costumava repetir, nos últimos anos. Mas ele conhecia como poucos os segredos do Rio. Os médicos que o assistiram pela última vez acham que se deixou morrer. O elegante e discreto grã-fino não poderia exibir, na piscina do Country, onde gostava de tomar banho de sol à tarde, a cicatriz deixada no ventre depois de uma operação para debelar um aneurisma da aorta abdominal. Mario Reis pode ter morrido de vaidade.

Mas a voz vibra robusta como que sulcada ontem na matriz dos discos, emitida com esmero e gosto apurado. Nada sobrou além dela, do timbre amigável de tenor, depois barítono, que encantava por escandir as palavras, dividindo-as como ninguém quando começou, em 1928. Esta é a data em que as gravações elétricas se impuseram no mercado e o canto tipicamente brasileiro surgia com Mario Reis. Sua voz deu novo rumo à história da interpretação do samba; sincopou-a um pouco mais para lhe fornecer leveza. Um sussurro elétrico. Orgulhava-se de ser um pioneiro; tinha consciência de seu papel transformador.

Ele chegou a citar, muitas vezes, o modernista Mario de Andrade como um dos estudiosos que reconheceram seu gesto fundador: em contraposição ao canto lírico da escola italiana, até então moda nas vozes de Vicente Celestino e Francisco Alves, Mario Reis impunha um canto falado, um sotaque carioca, uma maneira "brasileira" de abordar a canção. Seu estilo colaborou para mudar o jeito do canto na música popular. Mas Mario de Andrade era só a evocação de autoridade. A teoria de que ele alterou a música, "dizendo o samba", era dele próprio. Assim como o cineasta Mario Peixoto (do filme *Limite*, 1931) havia forjado uma crítica do diretor russo Serguei Eisenstein para dar peso à sua obra, o cantor usava seu engenho crítico para alterar levemente o argumento do folclorista paulistano.

Vale a pena ler o que diz Mario de Andrade na conferência "A Pronúncia Cantada e o Problema do Nasal Brasileiro Através dos Discos", de 1937. De acordo com o modernista, os cantores brasileiros nunca tiveram outra base de estudos que os preceitos do *bel canto*. Para nacionalizar o canto brasileiro, erudito ou popular, seria necessário prestar atenção à língua viva, "a que vive pela boca e é irredutível a sinais convencionais, e que dá o sentido expressional de uma nacionalidade".[1] Ora, argumenta o musicólogo, os cantores líricos estariam viciados, exceto um Haroldo Tapajós ou uma Elsie Houston. Os populares não ficariam atrás em seu artificialismo. Ao longo do tempo, houve melhorias no timbre e na entoação, mas a pronúncia continuou sendo um problema sério.

"Os nossos cantores naturais, pela confissão dos discos, são seres alfabetizados e muito urbanos, o que os desnatura bastante na dicção. Muitos deles fazem horrores, cantando ortograficamente, em principal as vogais surdas", disse[2]. Mario Reis é, de acordo com ele, o oposto do cantor

---

[1] Mario de Andrade, "A Pronúncia Cantada e o Problema do Nasal Brasileiro Através dos Discos", *in Aspectos da música brasileira*, São Paulo, Livraria Martins Editora/Instituto Nacional do Livro, 1974, 2ª ed., p. 128.

[2] *Idem*, p. 129.

ortográfico. Ele chega a exagerar no inverso da artificialidade. Ouvindo o samba "Deixa Essa Mulher Chorar" (que o musicólogo chama de "marchinha", talvez por não estar acostumado à cadência mais rápida do samba-padrão, surgido no Estácio), Mario de Andrade escreve que Mario Reis "leva ao exagero a pronúncia normal, buscando familiarizá-la, mas na verdade viciando-a bastante".

Os historiadores tendem a dourar a pílula do cantor, citando Mario de Andrade, mas este não se mostra tão fã assim dos maneirismos reisianos: "Os seus ee surdos em 'filiz' e 'inquanto', já não são propriamente ee surdos, mas verdadeiros ii abertos, de perigosa e nova desnaturação".[3] O musicólogo aponta que a língua portuguesa possui "uma fala de forte constância nasal" e este aspecto deveria ser respeitado pelos cantores, mesmo populares. Neste particular, ouvindo o samba "Deixa Essa Mulher Chorar", em que Francisco Alves faz dueto com Mario Reis, o "e" surdo neste é mais familiarizado, enquanto aquele se mostra hesitante. "E também como nasalação, o sr. Mario Reis é bem mais tipicamente nosso que o seu par".[4] A "repulsa ao s como valor de x ou j dos cantores cariocas deveria ser, portanto, a melhor pronúncia para evitar o excesso de ruídos característicos da música brasileira". Assim, seria evitado "o excesso de ruídos prejudiciais ao canto, provocados pelas fricativas sonoras." A "maneira inculta do cantar carioca" abria as vogais e desviava as asperezas do português culto.

No aspecto do suave chiado e da nasalação da fonética carioca, Mario Reis apareceu como um cantor exemplar. Ele "driblava" as fricções das consoantes e lhes dava um caráter menos ruidoso que rítmico; fazia do "s" uma discreta fricativa sonora, e terminava por enquadrar o ruído ao som. Era um bom "dizedor de samba", como teria dito Mario de Andrade da cantora Carmen Miranda. Mas, para o folclorista paulistano, o cantor praticaria algo como a hiper-incorreção, uma hipérbole do coloquialismo. O favorito do musicólogo era o contraltista infantil Floriano Belham[5],

---

[3] *Idem*, p. 130.

[4] *Idem, ibidem.*

[5] Floriano Belham era vizinho e amigo de Mario Reis e, como ele, desistiu da carreira muito cedo. Nasceu no dia 3 de fevereiro de 1913, na Tijuca, Rio de Janeiro. Bem pequeno, já se exibia em teatros, festas de colégio e reuniões. Grandes compositores, orquestradores e acompanhadores da época deram-lhe músicas que, em sua voz, atingiram a fama. Magro, de pequena estatura e com voz de menino, mesmo quando se tornou adulto, ficou conhecido com o nome artístico de Menino Floriano Belham, e assim era apresentado nas

"com seu leve nasal de acariciante doçura"[6] e as vogais não tônicas discreta e "nacionalmente timbradas"[7]. Assim, os prediletos de Mario de Andrade eram Belham, Haroldo Tapajós e Elsie Houston.

Foi o próprio Mario Reis quem espalhou, por entrevistas, a seguinte afirmação, que, segundo ele, seria de autoria de Mario de Andrade: "A melhor pronúncia didática do Brasil é a do cantor Mario Reis". Sua vaidade jamais cederia o cartaz a Belham, que aparecia nos selos dos discos como "Menino Floriano Belham", e, de certa forma, para os padrões cariocas da época, soava um tanto empostado e seresteiro. O mais engraçado é que os historiadores e jornalistas repetiram a frase sem fazer a conferência necessária da informação... Mario Reis inventou sua própria teoria, extraindo o que não lhe interessava das observações do musicólogo xará. Felizmente para Mario, o grande Belham (1913-1999) desistiu da carreira quase ao mesmo tempo que ele (cantou de 1930 a 1938, com apenas oito discos gravados) e se manteve na modéstia.[8]

A auto-exaltação apoiada no parecer de um sábio foi um pecadilho, embora "Doutor Mario" — como Reis começou ser chamado pelos cole-

---

etiquetas dos primeiros discos. Em 1929, gravou seu primeiro 78 rpm (Victor). Continha os maiores sucessos de sua carreira: "Mamãezinha Está Dormindo", de André Filho, e "Canção do Ceguinho", de Cândido das Neves, o Índio. Nesse mesmo ano, recebeu do cantor Francisco Alves o convite para gravar na Odeon, mas não foi liberado por sua gravadora. Em 1931, gravou mais duas canções pela Victor: "Sinhá", de José Luís de Morais, o Caninha, com Rogério Guimarães ao violão, e "Cinzas de Amor", de Cândido das Neves, também com Guimarães. No ano de 1932, afastou-se do rádio e das serestas para fazer um concurso à Fazenda Federal, em Vitória (ES). Sem desligar-se do meio musical, participou do *Programa Casé*, na Rádio Philips, no Rio de Janeiro, em 1933. O apresentador pediu a Belham que cantasse "Mamãezinha Está Dormindo", mas sua preferência recaiu por "Mimi", valsa-canção de Uriel Lourival, consagrada por Sylvio Caldas, e acabou repetindo o sucesso com sua interpretação. O sucesso de "Mimi" elevou os cachês para 50 mil-réis, bem acima dos 30 mil pagos à época. Em 35, participou da inauguração da Rádio Tupi, no Rio de Janeiro e, na seqüência, assinou contrato para cantar na nova emissora. Belham abriu também as portas a Ataulfo Alves, ao gravar "Saudades do Meu Barracão". Belham cantava músicas densas de tristeza e poesia, mas abandonou a carreira em 1938, com oito discos gravados. Formado em Direito, atuou ainda como fiscal da Fazenda Federal, por 35 anos. Faleceu em Botafogo, no Rio de Janeiro, em 20 de setembro de 1999. Deixou três filhos, um diário em que conta suas memórias e dezenas de horas de gravações onde, pouco tempo antes de morrer, já não mostrava a nitidez vocal de sempre.

[6] Mario de Andrade, *op. cit.*, p. 139.

[7] *Idem*, p. 132.

[8] Luís Antônio Giron, "No Colo dos Deuses", *in* Caderno Fim-de-Semana, *Gazeta Mercantil*, 8 de outubro de 1999, p. 14.

Jazz-Band Sul Americana de Romeu Silva (ao sax) com Fernando ao violino.

Fernando, precursor de Mario na Era Mecânica.

gas ao se bacharelar em Direito, em 1930 — não precisasse lançar mão do expediente. Talvez ele tivesse pudor de haver fabricado, ele próprio, a "Teoria de Mario Reis". Espalhou-a com sucesso. A tese do "samba dito" encontrou muitos seguidores, entre eles o musicólogo Mozart de Araújo, que afirmou que o nome de Mario Reis serviu como "marco divisório entre duas fases do samba carioca: a fase do samba cantado, que usava notas agudas e longas, em vez de breques, e a fase do samba declamado, que, dispensando o dó-de-peito, exigia do intérprete uma articulação mais clara das palavras do texto e sobretudo um mais apurado senso rítmico".[9]

Outra teoria associada ao cantor diz respeito à evolução tecnológica do fonógrafo. O biógrafo de Sinhô, Edigar de Alencar, conhecido como Dig, afirma que foi o livreiro José de Barros Martins o primeiro a ter ressaltado a idéia, hoje assentada, de que Mario representou a resposta estética à era elétrica, estabelecida no Brasil em 1927.[10] Martins teria fixado a idéia numa entrevista de 1963. Ora, a coincidência foi um fato histórico, uma sincronicidade que o público da época observou *in loco*. A voz de Mario e o microfone chegaram ao mesmo tempo à música popular brasileira e fundaram uma interpretação melódica e bem pronunciada, sem retórica, associada à inédita possibilidade do volume reduzido na emissão vocal. Não o livreiro, mas a própria História fez coincidir uma voz e uma tecnologia.

Só que Mario Reis não foi um fenômeno maquinalmente ligado à Era Elétrica. Na época, surgiram vários intérpretes de vozes menores. Nos Estados Unidos, o *singer* deu lugar ao *crooner*, o sussurrante vocalista à boca do microfone. Mario tinha algo mais que o diferenciava dos *crooners* da moda e da mera transposição tecnológica: era a pronúncia e o modo de concatenar as sílabas na frase musical. Impôs uma nova sintaxe, um fraseado inconfundível, até hoje órfão de escolas, ou, quem sabe, tão fundador de algumas linhas estéticas que seus praticantes lhe negam a paternidade. Talvez seja uma transposição automática associar seu modo de cantar ao de João Gilberto, quando até mesmo este se considera tributário do delicado fraseado de Orlando Silva. Quando surgiu, diga-se de passagem, João Gilberto foi chamado por alguns críticos de "um novo

---

[9] Texto de apresentação da contracapa do álbum *Mario Reis Apresenta Músicas de Sinhô* (Continental, 1951).

[10] Raimundo de Menezes, "Procurava Autores e Acabou Descobrindo Assunto: Música Popular Brasileira", *in O Povo*, 12 de outubro de 1963, Fortaleza. *Apud* Edigar de Alencar, *Nosso Sinhô do Samba*, Rio de Janeiro, Funarte, 1981, p. 101.

Mario Reis". A associação com a escanção do samba e o anasalado é automática. Nem Mario achava que João pudesse ter sofrido influência, uma vez que pertencia a uma geração muito mais jovem. Se Mario trouxe a fala carioca ao samba, João transpôs o baianês para o gênero. O anasalado de João é mais acentuado e seu fraseado, mais *legato* que o de Reis, baseado no ataque em *staccato*. Há um nó ligando os dois; não fosse assim, João não teria incorporado a marcha "Joujoux e Balangandans", criada por Mario, ao seu repertório. E Ary Barroso, a inspiração máxima de João, foi lançado por Mario, que também tinha seu guru, Sinhô. Isto para não falar em Tom Jobim e Chico Buarque, que compuseram para os dois. Se é para falar em Bossa Nova, o cantor mais vincado por Mario foi Juca Chaves, no começo da carreira, com suas canções e sambas bem-humorados. Logo depois, Paulinho da Viola se deixaria levar pelos meneios reisianos, e chegaria a compor diversos sambas, pensando numa possível abordagem do cantor. Contemporâneos dos bossa-novistas, mas que não seguiam a cartilha de João, se inspiravam em Mario. O carnavalesco Blecaute lhe rendeu graças e tentou dar seqüência ao estilo. Jorge Goulart, que não tinha nada a ver, pois cantava à Chico Viola, não lançava disco sem submeter o repertório a Mario, pois o considerava o crítico mais severo do Brasil[11]. Mario era um oráculo para as novas gerações.

Como não bastasse, Mario timbrou diretamente muitos cantores de sua época. Noel Rosa, Carlos Braga (o Braguinha), Lamartine Babo, Leonel Faria, Ildefonso Norat, Luiz Barbosa, Januario de Oliveira e Jonjoca são exemplos escancarados de influência sem angústia. Noel e Braguinha, amigos dos saraus em Vila Isabel, ganharam coragem para gravar, por causa do impacto da renovação de Mario. Jonjoca e Januario colaram do seu caderno. Luiz Barbosa reinventou o fraseado coloquial para criar o samba-de-breque a partir das lições do amigo. Lamartine aplicou os mesmos princípios no humor. Ildefonso tendeu para o classicismo, sem deixar de aplicar o "reisismo" a sua interpretação e fez sua personalidade fluir pelas dicas do cantor. Ainda nos anos 60, o compositor e cantor gaúcho Lupicínio Rodrigues gravou duas dezenas de músicas, dizendo o samba à maneira dele. Porque Mario, sem pretender, criou uma *maneira*.

Ela não nasceu do nada. Havia cantores de baixa amperagem que o precederam no cenário musical brasileiro, apesar da ineficácia da captação sonora. No início das gravações mecânicas no Brasil, empreendidas

---

[11] "Um Cantor Cassado e Aposentado na Marra", Pasquim Entrevista Jorge Goulart. In *O Pasquim* nº 594, 14 a 20/11/1980, p. 11.

pelo empresário austríaco, nascido na Boêmia, Frederico Figner, os cantores eram capadócios, poetas de rua que, em geral, empostavam a voz ou gritavam, na mania adquirida nas festas populares. Não era o caso de Bahiano (1870-1944), o cantor mais popular do Brasil do início do século XX. Ele se mostrava sempre descontraído nas suas gravações — às vezes até demais, soltando chistes e duplos sentidos que os técnicos alemães que gravavam o disco certamente não entendiam. Sua virtude foi mais conversar com o autofone (o "microfone" da era mecânica, cone de bronze na ponta do qual havia um diafragma de borracha dotado de uma agulha, que por sua vez inseria um sulco na matriz de cera) do que cantar; ele era um cantor de poucos recursos. Melhor desempenho que ele teve Eduardo das Neves (1874-1919), com seu jeitão afro de cantar lundus. Havia o barítono Mário Pinheiro (1880-1923), o Mário, que, de tão técnico, chegou a cantar ópera em Milão.

Quem sucedeu Bahiano no coloquialismo atendia pelo nome de Fernando (isso mesmo, sem sobrenome). Com boa voz e dono de um estilo, foi o último grande nome da fase mecânica de gravações. Sua voz, potente, sabia dosar a amplitude e produzir os meneios próprios aos anos 20, que ele representou como ninguém. Afinal, Fernando, até a aparição de Mario Reis, era um dos intérpretes favoritos de Sinhô, o grande lançador de sucessos da louca década de 20. Fernando sucedeu a Eduardo das Neves e Bahiano, que haviam saído de cena. Como Mario Reis, pertencia a uma família tradicional carioca, Albuquerque. Fernando de Albuquerque, diferentemente de seu sucessor, não usava o sobrenome para talvez não comprometer a família, hábito comum entre o pessoal da alta sociedade na época.

Em 1926, Fernando parou de gravar, sem deixar vestígios[12]. Logo depois apareceria Mario Reis, preenchendo o lugar vago do canto conversado. Mario possivelmente ouviu os grandes sucessos de Fernando na sua juventude. "De Cartola e Bengalinha", "Zizinha", foxes-trotes e marchas de Freire Júnior, talhadas à maneira do *charleston*, formavam o repertório do cantor, que era *crooner* da Jazz-Band Sul Americana, orquestra jazzística liderada pelo maestro, compositor e saxofonista Romeu Silva, com o qual Fernando excursionaria até meados da década de 1930, como

---

[12] Um fato curioso é que em 1939, de volta da Exposição Universal de Nova York, Fernando mostrou ao iniciante Edu da Gaita uma gaita cromática que trouxera de lá. Fernando presenteou o rapaz com o instrumento, o que estimulou Edu em sua carreira.

A Orquestra Pan American do Cassino Copacabana de Simon Bountman (1928).

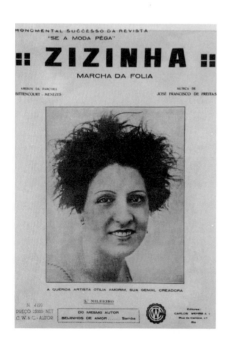

Ottilia Amorim lançou o sucesso "Zizinha" em 1926: capa da partitura de autoria de José Francisco de Freitas.

O "menino" Floriano Belham nos anos 40.

crooner, tocando banjo, violão e cavaquinho. Havia outros cantores jovens, populares e, ao mesmo tempo, "desempostados" na época, até porque o jazz estilo *dixieland*, tão em moda no início dos anos 20, exigia uma certa displicência no cantar, uma informalidade a que a geração anterior de intérpretes não estava acostumada. Eram os chamados "estribilhistas", pois se encarregavam de episódios vocais no meio da vasta festa instrumental dançante. Nas *jazz-bands* rivais à de Romeu Silva, a mais famosa dos bailes do tempo, cantavam outros *crooners*, como Albertino Rodrigues e Pedro Celestino, que se revezavam com outros na também famosa Jazz-Band Sílvio de Souza. É preciso lembrar que Francisco Alves foi também estribilhista na Jazz-Band Pan American do Cassino Copacabana, dirigida pelo violinista Simon Bountman. Além de se apresentar nos bailes do *grill-room* do Copacabana Palace Hotel, Chico gravava com o grupo. Por exemplo, em 1927, registrou o caterêtê "Cunhança" (Sebastião Santos Neves)[13] com a Jazz-Band, revezando-se no mesmo disco com o estribilhista Pereira Gomes, com "Carinha de Bebé" ("Baby Face"), fox-trote de Davis & Akst. Chico Alves, dentro da atmosfera amalucada dos anos 20, apresentava no lado B do disco Odeon[14] da Jazz-Band Pan American do Cassino Copacabana, o *one-step* "Rio de Janeiro", de Joubert de Carvalho. O lançamento datou de junho de 1928. Havia também o barítono Arthur Castro, que sempre evitou o "erre" à italiana e cantava acariocado, mesmo porque era um barítono de teatro de revista. Havia os convidados da Carlito Jazz-Band, que tocou nos espetáculos *Ba-ta-clan* em 1926, apresentando números de puro improviso.

Como eram esses cantores, e que repertório interpretaram? É importante se debruçar sobre o assunto, uma vez que tais vozes formaram, de certa maneira, o gosto do jovem Mario Reis. Os cantores pertenciam à geração que sucedeu os pioneiros da gravação. Diferentemente destes, possuíam uma certa escola de canto, eram mais sofisticados e já não falavam à roça, mas ao jovem urbano e suas manias de consumo musical, voltado à dança. A importação americana acontecia via o saxofone e o banjo que se introduziam no choro por obra e graça dos Oito Batutas, que voltaram em 1922 de Paris munidos dos instrumentos que aprenderam a tocar com as jazz-bands americanas ativas em Paris. Pixinguinha, o grande flautista, voltara da Cidade-Luz munido de um saxofone que lhe dera de

---

[13] Disco Odeon nº 123298/123299.
[14] Disco Odeon nº 10162.

presente Arnaldo Guinle — o milionário dono do Hotel Copacabana Palace, que patrocinara a turnê dos Oito Batutas — na *boîte-russe* Scherazade, em Paris; Donga, por sua vez, exibia o banjo, que agora revezava com seu violão. Em Paris, a era do jazz estava no auge, e os Oito Batutas sentiram o peso da animação daqueles músicos negros, quase todos saídos de New Orleans.

Três anos depois do grande êxito brasileiro no exterior dos Oito Batutas, a Jazz-Band Sul-Americana de Romeu Silva assumiu o pódio da moda: excursionou em 1925 por Portugal e Espanha e fixou a música carioca na Península Ibérica, ficando por lá pelo menos até 1934. E lá estava o cantor Fernando como o porta-voz dos sambas carnavalescos, marchas e sambas, também chamados de maxixes por contaminação dos pulados e figurados passos postos na pista da moda pelo bailarino Duque (aliás, diretor-artístico da Scherazade, de propriedade de ricos emigrados russos, que lançaram em Paris, na época, a moda das *boîte-russes*, ainda mais permissivas que as já tradicionalmente licenciosas parisienses). A exemplo dos Batutas, a Jazz-Band Sul-Americana era uma atração internacional. Fernando cantava o repertório "regional" (como era chamada a música brasileira da época), sapecando foxes-trotes e canções em inglês aqui e ali, bem ao gosto da juventude da época. Fernando parecia querer mostrar um modo negligente de falar o português, nas canções ou nos anúncios das faixas; introduzia um acento carioca, que Mario Reis logo levaria à condição de procedimento estético e consciente. Outra orquestra que fez fama em Paris foi a do baterista Carlito Blassifera. A Carlito Jazz excursionou com o *Bataclan* pela Europa e, em Paris, tocou no cabaré Palermo, no café Anglais (com Donga ao violão e banjo) e na "boîte-russe" Ermitage. Nos números cantados tipicamente brasileiros, os próprios músicos se revezavam ao canto. E sua maneira informal e conversadeira dominava as interpretações.

Aqui não é caso de entender a ingenuidade despreocupada de Fernando e outros vocalistas de *jazz-band*, mas perceber sua voz pelo ouvido estético e conseqüente de Mario. Que possível leitura este realizou daquele é o que importa imaginar. Mario, provavelmente, ouvia em Fernando um ensaio de diferença nas interpretações descompromissadas e agitadas, movidas a cocaína, do espírito do tempo. Cosmopolita, Fernando cantava os figurinos das melindrosas e as vicissitudes de Zizinha, a moça que se aborrece com o assédio de velhos e mocinhos pelas ruas e bondes onde passa, na caracterização da atriz Ottilia Amorim, que lançou a música no palco. Fernando era o bardo dos novos tempos e os retratava com síncopes e solavancos mais ou menos felizes. Entre 1924 e 1926, o cantor gravou

72 músicas para a Casa Edison de Fred Figner. Lançou sambas de Caninha, João da Gente, Freire Júnior, Tuiú (Augusto de Oliveira Pinto, trombonista), Osvaldo Cardoso de Menezes e Sinhô. Um de seus sucessos típicos era "Pinta, Pinta, Melindrosa!", marcha carnavalesca de Freire Júnior, que lançou no início de 1926 para o carnaval. Como sempre, Fernando cantava acompanhado pela orquestra de Romeu Silva. Acompanhava é modo de dizer, porque a orquestra exibia toda a sua animação e virtuosismo, com solos de trombone e trompete. Fernando muitas vezes cantava na segunda-parte, como era requerido a um *crooner* de *jazz-band*. Outra música típica do repertório do cantor em 1926 era "Roupa na Corda", designada no selo Odeon como "maxixe", de autoria do maestro Romeu Silva (a expressão "tem roupa na corda" seria uma das mais típicas de Mario Reis; ele usava para assinalar a chegada de algum chato que atrapalhava suas conversas com os amigos). Mas Fernando desapareceu de cena após a gravação do samba "Mão na Roda", de João da Gente, em meados de 1926. Deixou 72 gravações, em três anos de carreira. Seu jeito coloquial não parecia ter semeado seguidores. Até a aparição de Mario Reis.

Como ouvinte e estudante de violão, Mario tomou contato com os êxitos do cantor e de outros músicos da época. Ele estudava os métodos de interpretação, os estilos, queria dissecar as técnicas. Não por nada, o locutor paulista César Ladeira, inventor notório de apelidos, chamou-o de "O Bacharel do Samba". No reforço do apelido, em 1933 o cantor gravaria "Doutor em Samba", a quarta música gravada de Custódio Mesquita[15]. Mario ainda gravou Ary Barroso, Bide, Marçal, Brancura, Nilton Bastos, Mário Lago, Hervê Cordovil e a dupla João de Barro-Alberto Ribeiro, quando estes autores estavam no início de suas carreiras.

Como bom acadêmico, Mario Reis fez evoluir a, vamos dizer assim, "estética" de Fernando e do pessoal da música jazzística da década de 20. Estudou aquele samba meio fox-trote. Levou a pronúncia das palavras e a respiração à precisão da fala cotidiana carioca. Aquela enunciação do português que Mario de Andrade considerava o padrão brasileiro coloquial. Dono de pulmões tão tonitruantes quanto os de Fernando, Mario Reis domou sua voz para sofisticá-la na escultura do som falado, seco, sem a retórica italianada de Mário Pinheiro e Vicente Celestino. Mario

---

[15] As primeiras gravações de Custódio foram: "Dormindo na Rua" (fox-canção) e "Tenho um Segredo" (fox-canção), ambas por Sylvio Caldas, disco Victor nº 33588 lançado em agosto de 1932, e "Prazer em Conhecê-lo" (Noel Rosa e Custódio Mesquita), em gravação de 28 de setembro do mesmo ano, disco Odeon nº 10943.

Reis podia ter surgido na era mecânica, na época de Fernando, sem prejuízo da estética. O advento da era elétrica, com o microfone e o sistema ortofônico de gravação, facilitou a definição desse *stil nuovo* do canto nativo. Diante de um autofone, Mario Reis não seria outro, com sua escanção, dicção, forma de interpretar. O argumento da aparição simultânea é engenhoso, mas, talvez, encubra a realidade casual da contigüidade de voz de Mario e a aparição do microfone. Mario não é uma construção tecnológica, mas um cantor organicamente gerado pela bênção de José Barbosa da Silva, o Sinhô, maior compositor da época. Aliás, seu professor de violão e de canto.

Sua voz, nada mais, irá inscrevê-lo no bronze dos grandes fundadores do canto no samba carioca. Foi um dos criadores do canto brasileiro moderno, despido da retórica do *bel canto*, preparado para a ginga do samba e do português carioca.

Assim se encena a aventura de uma voz que se impôs em definitivo na série brasileira do canto. É a história de um indivíduo que se cercou de mistérios e deixou rastros que vão se apagando à medida que seus últimos amigos desaparecem. A "Greta Garbo Brasileira", como foi chamado, em tom pejorativo, procurou se retirar em plena juventude e não virar uma instituição do rádio. Nunca, por exemplo, prestou depoimento ao Museu da Imagem e do Som. Mas adorava quando alguém se lembrava dos oito anos que dedicou exclusivamente à música. Parou em 1936, de repente, deixando um acervo de 161 gravações, em discos de 78 rotações por minuto.

Ora, o compositor Noel Rosa teve uma carreira ainda menor, de sete anos, durante a qual compôs por volta de 230 músicas, muitas delas fundamentais para a cultura brasileira. Noel parou em 1937, um ano depois de Mario, por causa de uma tragédia: a morte; Mario Reis terminou com um tremendo anticlímax, num lance de comédia, para ir trabalhar na Prefeitura do Distrito Federal. Não era raro um artista desistir naqueles anos. Mas sua produção vocal foi quase tão impressionante quanto a atividade de Noel como compositor, ainda mais que Mario Reis tratou de lançar um clássico depois do outro — em qualidade de música, interpretação e gravação — e, à medida que fazia isso, empurrava a cadeia evolutiva do samba a mutações jamais cogitadas. Depois de viver o auge, o grã-fino se retirou à francesa, com certo menosprezo pelo que fizera até então, ou com o sentimento de dever cumprido, de contas prestadas à música e à própria juventude. Não ia continuar cantando "Jura" se as multidões pediam os sambas-canções na voz perfeita de um Orlando Silva.

E ingressou solenemente num anonimato dos mais falsos, porque tratava de aparecer pública ou privadamente. Curiosamente, se fez questão de apagar os detalhes de sua vida íntima, a personalidade que Mario Reis vestia para os amigos surge muito clara e presente: o homem que "enchia o salão" quando aparecia e era capaz de cantar a noite inteira entre seus pares; o sujeito vaidoso que jogava tênis, nadava e tomava sol na piscina do Country; o grã-fino da "turma da Bangu" que, na realidade, no fim da vida, possuía muito mais prestígio social que dinheiro; o Don Juan que preferiu ficar solteiro e manteve segredo de suas conquistas; o leitor dos romancistas russos que mantinha um apartamento para guardar seus livros. É esse temperamento nada simples que forma o conteúdo de seu canto transformador. Mario Reis fazia barulho com teorias, histórias e canções, mas aprisionava sua vida particular num silêncio absoluto.

Pelo cotidiano recluso, ausência de notícias sobre casos amorosos com mulheres, gentileza nos modos, vaidade, modo de vestir e a voz assexuada (efeminada, diriam muitos de seus contemporâneos), Mario foi incorporado à cultura GLS como um ídolo.

A idolatria se dá igualmente no longa-metragem de Julio Bressane, *O Mandarim* (1995). O filme faz uma homenagem apaixonada e fantástica ao cantor. Mas, de certo modo, prolongou-lhe o mito. Bressane quer provar que Mario foi namorador, mas era incapaz de consumar um ato sexual. Segundo o diretor, amigo e fã de Mario, o cantor teria morrido virgem por possuir a glande embutida, o que o impossibilitaria de fazer sexo com mulheres. Teria morrido mais virgem que o filósofo alemão Kant.

Aos olhos de uma parcela da comunidade GLS do início do século XXI, assim, Mario se converteu num Farinelli, ou mesmo em um Assis Valente ou Ismael Silva. A homossexualidade faria parte essencial de sua estética. Pode ser, do ponto de vista do "grão da voz" que remetia a uma sexualidade ambígua, ao hermafroditismo — aspecto notado por alguns de seus contemporâneos. Mas o que ele passa na música é, no máximo, a misoginia típica dos Bambas do Estácio e o negativismo existencial sempre recoberto pelo creme de seu sorriso (como observou Bressane, ele cantava sorrindo). Sua história mostra que ele não foi um personagem tão alternativo assim. Era um sujeito formal, moralista e de convicções políticas ultradireitistas. Ele se envolveu amorosamente com algumas mulheres e, no fim da vida, idealizou-as a ponto de não conseguir amá-las. Foi um dos homens mais charmosos e inteligentes que o Brasil já viu passar. Dono de uma voz única, emprestou seu *black tie* ao samba. O resultado foi um som só seu, de linhas melódicas retas, formas rítmicas discretas, timbre pastel e destituído de ornamentos. A história do samba teve com ele a sua fase Art Déco.

Os Silveirinhas, Guilherme e Joaquim. Entre eles, o senador Guilherme da Silveira.

Primo de Mario, médico, comediante, dramaturgo e apresentador de TV, Silveira Sampaio (1914-1964) promovendo os tecidos da fábrica da família, a Bangu.

2.
FUTEBOL E ORFANDADE

Nas décadas de 20 e 30, os três "irmãos" Silveiras formavam uma espécie de entidade social. Andavam invariavelmente juntos. Os Silveirinhas, como eram chamados, se pareciam uns com os outros, os ternos de linho importado, o espírito sarcástico, as frases de efeito, o andar rápido de *sportsmen*, a presença notada em qualquer festa que freqüentavam. Eram eles Joaquim Guilherme da Silveira (1910-1997), Guilherme da Silveira Filho e Mario da Silveira Reis, ambos de 1907 (o primeiro, falecido em 1989). Mario, uma espécie de irmão de criação dos outros dois, na realidade, era primo deles. Havia uma instituição protetora de todos: o doutor Guilherme da Silveira (1882-1974), pediatra e, a partir de 1923, presidente da Companhia Industrial Progresso do Brasil S. A., a Fábrica Bangu de Tecidos. Por conta do poderio da Bangu e de laços familiares que remontavam a meados do século anterior, os Silveiras conquistaram prestígio e um lugar na alta sociedade carioca. Na década de 30, juntou-se ao trio um primo mais novo, recém-formado em Medicina, que logo se tornaria comediante, dramaturgo e, mais tarde, apresentador de TV: Silveira Sampaio (1914-1964). O quarteto atraía a atenção pela inteligência, espírito e, claro, a fortuna. Os Silveirinhas ganharam as colunas sociais e se projetaram no mundo político. Por conta da Bangu, Mario manteve por toda a vida a imagem de grã-fino. Um título, aliás, que, no final da vida, não podia ostentar de fato.

Imponentes, os irmãos eram altos — Guilherme tinha 1,85 m e Joaquim 1,83 m. Silveira Sampaio não ficava abaixo. Mario, menor, 1,76 m, compensava com o corpo atlético e o caminhar elegante, cabelos negros lisos, repuxados para trás, olhos castanhos claros que se comprimiam quando abria o teclado do sorriso. Orestes Barbosa o descreve em tintas nítidas: "Nascido na rua Afonso Pena [sic], claro, de olhos cor de mel, Mario Reis apurou os dotes físicos no requinte que não escandaliza mas impressiona, quer aparecendo na displicência veranista de um costume de palha de seda, quer surgindo na sobriedade de um *smoking* reverencial"[1].

---

[1] Orestes Barbosa, *Samba: sua história, seus poetas, seus músicos e seus cantores*, Rio de Janeiro, Funarte, 1978, 2ª ed., p. 47. [Mario nasceu, na verdade, na rua Sampaio Viana. Orestes errou.]

Jorge Guinle, amigo da família e íntimo de Mario, herdeiro do Copacabana Palace Hotel, comentava em 2000: "Os Silveirinhas eram gente que não existe mais na sociedade carioca. Não precisavam anunciar sua chegada. Quando entravam na sala, a presença deles era notada. Eles enchiam o salão, não por exibicionismo ou coisa parecida. Era uma coisa natural. Os Silveirinhas marcavam presença mesmo quando a gente não se dava conta de que eles haviam chegado. Mario Reis era o mais brilhante deles. Sem dizer uma palavra, seu magnetismo se fazia sentir. Era o verdadeiro sala-cheia".[2]

Mario Reis gozava do *status* de irmão entre seus primos. Ele próprio pensava ser "mais Silveira que Reis". A particularidade muda seu retrato para a posteridade e a imagem que tinha de si próprio. Órfão de pai desde os 17 anos, foi adotado informalmente pela família da mãe, Alice da Silveira, uma dama elegante e culta, "nobre figura de dama brasileira", de acordo com o cantor Francisco Alves.[3] Segundo informações da família, Alice passou a sofrer de problemas psíquicos em meados década de 30 e vivia internada em clínicas para doentes mentais, tendo permanecido em instituições desse tipo até morrer, nos anos 40. Isso teria provocado a mudança dos irmãos da casa da rua Afonso Pena. O irmão de Alice, Guilherme da Silveira, cumpria o papel de patriarca do clã dos Silveiras, cujo capital se construiu progressivamente, das terras do pai ao império da Bangu. Quando Mario e seu irmão mais velho, João, o Jonjoca, ficaram órfãos, doutor Guilherme, clínico geral e pediatra, trabalhava como médico da colônia portuguesa. Foi chamado a dirigir a indústria têxtil por sua reputação acima de qualquer suspeita e sua visão humanística dos problemas sociais brasileiros. Guilherme era uma figura protetora, enérgica, um espírito racionalista, conforme lembrava em 1999 sua nora, Maria Candida, a Candinha, casada com Joaquim. Dr. Guilherme tratou logo de ajudar os sobrinhos órfãos, indicando-os para empregos quando precisaram, orientando-os para fazer cursos universitários. Principalmente, formou o caráter de Mario Reis, que o enxergava como um oráculo e a quem consultou diariamente até sua morte.

Não que o pai de Mario, Raul Meirelles Reis, não tenha exercido influência sobre o menino. De certa forma, sua determinação e talento para lidar com o caixa de uma empresa lembravam o temperamento severo e

---

[2] Depoimento de Jorge Guinle. Ver Luís Antônio Giron, "Do Ba-ta-clan à Morte do Jazz", *in* Caderno Fim-de-Semana, *Gazeta Mercantil*, 8 de julho de 1999, p. 24.

[3] David Nasser, *Chico Viola*, Rio de Janeiro, Edições O Cruzeiro, 1966, p. 117.

Raul Meirelles Reis, o pai de Mario, morto em acidente ferroviário em 1925.

correto de Guilherme da Silveira. Empregado em uma firma do setor de ferragens, Raul pertencia a uma família de poucos recursos de Guaratinguetá, estado de São Paulo. Era filho de Antônio dos Santos Reis e Thereza Meirelles Reis. Mudou-se ainda menino para o Rio para trabalhar no comércio. Logo entrou para a firma de ferragens Dias Garcia. Ali, revelou-se funcionário modelar e galgou todos os postos, até se tornar chefe e sócio da empresa, atingindo uma situação financeira confortável, muito acima da média de uma época em que a riqueza estava centrada no comércio, pouco antes da industrialização do país.

A mãe de Mario, Alice, pertencia a outra cepa; vinha de uma família de origem portuguesa, originária de Bragança, que emigrou para o Brasil na década de 1870. Seus pais — Manoel Guilhermino da Silveira e Maria Rosa de Moraes da Silveira, natural de Guaratinguetá — haviam tido cinco filhos: Maria Guilhermina, nascida em 1879 (mãe de Silveira Sampaio); Manuel Guilherme da Silveira Filho (1882) e Domingos, nascido em 1884; Alice, nascida em 1887, e Elvira Rosa (1888). Um dos irmãos mais velhos de Alice, Manuel Guilherme da Silveira Filho, teve quatro: Alice, provavelmente homenageando a irmã; Maria, chamada Mariah; Guilherme da Silveira Filho (1907), o Silveirinha; e Joaquim Guilherme da Silveira (1909) — os "irmãos" de Mario.

Alice e Raul casaram-se no Engenho Velho em 19 de janeiro de 1905 e estabeleceram residência no Rio Comprido. Seu primeiro filho nasceu no fim desse ano, João. O segundo, Mario, no último dia de 1907, uma terça-feira. Sua certidão de nascimento informa que ele nasceu "aos 31 dias do mês de dezembro do ano de 1907, às 14h06, na rua Sampaio Viana nº 13 nesta cidade — Rio de Janeiro, do sexo masculino, filho de Raul Meirelles Reis e Alice da Silveira Reis, sendo avós paternos Antônio dos Santos Reis e Thereza Meirelles Reis e, maternos, Manoel Guilhermino da Silveira e Maria Rosa da Silveira". O declarante foi o pai e as testemunhas foram o avô materno, Manoel Guilhermino da Silveira, e Guilherme Augusto de Moraes. O registro foi lavrado dias depois do nascimento, em 3 de janeiro de 1908, talvez por causa do recesso das festas de fim de ano. Ao longo da vida, Mario aproveitaria as festas de fim de ano da família para comemorar o aniversário.

Em 1910, o casal e os dois filhos trocaram o Rio Comprido pela Tijuca, instalando-se numa casa ampla de dois andares na rua Afonso Pena, nº 53. O menino cresceu saudável e protegido. Aos 7 anos, foi matriculado no Instituto La-Fayette, onde cursou o primário e o ginásio. Suas duradouras amizades se formaram ali. Nessa época, começou a sua paixão pelo futebol e pelo tênis. "Herdei de meu pai muitas coisas" — declarou à *Revista do América* pouco antes de morrer, em matéria publicada em outubro de 1981 —, "uma delas, a paixão pelo América". O sentimento vinha de longa data. Em entrevista a Orlando Cunha, o pesquisador do América que escreveu a história do clube e o conheceu na juventude, recordava-se de que começou a se envolver com o clube aos 11 anos. Corria o ano de 1919, e Raul Meirelles Reis fora convocado pelo presidente do clube, Gabriel Nascimento Gomes de Paiva, e outros membros da agremiação, como Égas de Mendonça e Jaime Barcelos, para solucionar o problema do déficit financeiro do clube. A família Reis morava na rua Afonso Pena, informa a reportagem: "O menino Mario se preparava para fazer o admissão no Instituto La-Fayette, um dos mais severos da época, e nas horas vagas batia a sua bolinha de futebol e de tênis no campo e na quadra de Campos Salles, onde o velho pai Raul passava o dia inteiro e a metade da noite enfurnado na Tesouraria, às voltas com um saldo devedor de 39 contos e 700 mil-réis". Mario recordava-se de ver o pai alegre por conseguir reduzir a dívida do clube. Raul ficou eufórico quando deixou o passivo em condições de ser coberto pela renda ordinária do clube.

Em 1920, Raul foi eleito presidente do América. Conseguiu uma nova sede para o clube com apenas 20 contos de réis e ampliou consideravelmente o patrimônio da instituição. Nesse meio tempo, Mario se envolvia com as atividades do clube, cujo campo, em Vila Isabel, não ficava muito longe da sua casa, à rua Campos Salles. Sua vida corria fácil; recebia mesada do pai, o que lhe permitia ir às festas, sair e se divertir. Além de jogar bola, a partir de 1922, acompanhava o campeonato carioca de forma compulsiva. Tanto que, no futuro, fixaria os nomes de todos os jogadores de todos os times, os resultados, as penalidades, os acidentes, os nomes dos juízes e dos bandeirinhas e, no caso dos jogos do América, até os minutos em que se deram os gols. Mostraria essa memória para futebol (e outros assuntos) que espantava a todos os que conversavam com ele.

A certa altura, resolveu levar o futebol a sério. Em 1923, foi meia-direita reserva do terceiro time do América. O segundo time conquistou o Campeonato Interclubes daquele ano, um período considerado glorioso na história da agremiação, porque, em 1923 e 1926, o América sagrou-se campeão juvenil e teve o nome inscrito na galeria dos vencedores. A gloriosa "esquadra rubra" de 1923 tinha a seguinte formação: Frederico, Durval e Ciodaro; Lyrio (Vença), Moacir e Hugo; Gracho (Alírio), Bidu, Guerra, Legey (Edgard) e Baima. O terceiro time teve participação me-

Mario Reis, de touca, é o capitão do time juvenil do América (*circa* 1922).

O distintivo de uma das grandes paixões de Mario Reis, que mais tarde seria cantado em hino de Lamartine Babo: o América Futebol Clube.

nos destacada em 1923, tendo conquistado o vice-campeonato do Torneio Interclubes, organizado às pressas para substituir um gorado Campeonato dos Terceiros Times. Mario Reis foi o goleador, tendo marcado seis gols na temporada. Uma foto do time mostra-o com um gorro branco, com a boca levemente crispada e o olhar firme na direção da câmera, mais alto que os outros jogadores, abraçado a um companheiro. Transferiu-se para o segundo time e jogou no América até 1924, quando passou a se interessar mais pelo violão e pelo tênis.

Venceu o Torneio de Duplas de Tênis do Rio de Janeiro em 23 de março de 1929, jogando ao lado de Geraldo Teixeira de Freitas. Era tão bom jogador que fez parte da seleção carioca de tênis, ao lado de Humberto Costa, Eurico e Oswaldo Teixeira. Em uma excursão que a equipe fez a São Paulo, Mario e amigos se hospedaram no Hotel Esplanada, o mais chique da cidade no final dos anos 20. E deram a aprontar brincadeiras no estabelecimento, como jogar peteca de *smoking* no meio do salão de bailes cheio. Outra traquinagem daquela excursão é contada pelo médico Roberto Paulino, companheiro de torneios de tênis nesse final de anos 20, para *Fatos & Fotos*. Mario e Oswaldo se hospedavam num quarto, e Humberto e Eurico no outro. Humberto, vaidoso, comprou um boné de tenista e ligou para o quarto de Mario: "Mario, comprei um boné chiquíssimo". O moço respondeu de seu quarto: "Então me mostra". "Mas estou nu", disse Humberto. Mario disse que não tinha importância. "Humberto Costa, orgulhoso da sua compra, botou o boné e chegou na porta. Foi a conta. Mario gritou: 'Eurico, empurra ele e tranca', e Mario, por sua vez, passou a chave na porta de seu quarto. Humberto Costa, em pânico, ficou no corredor, nu, de boné. Mas eram todos rapazes educados e logo as portas se abriram, entre gargalhadas, sem maiores conseqüências."[4] Ainda com o amigão Humberto, ele fazia "pegas" pelas ruas cariocas. "Mario certa vez comprou um carro marca Granpage", contou Humberto Costa a Tárik de Souza em 1971. "Apostando corrida, depois do túnel de Copacabana, de propósito freei meu carro e fiz com que ele quase destruísse o dele num choque com o meu Packard."[5]

---

[4] Roberto Paulino, "O Aristocrata Mario Reis Cantava Samba Como Quem Falava (ao Pé do Ouvido). Hoje É Parte da Antologia da Música Popular Brasileira. Quem Tiver um Disco Dele Tem um Tesouro", in *Fatos & Fotos*, 11 de julho de 1976.

[5] Depoimento a Tárik de Souza para *Veja*, em 1971.

Mario, à esquerda, com colegas do Instituto La-Fayette (*circa* 1923).

Mario (primeiro à esquerda, apoiado no joelho direito)
e a equipe de tênis do América, em 1926.

A vida juvenil de Mario rolava mansa, em clima de camaradagem. Muitos dos futuros parceiros musicais torciam pelo América, como Noel Rosa, Carlos Galhardo, Sylvio Caldas e Francisco Alves, para não falar de Lamartine Babo (autor do Hino do América e de grandes e pequenos times cariocas da época). O América era conhecido como o "Clube dos Artistas" pela quantidade de gente de teatro e rádio que integrava sua lista de torcedores. Ele tinha contato com as "camadas populares" (a expressão é de Sérgio Cabral, que também jura que o jovem Mario freqüentava os bares do Estácio antes mesmo de fazer a primeira gravação e teria se inspirado no "canto mulato" estaciano para criar seu estilo) e se sentia feliz por ser reconhecido como um *sportsman* bem de vida.

Em 1924, ele se envolveu mais com a música. Pediu ao pai para estudar violão e contratou o professor Carlos Lentini, não um daqueles pedagogos tradicionalistas, mas um violonista popular que dava aulas a domicílio (em agosto de 1932, Lentini participaria da série *Broadway Cocktail*, no Cine Broadway, ao lado de Carmen Miranda e Francisco Alves e outros; em 1937, substituiria o violonista Gorgulho — Jaci Pereira —, no Conjunto Regional de Benedito Lacerda). Ao violão, o jovem Mario mostrava uma incrível capacidade para aprender. Gostava menos dos exercícios de escalas ministradas por Lentini que tocar sambas, principalmente os de seu compositor favorito: José Barbosa da Silva, o Sinhô, o autor mais famoso da época. Sabia de cor as músicas — todas grandes sucessos discográficos de então — e as mostrava nas festas que promovia em sua casa. Participou ativamente dos Festivais de Música promovidos pelo América, e ali se revelou. Alguns dos freqüentadores dessas ocasiões eram o americano Orlando Cunha, Henrique Foreis Domingues (mais tarde, o cantor Almirante) e Carlos Braga, que logo se tornaria o cantor e compositor João de Barro e, depois, Braguinha. Em 2000, Cunha ainda se lembrava de ver Mario cantando nos saraus da Tijuca sempre rodeado de colegas e invariavelmente exibindo a elegância que o faria famoso. Participava também das serestas em homenagem às senhoritas que freqüentavam os bailes dominicais do América.

Braguinha contou, em 1998, que a atmosfera era de camaradagem. "Éramos todos colegas de escola e as músicas iam nascendo no improviso, em meio às piadas e às histórias. Mario era um moço de muito espírito, criatividade e linda voz. Tocava bem violão. Era apenas reservado. Acompanhava a mim e a Noel nas noitadas, mas preferia sua turma de amigos do América e de Bangu. Não se misturava muito com os sambistas, apesar de respeitá-los." Era um tipo "esquisito", lembrou dona Astrea, mulher de Braguinha. "Ele não se misturava. Muito bonito, parecia vir de outro planeta, baixando ali entre a plebe, como um deus."[6]

Mesmo garoto rico, Mario Reis se divertia em observar a plebe, indo a bailes carnavalescos mais populares sempre acompanhado pelos primos. Foi num deles que ele viu pela primeira vez Sinhô. Em conversa com Sérgio Cabral, Mario contou que conheceu o músico num dia de carnaval em 1924, no Clube dos Zuavos, que ficava na rua Visconde de Maranguape, Lapa. "Eu me lembro perfeitamente daquele dia", disse Mario. "Sinhô era um mulato forte — morreu tuberculoso, mas era forte — e vestia um macacão. Ele estava desaparecido porque andaram querendo pegá-lo por causa daquela música 'Fala Baixo', do carnaval de 1922, contra Arthur Bernardes. Na letra, colocou o apelido do Arthur Bernardes, 'Rolinha'. Naquele dia, ele pegou o violão e cantou uma música que falava exatamente do fato de ter escapado às perseguições policiais: 'Eu só tinha medo/ Se não tivesse um bom santo'."[7] Mas Mario não se aproximou muito do ídolo.

Em 31 de outubro de 1925, morria a avó paterna de Mario e Jonjoca, Thereza Meirelles Reis. Naquela noite, Raul e Jonjoca embarcaram na Central do Brasil num trem rumo a Guaratinguetá, onde aconteceria o enterro. Mario também ia ao funeral, mas cancelou a viagem na última hora. Raul e Jonjoca acomodaram-se numa cabine-dormitório. Segundo Jonjoca relatou muitos anos depois ao médico Fernando Wanderley — seu amigo e companheiro da Bolsa de Valores do Rio —, Raul Meirelles Reis estava dormindo na parte superior do beliche quando sua cabeça foi atingida por uma madeira que se projetou sobre ele do teto do trem. Acabava de ocorrer um engavetamento de trem na estação de Engenheiro Passos, em Resende. Morreu na hora, de traumatismo craniano. Foi a única vítima do acidente. O velório aconteceu no salão nobre do América, que decretou cinco dias de luto e outorgou a Raul Meirelles Reis o título exclusivo de "o grande benemérito" do clube. O enterro foi muito concorrido e o caixão baixou ao túmulo, no Cemitério de São João Batista, coberto pelo pavilhão da agremiação.

---

[6] Depoimento de Braguinha. Ver Luís Antônio Giron, "Compositor por Força Maior", in Caderno Fim-de-Semana, *Gazeta Mercantil*, 6 de novembro de 1999, p. 1.

[7] Sérgio Cabral, "Há 50 Anos um Estilo de Cantar Foi Inventado: o Estilo Mario Reis", in Caderno B, *Jornal do Brasil*, p. 1, 18 de janeiro de 1973.

Apesar de terem herdado alguns bens — o principal deles, a casa da Tijuca —, Mario e Jonjoca tinham a mãe enferma, estavam praticamente órfãos. Jonjoca, que tinha jeito para negócios, se encarregou de administrar o dinheiro. Em 1929, Jonjoca já ganhava dividendos jogando na Bolsa de Valores — um esporte mundial na época. A queda da Bolsa de Nova York, em outubro, devastou fortunas pelo mundo todo... inclusive a dos Reis. Mario queria sua parte na herança e, só então, descobriu que o irmão havia perdido tudo em ações.

De repente, os dois rapazes se viram sem mesadas polpudas e tiveram de arranjar emprego. Jonjoca foi trabalhar no rudimentar sistema financeiro de então e terminou por fixar profissão como corretor da Bolsa de Valores do Rio. Sua relação com o irmão sempre foi estilo Esaú e Jacó: os dois se adoravam, mas não se bicavam. A paixão de Jonjoca era a bolsa; a de Mario, a música. Ambos tinham em comum apenas o amor pela boa vida — e o parafuso solto.

Mario não sabia exatamente o que fazer. Ficou muito tempo perambulando pelas ruas da cidade, sem rumo certo. Doutor Guilherme encaminhou-o para a Academia. Aconselhou-o a seguir a carreira de advogado e o jovem, a partir do início de 1926, ingressaria na Faculdade de Direito do Distrito Federal, que ficava no Catete. Mas não ficou satisfeito apenas com a faculdade. Decidiu continuar os estudos de violão e saiu a procurar um professor. Nessa época, Lentini havia deixado de lhe dar aulas, por causa de compromissos profissionais.

Então surgiu o nome de Sinhô, uma figura aparentemente indisponível para dar aulas de violão, já que era muito famoso. O jornalista Brício de Abreu, amigo de juventude de Mario, contou, em 1971, sua versão do encontro: "Sinhô vivia em grandes dificuldades, estava sempre precisando de dinheiro. Era alto, magro, com o cabelo repartido, mulato claro com marcas de bexiga no rosto, vestia-se como podia. Sempre alegre, não discutia nunca. Ria constantemente e isso era uma aflição para mim: ele tinha um único dente, grandalhão, na boca. Os outros, dizia que a cachaça tinha levado. No dia 26 de março de 1926, tivemos uma reunião na SBAT (Sociedade Brasileira de Autores Teatrais). Sinhô queixou-se da falta de dinheiro e das dificuldades em arranjar emprego. Caninha, compositor e músico da época, levou-o para um baile naquela noite. E naquela mesma noite, fui à casa do Mario, tinha sido amigo de seu falecido pai. Enquanto se vestia no primeiro andar de sua casa, Mario ia dizendo que precisava continuar a aprender violão, precisava de um professor. Lembrei-me de Sinhô e de suas dificuldades, sabia que ele tocava mal o violão, mas talvez fosse um bom professor. Indiquei-o ao Mario".[8]

Mario não hesitou. Sob pretexto de comprar cordas para o violão, foi à loja À Guitarra de Prata, na rua da Carioca, cujo proprietário, Porfírio Martins Filho, era um velho colega do Instituto La-Fayette e estudava Direito com ele. Mario sabia que Sinhô era empregado da loja, que vendia também partituras. Cabia a ele executar ao piano as músicas que o comprador quisesse ouvir. Porfírio apresentou-o a Mario, que não perdeu tempo e disse: "Sei cantar todas as suas músicas".[9] A simpatia foi mútua e imediata entre os dois indivíduos inquietos e vaidosos. Sinhô sentou-se ao piano para acompanhá-lo e se surpreendeu como o jovem interpretou seus sambas. "Você canta diferente de todo mundo", disse Sinhô, de acordo com o depoimento informal de Mario a Sérgio Cabral. Há outra versão que afirma que o jovem acadêmico nada cantou na loja, preferindo fazê-lo em casa.[10]

Um terceiro relato é de Joaquim Guilherme da Silveira, dado pouco antes de morrer, em 1996, ao cineasta Ivan Cardoso. Perguntado como Mario entrou para o mundo artístico, o então derradeiro Silveirinha respondeu: "Primeiro, nós conhecemos o Brancura [1908-1935] — que era um malandro do Mangue, que ficou célebre por ter dado uma tremenda surra num bando de gaúchos, que depois de amarrarem os seus cavalos no obelisco, foram comemorar a vitória de Getúlio Vargas na zona... Foi ele quem apresentou o Mario ao Sinhô... E, por intermédio do 'Rei do Samba', conheceu o 'Rei da Voz'".[11]

Seja lá como tenha sido, o fato é que Mario estava ali para contratá-lo como professor de violão e lhe propôs três aulas semanais, ao preço de

---

[8] José Márcio Mendonça, "O Sucesso Chegou Quando Mario Reis Gravou Seu Quarto Disco (o Primeiro Foi Feito Sem Querer, Por Acaso)", in *Jornal da Tarde*, 7 de agosto de 1971, p. 1.

[9] *Idem, ibidem*.

[10] "Acentue-se a valiosa contribuição de Mario Reis ao sucesso de Sinhô na sua última fase (1928-1930). Sendo-lhe apresentado por Porfírio Martins Filho, na Casa À Guitarra de Prata, onde entrara para comprar cordas de violão, perguntou-lhe o futuro cantor se não queria ensinar-lhe violão. Sinhô logo aceitou e começou a dar-lhe aulas. Mario Reis conhecia quase todas as produções do sambista e cantou-lhe algumas no seu jeitão. Sinhô gostou e teria dito ou pensado: — Eis o intérprete ideal para os meus sambas." Edigar de Alencar, *op. cit.*, p. 100.

[11] Ivan Cardoso, "A Época Dourada dos Mandarins", in *Folha de S. Paulo*, 17 de março de 1996, p. 13.

20 mil-réis por lição. No dia seguinte mesmo, Sinhô saía de sua casa, coincidentemente no Rio Comprido, onde Mario nascera, para ir lhe dar as aulas.[12] O rapaz de sociedade, o *sportsman*, o filhinho-de-papai estava prestes a dar uma arremetida inesperada em sua vida.

A vida de Mario Reis foi pontuada pela presença de pais espirituais e de traumatizantes orfandades. Sinhô iria fazer o papel de guru nos dois anos seguintes; seu pai musical.

---

[12] Em algumas entrevistas, Mario Reis mencionava duas aulas por semana.

O Rei do Samba, pai musical de Mario Reis, José Barbosa da Silva (1888-1930), o Sinhô, na capa da partitura de seu grande sucesso, ao lado de Aracy Cortes.

3.
"ESTYLO NOVO"

Dizia-se que J. B. da Silva (Sinhô), como seu nome aparecia nas etiquetas dos discos, possuía o fôlego curto devido à tuberculose. Por isso, cantava seus sambas sincopando a melodia de acordo com o ritmo das palavras, enquanto se acompanhava (brilhantemente, aliás, segundo os testemunhos da época) ao violão e ao piano.

Uma das pessoas que presenciou esse fato foi o cantor Sylvio Caldas (1908-1998). Em entrevista concedida em São Paulo em 1991, ele se lembrava de Sinhô cantando para ele suas composições. "Sinhô tinha uma voz fanhosa e se esfalfava ao cantar seus sambas", contou. "O fraseado saía totalmente distinto da maneira consagrada de cantar na época; era algo soluçado, sincopado, com melodias de fôlego curto. Soaria moderno hoje em dia."

Caldas costumava agir como um feroz combatente da modernidade na música popular brasileira, papel que foi se tornando cada vez mais acentuado com o tempo em sua vida artística. Além de pertencer à mesma geração de Mario, Sylvio tinha outros traços em comum com o colega: despediu-se da carreira diversas vezes, tendia ao isolamento e estreou a carreira sob a égide de Sinhô, um compositor que possuía uma visão progressiva do canto, até mesmo para um intérprete noviço. Tanto que, contrariando o mestre, o jovem Sylvio tratou de exibir, desde o início, a empostação que o caracterizaria a vida inteira, embora tenha tido que se dobrar às famosas síncopes do "Rei do Samba".

Ele gravou duas das músicas que Sinhô lhe ensinou na estréia na carreira em 1930, já com o sistema elétrico de gravação. Sylvio iniciou-se na Victor e lançou, em maio de 1930, um samba de sua própria autoria, "Amoroso". No mesmo ano, provavelmente em julho, ele registrou na gravadora Brunswick as duas músicas de Sinhô. O cantor se lembrava da cena da gravação, no estúdio da Fábrica Brunswick, instalado no primeiro andar do prédio da empresa, em Vila Isabel. A americana Brunswick era especializada na fabricação de tacos de sinuca e montou, em 1929, um estúdio simples para entrar no mercado dos discos populares, então em grande voga. E seu diretor-artístico, o pianista Henrique Vogeler, apostava em vozes iniciantes, como as de Carmen Miranda e Sylvio Caldas[1]. O estúdio, segundo Sylvio, era uma saleta dotada de um microfone grande e forrada de esteiras de palha para isolamento acústico. Como era hábito gravar à noite, porque o isolamento não se revelava suficiente, Sylvio gravou pela madrugada as duas músicas que Sinhô lhe ensinou: a canção "Recordar É Viver" e o samba-canção "Amor de Poeta", acompanhado ao piano por Vogeler. O disco saiu em meados de agosto de 1930, após a morte do autor, no dia 4 daquele mês, de uma hemoptise na Barca Sétima, que fazia a linha Ilha do Governador-Cais Pharoux. "Quando a gente gravou, Sinhô ainda não tinha morrido. Aprendi a cantar com ele. Logo depois, ele morreu e ficamos tão tristes que nem pensamos em promover o disco", disse Sylvio Caldas. Mas nem tanto. Quem ouve hoje sobretudo o samba-canção, nota que Sylvio aproveitou algo das dicas do autor da música: uma divisão de notas, um fraseado que o cantor não ousaria repetir no futuro.

A digressão em torno do "poeta da seresta" serve como amostra da preocupação real de Sinhô com seus intérpretes e da atmosfera de excitação com a nova tecnologia que se instalava no Brasil: o sistema elétrico de gravação.

Sinhô tinha influência nas gravadoras que se instalavam no Brasil, além de ser o nome forte do teatro de revista, isso porque era reconhecido como um fazedor de sucessos. Mas será que sua voz característica era realmente "tuberculosa"? Ou, como comentou Mário Lago em 1999, a "voz de dispnéia"? A razão do novo canto que Sinhô tentava passar a seus intérpretes parece menos biológica que estética, conforme corrobora Edigar de Alencar, que diz que isso não passa de uma "piada carioca".[2] A crer, por exemplo, nos sambas "Fala Baixo" e "Não Posso Me Amofinar", que o Coro da Fábrica Popular gravou no selo Jurity para a gravadora Disco

---

[1] Vogeler não levava fé em Carmen, não tendo notado o potencial da futura "Pequena Notável", que seria a salvação da Victor. A Brunswick fecharia um ano e meio depois, assistindo ao sucesso da cantora.

[2] Edigar de Alencar, *Nosso Sinhô do Samba*. Rio de Janeiro, Funarte, 1981, p. 100. Afirma o biógrafo: "O olho clínico e o ouvido apurado descobriram no moço fino e na sua especialíssima maneira de cantar, em ritmo lento, intérprete e interpretação ajustados para suas composições. O espírito maldoso logo teceria em torno do maneirismo de Mario Reis uma anedota: Sinhô já bastante doente procurara ensinar a Mario como deveria cantar. E o fizera pausada, compassadamente, com intervalos nas frases, obrigado pela dispnéia que já não o largava. Simples piada carioca, pois Sinhô cantava mal e nessa ocasião já era roufenho".

Popular em 1921 (números de série 5002 e 5003), provavelmente tendo Sinhô como solista, sua interpretação se mostra descontraída como os cantores-clowns das cenas cômicas dos primeiros registros da casa Edison.[3] Mas a voz é levemente empostada, de barítono grave, lembrando um Breno Ferreira. Falta-lhe uma respiração segura, mas não parece haver incorporação de uma suposta "ausência de fôlego" no seu canto pessoal. E, assim, o bacilo de Koch não deve ter exercido uma angústia da influência sobre o estilo de Mario Reis. O cantor é que transfigurou a frase curta de Sinhô em arte de interpretar, conforme escreve Edigar de Alencar: "Mario Reis é que se ajustou ao estilo da frase curta, enunciando-a bem e claramente, e, sobretudo, valorizando os trechos sincopados e acentuando com excelente técnica os breques e insolências musicais do grande sambista. Sinhô, arguto como uma raposa de fábula, viu logo no moço Mario Reis o cantor que ainda não descobrira. E na verdade ambos se tornaram, de logo, donos dos mais espetaculares sucessos musicais"[4].

Até o final da vida, Sinhô se esforçou em instilar nos intérpretes um jeito silabado de cantar, que ele denominava de "meu estilo próprio". Na realidade, a estrutura sincopada do samba e suas chulas (versos) descontraídas, traços herdados do lundu, exigiam um tratamento menos lírico do material melódico. Mas Sinhô foi o estruturador do samba urbano, um samba sem características étnicas determinantes, que implicava uma miscigenação de influências. E, a certa altura de sua atuação, sentiu necessidade de criar um projeto estético-sociológico: profissionalizar a música popular, fundar o canto brasileiro a partir do ritmo do samba e levar o novo gênero a conquistar um público maior, inclusive a alta sociedade. A aparição de Mario Reis na loja À Guitarra de Prata representou para Sinhô a conseqüência lógica de um antigo projeto.

O apelido de Sinhô já antecipava o longo namoro que o filho de mestiços empreenderia mais tarde com os salões. José Barbosa da Silva nasceu em 18 de setembro de 1888 no Rio de Janeiro. Seu pai era pintor de paisagens em botequins e clubes, além de *habitué* das rodas de choro. O menino se interessou por música. Estudou primeiramente flauta. Começou a tocar em rodas de músicos. Quando Santos-Dumont voltou ao Brasil depois da façanha da dirigibilidade dos balões, lá estava Sinhô, à

---

[3] O selo Jurity era patrocinado junto à Disco Popular por Porfírio Martins Filho, dono da Casa À Guitarra de Prata. Os itens de seu catálogo eram vendidos com exclusividade na loja. Daí a ligação direta do dono da loja com Sinhô.

[4] *Apud* Edigar de Alencar, *op. cit.*, p. 100.

flauta, tomando parte do sarau em homenagem ao aeronauta, promovido pelo cantor Eduardo das Neves, que aconteceu em 7 de setembro de 1903.

Mas Sinhô não se satisfez com a flauta. Passou a estudar piano e, em seguida, violão. Ao contrário do que é costume afirmar, ele não aprendeu música "de ouvido". Sinhô sabia escrever as notas na partitura e adquiriu uma técnica bastante aceitável como pianista. Como "pianeiro", ou seja, pianista popular, conseguiu seus primeiros empregos nas sociedades carnavalescas e clubes dançantes da Cidade Nova.

Em 1916, por exemplo, já viúvo da portuguesa Henriqueta Ferreira, fazia furor ao piano no clube Kananga do Japão, na Praça Onze, um dos mais famosos da época por seus divertidos bailes movidos a álcool e maxixe, a dança da moda, banida da alta sociedade por causa dos movimentos requebrados dos pares no salão. Dançava-se maxixe ao som de diversos ritmos, entre eles o tango brasileiro, o samba, o lundu e a polca[5]. Uma das primeiras composições de Sinhô, aliás, foi uma polca que levou, como título, o nome do clube.

Suas músicas foram sendo ouvidas aos poucos. Com um tino para a autopromoção, manteve uma polêmica com Pixinguinha, Donga e China, músicos que costumavam se reunir nas festas da baiana Tia Ciata (na rua Visconde de Itaúna, nº 117, mais tarde eliminada para dar passagem à avenida Presidente Vargas). Sinhô começou a atacá-los, com sambas como "Resposta à Mentira" (1917) e "Quem São Eles?" (1918). Este samba foi editado pela Casa Beethoven (constando "José Silva" como autor) e gravado pela Casa Edison por Bahiano. Como um recurso promocional, Sinhô fez publicar nos jornais versos de seus sambas. Para o carnaval de 1918, criou até um conjunto, que chamou de Quem São Eles?. Seu objetivo era atacar os "baianos", autores de sambas de teor folclórico e rural.

Olhares contemporâneos podem imaginar um componente de agressão e racismo nessa que foi a primeira polêmica do samba, desencadeada com a publicação de "Quem São Eles?". Em 1919, depois de uma saraivada de réplicas do bloco rival, Sinhô publicou o samba "Três Macacos no Beco". Era uma referência a Pixinguinha, Donga e China. Na realidade, porém, se tratava mais de uma controvérsia estética entre turmas de compositores rivais, que se enfrentavam pelos jornais, pelas partituras e na Festa da Penha, a primeira plataforma musical dos compositores po-

---

[5] Informalmente, começou-se a denominar "maxixe" sambas, polcas e tangos brasileiros que animavam a dança. Por contigüidade, o samba da época ganhou o apelido de maxixe. Maxixe, portanto, não configura um ritmo puro.

pulares, com seus concursos de composições. Do lado de Donga, postavam-se os compositores de sambas primitivos, diretamente derivados do samba-de-roda do Recôncavo Baiano. Sinhô liderava os autores cariocas, urbanos, que adaptavam o ritmo do samba ao gosto dos salões, onde se dançava o maxixe a compassos variados, como o da polca, o do tango brasileiro e do samba. Tal polêmica não rendeu inimizades muito profundas, pois se encontravam obrigatoriamente nos estúdios de gravação, nos bailes ou nas casas de música, onde todos "faziam ponto". O sucesso no teatro de revista ajudou Sinhô a popularizar o samba urbano e lhe deu ainda mais fama. Não é improvável que o jovem Mario Reis assistisse a peças musicais levadas na praça Tiradentes, como O *Pé de Anjo* (1920), de Cardoso de Menezes e Carlos Bittencourt e *Segundo Clichê* (1922), de Sinhô e Procópio Ferreira, todas recheadas com músicas de Sinhô, cantadas pelos heróis vocais do tempo, como Vicente Celestino e Francisco Alves. Este estreou em gravações em 1920, no selo Disco Popular, justamente registrando "O Pé de Anjo", uma marcha de maldizer, que brincava com o tamanho avantajado dos pés de China.

O êxito de Sinhô superava o de seus rivais. Os maiores cantores da época passaram a gravar suas músicas. Na época, não havia direitos autorais consolidados. Os autores vendiam suas composições, às casas de música ou à Casa Edison, por inteiro, isto é, sem direito a receber parcelas futuras. Assim, Sinhô não parece ter feito fortuna com as 150 composições que publicou; 100 delas gravadas durante sua vida.

Seu encontro com Mario corresponde a uma época em que Sinhô conquistava prestígio junto à elite e cultivava respeitáveis discípulos vocais. Era figura permanente das festas dadas na mansão do escritor Alvaro Moreyra. Ali, homenageava o anfitrião (dedicou-lhe o samba "Amar A Uma Só Mulher", em 1928, gravado por Francisco Alves). Entre os cantores que seguiam suas lições estavam Fernando, Arthur Castro, Ildefonso Norat e Francisco Alves. A técnica vocal exibida por este último nos anos 20 se diferenciava muito do jeitão empostado que viria a desenvolver depois da morte de Sinhô. À maneira do teatro de revista, Francisco Alves pronunciava as palavras bem claramente e, em alguns sambas de Sinhô, sincopava de uma forma que seria levada mais adiante por Mario Reis. Em 1926, Fernando respondia pela maior popularidade, superando mesmo Francisco Alves, um iniciante. O repertório dos dois formava-se basicamente de músicas de Sinhô e de autores que o seguiam, como Tuiú, J. Thomaz e José Francisco de Freitas, o Freitinhas, autor da marcha "Zizinha", lançada pela cantora Ottilia Amorim na revista *Ai, Zizinha*, de

Carlos Bittencourt e Cardoso de Menezes, em 1926, e gravada no mesmo ano por Fernando na Odeon. O estilo de Sinhô e o chamado *estilo jazz-band* eram faces da mesma moeda: música de entretenimento para o nascente público urbano, afeito à dança e à despreocupação.

Mario adorava ouvir todo aquele repertório, cheio de malícia e síncopes. Colecionava discos e partituras. Desde cedo, os amigos notaram que seu ouvido tinha poderes especiais: era capaz de tocar e cantar uma música que ouvira uma só vez, numa peça de revista. Na época, seu autor favorito, claro, era Sinhô. E nisso não era diferente dos rapazes de sua geração.

E tocava ao violão essas músicas. Em sua casa, promovia saraus lítero-musicais, freqüentados principalmente pelas turmas do América e da Bangu, além da juventude de Vila Isabel. Quando contratou Sinhô como professor, o compositor se sentiu lisonjeado em ser recebido por um membro da alta sociedade, que ele sabia lhe abriria mais portas. Levou seu violão de madrepérola, presente da viúva Guerreiro, sua editora[6], à casa do jovem acadêmico, que o recebeu com grande gentileza na sala de visitas, uma verdadeira mansão para a época. Mas não precisou pegar no pinho, pois Mario tinha o seu e, sentando-se numa poltrona, desfiou todas as suas músicas. Ele tinha diante de si um cantor diferente, que interpretava seus sambas como ninguém. Além disso, era um rapaz bonito e um acadêmico! Ninguém melhor que ele para dar ao gênero plebeu do samba uma nova cara, uma vitrine elegante. Combinadas as aulas, o compositor consagrado se dirigia pelo menos duas vezes por semana à casa de Mario para lhe dar aulas.

---

[6] Viúva Guerreiro era o nome utilizado por Serafina Mourão do Valle, compositora, dona da prestigiosa Casa Viúva Guerreiro, assim chamada desde 1916. A editora ficava na Rua Sete de Setembro, nº 169. Havia sido fundada pelo afinador português José de Oliveira Barreto no final do século XIX na Travessa São Francisco de Paula, nº 8 (atual Rua Ramalho Ortigão). No início, a loja se chamava Ao Piano de Cristal e vendia e alugava pianos, assim como água mineral de Vichy. Em uma de suas viagens pelo interior, para vender ou afinar pianos, conheceu Serafina na Fazenda de Rio Bonito. A moça tocava piano, compunha e tinha ótimo faro para negócios. Casaram-se. Ao Piano de Cristal mudou-se para a Rua Sete de Setembro em 1902. Serafina enviuvou e se casou, em 1916, com o advogado Augusto Guerreiro Lima. No mesmo ano, Serafina enviuvou pela segunda vez, assumindo o nome de Viúva Guerreiro, batizando o estabelecimento com o nome que manteve até fechar em 1962. Nos anos 10 e 20, a Viúva Guerreiro passou a editar e vender partituras. Virou um local de reunião de compositores. Sinhô, que freqüentava a loja, tornou-se amigo de Serafina e do sobrinho Fileto Moura, que, após a morte da tia, dirigiu a casa até seu fechamento. *Apud* Jota Efegê, *Figuras e coisas da música popular brasileira*. Rio de Janeiro: Funarte, 1978, pp. 35-8.

Artigo de Sinhô sobre Mario Reis publicado na revista *WECO* (1929).

Nos anos 20, a editora Viúva Guerreiro registrava em partituras as criações da música popular da era pré-Mario Reis, como os sucessos teatrais da estrela Ottilia Amorim.

Em uma de suas composições, "Professor de Violão", gravada em 1931 por um pequeno selo paulistano (Arte-Fone, 4020-A), na voz de um dos discípulos do compositor, o carioca radicado em São Paulo Januario de Oliveira (que, aliás, canta a música num estilo reisiano), Sinhô revela o que representava para ele o fato de um autor popular lecionar violão:

> "Não fosse eu da fuzarca
> professor de violão
> De linho de boa marca
> mocinho de coração
> Não alcançava o clamor
> da fina elite em furor
> ao versejar a canção
> com grande amor
>
> Até que enfim eu já vi
> o violão ter valor
> Ser dedilhado
> pela elite toda em flor
> Já pode um preto cantar
> na casa do senador
> que tem palminha
> desde os filhos ao doutor, ai
>
> Mas se amanhã Deus quiser
> tirar-me a vida eu irei
> bem satisfeito
> pois já vi o que sonhei
> Era a viola querida
> Orgulho desse salão
> Do meu Brasil
> harmonizando o coração, ai"

Sinhô imaginava a redenção do violão, do samba e do negro nos salões da elite em flor. Dava aulas para outros ricos, mas investia muito no jovem Mario. Fazia-o tocar dentro do ritmo que queria, de um modo diferente. Para Mario, as lições eram um prazer e cantar para ele uma conseqüência direta de suas atividades de lazer, como o tênis, o futebol e a roda de amigos. "A música para mim foi coisa da juventude", como comentou mais tarde. Para o compositor, Mario representava uma bandeira a desfraldar.

Até Sinhô decidir levar o jovem discípulo a um estúdio de gravação, passaram-se dois anos, durante os quais o compositor fez o aluno depurar a técnica. Ele conduzia Mario aos saraus, às rodas musicais. Em 1927, levou-o a freqüentar a casa Carlos Wehrs (rua da Carioca, 47), onde fazia ponto. Apresentou-o lá a Francisco Alves, que tinha acabado de gravar, para a Odeon, já pelo recém-introduzido sistema elétrico, "A Favela Vai Abaixo" e "Ora Vejam Só", sambas de Sinhô que alcançaram enorme sucesso naquela época. Naquele ano, Mario deve ter assistido à maior consagração do compositor até então: ele foi coroado Rei do Samba na *Noite Luso-Brasileira*, que aconteceu no Teatro República, em 4 de junho de 1927. O evento, em benefício do heróico aviador português Sarmento de Beires, compreendeu um concurso de sambas, do qual Sinhô saiu vencedor. Sua coroação aconteceu depois de uma palestra do jornalista e *bon vivant* José do Patrocínio Filho. Este, aliás, era tão entusiasta de Sinhô que costumava chamá-lo de "Homero".[7]

Mas Sinhô atingiria o ápice de fato com as gravações de seu jovem pupilo, como se verá no capítulo a seguir. Em 1929, ele deu um depoimento à edição de carnaval da revista *WECO*[8], lançada em janeiro pela Carlos Wehrs. A *WECO*, fundada em 1928 e em circulação até 1931, era uma publicação mensal de música erudita, que tinha como diretor o compositor nacionalista *soft* Luciano Gallet[9]. Foi extinta com a morte de seu editor, aos 38 anos. Sinhô conta na entrevista, provavelmente concedida a Gallet, bem ao seu estilo "eu-sou-o-maioral", como descobriu Mario Reis e a importância do violão em sua criatividade.

O artigo, intitulado "Sinhô, o Violão e a Sua Obra", demonstra que Sinhô vinha sendo assimilado pelos compositores eruditos, ao passo que

---

[7] *Apud* Edigar de Alencar, *op. cit.*, p. 50.

[8] "Sinhô, o Violão e a Sua Obra", *WECO*, ano I, nº 3, janeiro de 1929, Rio de Janeiro, Carlos Wehrs e Irmãos, pp. 19-20.

[9] O carioca Luciano Gallet (1893-1931) foi um caso especial de dedicação simultânea à música, pesquisa folclórica e jornalismo musical. Seu traço marcante foi promover o encontro da música erudita nacionalista com a música popular. Em 1922, por exemplo, realizou um concerto exclusivamente com composições brasileiras, sem deixar de incluir tangos de Ernesto Nazareth, considerados, na época, música bastarda. Destacou-se como compositor de canções e harmonizações de música folclórica, sempre, como escreveu, tentando "evitar o banal, buscando o interessante". Vasco Mariz, *A canção brasileira*, Rio de Janeiro, INL/Nova Fronteira, 1985, 5ª ed., pp. 208-11.

era criticado pelos colegas de música popular, acusado de plagiário. O início do texto faz a remissão ao título de Rei do Samba, autor de tantos sucessos "e vem de tão longa data, que se fôssemos ligar seus trechos melódicos, seria o suficiente para vencer qualquer 'maratona' musicista". O artigo segue afirmando que Sinhô sempre foi "o maior executante de suas obras no piano, mas é no 'pinho' que ele se inspira", produzindo uma música tão "doce e sincera" que transforma os ouvintes em um "mundo de amigos". Apesar de contestado, é um "triunfador". Por isso, a revista, "dada a ligação de velha amizade que mantém com o popular 'Sinhô' obteve para o seu número de especial de carnaval um interessante artigo, que corresponde a um desabafo muito sincero, e réplica aos levianos que contestam a sua obra, sem nunca, ao menos, para poder justificar tão feia ação, apresentassem uma só música que seja, que obtenha êxito popular idêntico ao conseguido por ele. 'Sinhô' quando fala é tão sincero, como suas melodias, e assim ouçamos o que ele diz ao leitores da *WECO*".

A partir daí, a revista abre aspas para o compositor, que consome três colunas para justificar seu amor ao violão.

"Há muitos anos que venho sofrendo abraçado a um pedaço de tábua, com um pedacinho de pau e seis cravelhas embutidas e seis cordas esticadas... É a pura vibração das sonoridades santas, que me tem dado coragem pra produzir um 'Pelo Telefone', uma 'Bahia É Boa Terra', um saltitante 'Quem É Bom Já Nasce Feito', um 'Pé de Anjo', um 'Vou Me Benzer', juntamente com 'Sai da Raia", um 'Sete Coroas', um 'Fala Baixo", um 'Sonho Gaúcho', um 'Pé de Pilão', um 'Por Que É Que no Mar Não Tem Jacaré', uma 'Caneca de Couro', um 'Amor Sem Dinheiro', uma 'Favela Vai Abaixo', um 'Não Quero Saber Mais Dela', um 'Ora Vejam Só', um 'Que Vale a Nota Sem o Carinho da Mulher', uma catedral do amor, como é o 'Jura', e um 'Gosto Que Me Enrosco', etc..." O violão, argumenta, é o único responsável pelas "regionais canções, músicas e letras de minha inteira autoria". Diz ser feliz por ser poeta, embora muitas de suas músicas tenham sido plagiadas, "quer trabalhos musicais ou literários, chegando a ponto de algumas das minhas músicas terem três e mais 'autores'". Conta como um certo "maestro do assobio" reivindicou para si a autoria de "Ora Vejam Só". "Mas os aplausos que recebo do povo da minha terra me confortam e servem-me de estimulante para novos sucessos". Conta que souberam que seu violão "era a caixinha mágica dos sons, onde eu ia buscar a melodia sincera que dou aos meus admiradores, a estes que bondosamente acharam de denominar-me o rei do samba, e zás, um belo dia roubaram o meu companheiro, o meu idolatrado 'pinho'". Registrada a queixa na Quarta Delegacia, o velho "companheiro de descantes" lhe foi restituído. Para ele, o violão é "o meu tudo, a razão de ser das minhas contínuas vitórias", "confidente nas horas de alegria tumultuosa e na solidão do meu lar". Na última coluna, ele finalmente confessa a dificuldade de conseguir um intérprete para suas músicas: "Eu, que dou minhas composições musicadas e versejadas, sempre lutei com a falta de um cantor a quem pudesse difundir o meu estilo próprio, porque não dizer a minha escola". Graças a Deus, segue, encontrou um "que atende a todos os meus desejos e aspirações, vim a ter um discípulo de violão e modinha, que seria a maior revelação do ano, esse distinto moço, rapaz da melhor sociedade carioca, musicista e acadêmico de uma das nossas escolas superiores, também *sportsman*, campeão da raquete, o fidalgo e salutar divertimento que refina o caráter e dá vigor ao corpo, esse meu amigo é Mario Reis".

Aí está a aspiração concretizada no belo moço fidalgo. "E sendo Mario Reis um artista nato, fácil me foi ensinar-lhe a tocar violão e cantar dentro do ritmo desejado por mim. É sempre assim, o primeiro disco gravado por Mario Reis, duas músicas de minha autoria, de nome 'Que Vale a Nota Sem o Carinho da Mulher', um samba lânguido, e 'Carinhos de Vovô', romance pedagógico". Ainda que agradassem muito, diz Sinhô, todos estranharam o "estylo novo", "a escola criada e de que Mario Reis era o percussor [sic]". Seu último parágrafo é nova homenagem ao dileto aluno: "Inúmeros são agora os discos gravados por Mario Reis, e cada um novo que aparece constitui um sucesso, que traz a glória ao discípulo e a alegria ao mestre".

Sinhô manifestava seus propósitos com muita clareza. Queria e disse ter conseguido fundar uma nova escola, um estilo novo de cantar e tocar violão. E Mario estava na vanguarda da renovação da música popular carioca. Nascia o canto brasileiro — ou, pelo menos, a sua primeira fórmula. Em termos atuais, não foi um cantor que saiu à procura de um repertório, mas o inverso: o *songbook* buscou e achou seu intérprete ideal.

Publicidade dos discos de Mario Reis na Casa Edison até 1930.

4.
UM DISCO PERDIDO

Mario cursava o terceiro ano da Faculdade de Direito em 1928, quando cedeu aos convites de Sinhô para gravar um disco. À parte da música, o destino do rapaz parecia estar sendo cuidadosamente traçado por seu tio, Guilherme da Silveira. Mas o dinheiro estava curto e era muito difícil para Mario manter o padrão de vida que sempre teve. Mario e Jonjoca ainda moravam na casa da rua Afonso Pena. A antiga criadagem, porém, teve de ser dispensada, ficando apenas uma funcionária, que arrumava a casa e cozinhava para os irmãos.

Mesmo assim, simulava viver faustosamente, como o faria mais tarde. Ele seguia freqüentando os salões da sociedade e o América, jogando bola eventualmente, mas se devotando, de maneira obsessiva, ao tênis. Ia todos os fins de semana para a mansão dos Silveiras em Bangu, onde podia nadar na piscina e conversar com os primos e, não raro, cantar para eles os últimos sucessos e as músicas que Sinhô lhe ensinava. Na Faculdade de Direito, que ficava na rua do Catete, assistia às aulas e convivia com um colega de Ubá, Minas Gerais, quatro anos mais velho que ele. Era Ary Barroso, que defendia o seu ganho tocando antes das sessões do cinema Íris, na rua da Carioca. O contato de Ary com Mario era muito próximo, na medida do possível para o *sportsman* grã-fino. Mantinham uma relação de saudável camaradagem. Ary havia desistido da faculdade em 1924 e só retomou o curso em 1928, um ano à frente de Mario Reis.

Naquelas alturas da década de 20, a Fábrica Bangu passava por dificuldades econômicas e os Silveiras estavam descapitalizados. Não estava nas cogitações da família destinar uma mesada aos órfãos de Raul Meirelles Reis. Guilherme da Silveira aconselhava seu sobrinho mais novo a estudar para se formar e, assim, obter um emprego bem-remunerado. Também lhe indicava leituras. E Mario seguia-as quase como se fossem ordens de um oráculo. Por isso, desde cedo, tornou-se um leitor sistemático. Lia todos os jornais pela manhã, prestando mais atenção, claro, às seções de esportes. Era também um devorador de romances. Admirava especialmente os autores russos, que lia em traduções para o português, como Dostoiévski, seu favorito, Lermontov, Tolstói e Gogol. Tinha inclinação para ler histórias intelectualizadas e trágicas. Suas leituras abrangiam os tratados de Direito e ensaios sobre cultura e problemas brasileiros. Estes últimos vinham diretamente da biblioteca do tio, que gostava de estudos brasileiros e tentava aplicar princípios sociais e racionais na Bangu, baseado nessas leituras. Em 1927, por exemplo, a Bangu doou um prédio, localizado na rua Silva Cardoso, nº 21, para o Centro de Saúde mantido em Bangu pelo Departamento de Saúde Pública. Assim, a Bangu se tornava pioneira em fornecer assistência médico-farmacêutica a seus funcionários. Coisas do espírito ilustrado de Guilherme da Silveira, que tanto influenciaram Mario.

O pendor à crítica logo se evidenciou no garoto de ouro da alta sociedade carioca. Ele ficaria famoso por suas frases cortantes e observações precisas, não só no terreno musical, como também em diversas áreas do saber. Apreciava a música erudita e as biografias de artistas. Mas não se dedicou ao estudo de línguas. Sabia ligeiramente francês, só que não gostava de ler nesse idioma. Jamais se motivou para estudar inglês ou espanhol, muito embora seu ouvido fosse conhecido pela alta capacidade de discernimento (depois de se retirar da vida musical, cantores importantes iriam procurá-lo para julgar seus trabalhos, antes de ser lançados, isso porque Mario tinha fama de excelente crítico musical).

Assim, a música poderia ser uma aposta não de todo absurda. Mario percebia que o mundo musical rendia um bom dinheiro a quem se dedicasse a ele com afinco, como o fazia Francisco Alves, amigo comum de Sinhô. Nascido no Rio em 19 de agosto de 1898, Alves foi um dos primeiros cantores profissionais do Brasil: do circo (1918), virou ator de teatro de revista e, deste, levado pelo revistógrafo Freire Júnior à Casa Edison, seria campeão de vendagens de discos.[1] E a profissionalização do meio musical vinha a galope. Apesar da Grande Depressão que logo aconteceria, Mario acompanhava de perto o progresso econômico do Brasil e estava consciente de que a produção de discos no Brasil havia alcançado respeitáveis avanços desde a implantação da Fábrica Odeon, em 1912. No ano seguinte, o Brasil chegou a produzir 1,5 milhão de discos por ano, ocupando o quarto lugar entre os mercados musicais, segundo levantamento realizado pelo pesquisador Humberto Moraes Franceschi.[2]

---

[1] Francisco Alves morreu em 27 de setembro de 1952 num acidente de carro, na via Dutra, dentro do município de Pindamonhangaba, SP. Seu enterro, no dia seguinte, foi uma comoção nacional, reunindo uma multidão. Mario Reis estava no meio dela.

[2] Humberto Moraes Franceschi, *A Casa Edison e seu tempo*. Inédito.

Carlos Lentini (o quinto da esquerda para a direita), o primeiro professor de violão de Mario Reis, além de autor de método de violão, participava de *Broadway Cocktail* (1932), ao lado de Francisco Alves, Noel Rosa, João Martins, Carmen Miranda, Almirante e Betinho.

Em 1929, Mario Reis lança "Vou à Penha", a primeira música gravada de seu colega de faculdade Ary Barroso.

O responsável pela instalação da fábrica foi o empresário austríaco Frederico Figner (1860-1946), natural da Boêmia. Ele foi o primeiro a fazer gravações de música brasileira popular em cilindros de fonógrafo, logo que desembarcou no Brasil em 1891, trazendo consigo uma das primeiras máquinas falantes. Em 22 de março de 1900, fundou a Casa Edison na Rua do Ouvidor, nº 107. Por um acordo com a fábrica berlinense Zon-O-Phone (pertencente ao conglomerado Carl Lindström), em 1901, Figner obteve a patente para fabricação de discos duplos no Brasil e a promessa do executivo da empresa, Frederic M. Prescott, de que seriam enviados equipamentos e técnicos de som para gravar música brasileira no Brasil. Assim, em 1902, o técnico Hagen instalou o primeiro estúdio de gravações mecânicas num puxado da Casa Edison (o endereço era rua do Ouvidor, nº 105) e passou a realizar sessões corridas de gravações com artistas locais. Formava-se o primeiro catálogo brasileiro de chapas. Figner fazia o papel de diretor-artístico do estabelecimento.[3] Seus critérios eram gravar tudo o que lhe caísse na mão, o mais rapidamente possível. O "anticritério" ensejou a explosão da produção e do consumo indiscriminado de música local. Os cantores e instrumentistas tinham que gritar as canções, cançonetas e cenas cômicas pelo autofone.

Em um depoimento dado ao programa *MPB Especial*, gravado na TV Cultura em 1º de julho de 1974 e apresentado em 1976, o cantor paulistano Roque Ricciardi (1894-1976), o Paraguassu, contava sobre as dificuldades de gravar pelo processo mecânico.[4] Ele começou a gravar em 1925, pela Casa Edison: "Os timbres das vozes soavam todos iguais pelo processo mecânico". Era preciso gritar porque "era dura a membrana para furar a cera da matriz". Em 1928, Paraguassu foi um dos primeiros a gravar pelo sistema elétrico ("Berço e Túmulo" e "Choça do Monte"). O técnico, um alemão, mandava "abrandar a voz", procedimento que causava dificuldade a quem estava acostumado aos berros pelo autofone. Havia, portanto, uma contingência técnica que condicionava o resultado estético das gravações: obrigatoriedade de alta intensidade do som e ausência de definição sonora que diferenciasse os timbres das vozes e ins-

---

[3] Luís Antônio Giron, "Um Império Musical do Brasil", *in* Fim-de-Semana, *Gazeta Mercantil*, São Paulo, 6 e 7 de novembro de 1999, p. 2.

[4] O depoimento consta do CD dedicado a Paraguassu na série "A Música Popular Brasileira Cantada por seus Intérpretes", CD editado em 2000 pelo SESC de São Paulo. Produção de J. C. Botezelli e Fernando Faro.

trumentos. Cortinas e forros de aniagem faziam, segundo Paraguassu, o isolamento do estúdio.

Figner trouxe o sistema de gravação elétrica (também chamado de sistema ortofônico) para o Brasil em fins de 1926, cerca de dois anos depois da explosão mundial desse tipo de tecnologia. Naquele ano, a empresa holandesa Transoceanic Trading Company (Odeon), braço da Carl Lindström, havia impedido Figner de manter a sua rede de distribuição de discos no Brasil. Figner continuava a gravar discos para o selo Odeon, a organizar a parte artística e a importar tecnologia. Mantinha seu selo, Parlophon, que havia comprado em 1913. No ano de 1926, ele comprou os equipamentos do processo de gravação elétrica desenvolvido pela Western Electric, empresa ligada ao conglomerado Lindström. O processo, chamado de Veroton, havia sido lançado em 1924, e, em menos de dois anos, tinha sido ultrapassado pela tecnologia de ponta da Victor. O volume de percepção do microfone do sistema adotado pela Casa Edison era inferior ao da Victor, que só se instalaria no país em 1929. Mesmo assim, Figner decidiu montar o primeiro estúdio elétrico de gravação na cúpula do Teatro Phenix, localizado na esquina da avenida Almirante Barroso, nº 53, com rua México no Centro do Rio de Janeiro (terreno ocupado em 2000 pelo edifício Cidade do Rio de Janeiro), no final do ano de 1926. Até então, o estúdio da Odeon ficava na rua Dom Pedro I, na Praça Tiradentes. A cúpula do teatro era usada como oficina de cenografia. Mas os técnicos aconselharam que a Casa Edison utilizasse o espaço por causa das características acústicas que facilitariam a gravação. E Figner alugou a cúpula junto aos proprietários do Phenix, a família Guinle. Como o espaço era grande, Figner mudou para ali seu escritório de representação dos selos Odeon e Parlophon, além de máquinas de escrever, calcular e mimeógrafos.

Ainda em 1926, veio da Alemanha o engenheiro Rudolph Strauss, que assumiu a diretoria técnica da Fábrica Odeon, que controlava a produção dos discos elétricos e monitorava todos os movimentos de Figner em sua gravadora. Strauss, diga-se de passagem, considerava o microfone da Western uma engenhoca ultrapassada.[5] Os músicos deveriam tomar certas precauções ao gravar com ele; por exemplo, um cantor dotado de voz muito forte teria que se postar a pelo menos meio metro do aparelho, para não produzir microfonia e ruídos. O imperativo era ultrapassado, pois já na Europa e nos Estados Unidos, a tecnologia RCA-

---

[5] Depoimento de Rudolph Strauss a Humberto Moraes Franceschi.

Victor permitia que os vozeirões produzissem gravações em alto e bom som. Assim, criou-se uma batalha entre cantores berrantes e sussurrantes, na qual a vantagem ficava para os últimos — a bem dizer, o último, porque a única voz disponível naquele primeiro semestre de 1928 para produzir bons resultados acústicos diante daquele microfone era Mario Reis. Os cantores convencionais criavam um som estilo alto-falante, sem qualidade de timbre.

A primeira gravação elétrica foi lançada em julho de 1927. As gravações se iniciaram no primeiro semestre daquele ano. Para inaugurar o sistema, Fred Figner convidou Francisco Alves, com quem assinou o primeiro contrato de exclusividade de gravações de um intérprete brasileiro. Como cantor exclusivo da Casa Edison, que gravava para o selo Odeon, ele teve a primazia de gravar o primeiro disco feito com sistema elétrico (Odeon, 10001), com a marcha "Albertina" e o samba "Passarinho do Má", as duas músicas compostas pelo dançarino e revistógrafo Duque, nome artístico do dentista baiano Antônio Lopes de Amorim Dinis. Nessa época, ele voltava consagrado de Paris e resolveu se devotar a compor para revistas e escrever crônicas teatrais. Francisco Alves cantou como podia: colocou-se a alguns centímetros da engenhoca da Carl Lindström e se comportou como se estivesse no palco do teatro São José, cantando para um público formado por um elemento, ainda por cima de aço cromado. O resultado é uma voz espacialmente distante, embora poderosa, que parece vir de um palco.

Fred Figner, por seu turno, estava sendo progressivamente afastado do controle da produção e distribuição de discos no Brasil, por pressões da Transoceanic. De acordo com a pesquisa de Franceschi, Figner ia perdendo o poder como que tomado pelo fatalismo. Preferia se ocupar da coluna Folhas Espíritas no *Correio da Manhã* (atividade de divulgação do kardecismo que professava desde 1903) e de juntar fundos para a Casa dos Artistas, fundada em 1918. Doou à instituição o prédio de Jacarepaguá em 1919. Ainda lhe restava o controle artístico das gravações, o que lhe parecia dar grande prazer. Sobretudo porque podia cultivar amizades com os grandes artistas da época, como Chico Alves e Sinhô, a quem pedia mais e mais músicas para fazer sucesso. As emissoras de rádio, a essa época, ainda engatinhavam e o poder de massificação da música ficava por conta do disco. Embora estivesse quase sem poder (em 1927, entregou o selo Odeon à Transoceanic, permanecendo apenas com o controle do selo Parlophon; em 1930, perderia até o controle artístico das gravações), Figner figurava como o mais influente fazedor de êxitos musicais da épo-

O empresário Frederico Figner (1860-1946), natural da Boêmia, veio dos Estados Unidos para o Brasil e em 1900 fundou a Casa Edison, que registrava a produção local de música popular. Mario assinou com ele seus primeiros contratos como cantor e autor.

Autor das primeiras composições registradas na fase elétrica (Odeon, 1927), o dançarino, revistógrafo e dentista baiano Antônio Lopes de Amorim Dinis, o Duque, consagrado em Paris, a partir dos anos de 1910, como o "criador do maxixe brasileiro".

ca. Assessorado por bons maestros, como Simon Bountman, J. C. Rondon e Eduardo Souto[6], ele próprio gostava de operar os recém-comprados equipamentos elétricos nas gravações, com entusiasmo quase infantil.

Nesse período de transformações tecnológicas, com a derrubada do pontificado das máquinas falantes pelo fonógrafo elétrico, do autofone que dava lugar ao microfone, muitos cantores sucumbiram, ou por acaso, ou por pura inadequação com o novo meio. De uma hora para outra, vozeirões como o de Vicente Celestino e do barítono Frederico Rocha foram para o arquivo morto da música — no caso de Celestino, apenas por algum tempo, porque ele voltaria em 1932 a fazer sucesso em cinema, teatro ligeiro e rádio. Não havia maneira de se adaptarem. Fernando, que possuía uma voz talvez apropriada para o meio elétrico, desaparecera na Europa com a orquestra de Romeu Silva, que ficou pelo menos oito anos no exterior, com o fim da euforia da "década louca" e do estilo *jazz-band*. Bahiano, Nozinho e K. D. T. (Cadete) se retiraram de cena à francesa. E assim também as velhas vedetes, como Pepa Delgado, que se aposentou em 1925 por motivo de casamento, Abigail Maia e outras vozes agudíssimas, que, diante do microfone, revelavam-se insuportáveis.

Um dos poucos intérpretes da velha ordem a ter conseguido passar com sucesso do autofone para o microfone foi Francisco Alves (outro exemplo notável foi o de Paraguassu). Ainda assim, ele teve que dosar a intensidade de sua voz para não ferir a sensibilidade do microfone; ele cantava de uma maneira natural, como se transferisse diretamente o que fazia no teatro de revista para o estúdio; e a tradição da revista era dizer a letra da música com clareza suficiente para o público entender. Como bom aluno de Sinhô, nesse período Alves exibia uma técnica vocal descontraída e um canto do samba quase falado, quase coloquial, muito embora na habitual intensidade trovejante, típica dos cantores de palco, que precisavam possuir voz forte para serem ouvidos nas torrinhas, como eram chamados os antigos "poleiros" ou galerias dos teatros populares.[7] Só muito

---

[6] Eduardo Souto (1881-1942), natural de São Vicente-SP, foi diretor-artístico de gravações da Casa Edison nos selos Odeon e da Parlophon. Desistiu da carreira de músico ao mesmo tempo que Figner foi impedido de dirigir gravações. Voltou a trabalhar como contador. Ver Vasco Mariz, *A canção brasileira*, Rio de Janeiro, INL/Nova Fronteira, 1985, 5ª ed., pp. 119-20.

[7] Como observou Abel Cardoso Junior em seu livro sobre Alves: "É lenda que cantasse gritando, abrindo o dó-de-peito. Na maioria de suas gravações cantava normalmente, a não ser que a potência de voz fosse exigida pela música". *Apud* Abel Cardoso Junior, *Francisco Alves: as mil canções do rei da voz*, Curitiba, Revivendo, 1998, p. 22.

mais tarde, e depois da morte de Sinhô, o cantor empostaria a voz, algo como um trompete com surdina. Mas nas primeiras gravações elétricas ele se saía bem, exibindo a euforia do tempo, com seus sambas com segundas intenções e ironias inalcançáveis fora do contexto de uma representação de revista. As chapas eram apêndices das peças da praça Tiradentes. E Alves, seu maior intérprete.

Enquanto aquele verdadeiro Termidor Elétrico acontecia, com cantores sendo desbancados de seus antigos tronos, Mario Reis estudava sossegadamente havia dois anos com Sinhô. O ambiente de propagação de sua voz era a sala de estar, não a azáfama do teatro de revista. Era o que Sinhô ambicionava: o samba em ambiente íntimo, de preferência elegante. Nesse período de aulas de canto e violão, não há notícias de que Sinhô tenha levado Mario a fazer algum teste de gravação nos estúdios da Casa Edison. Mas o convidou — e ele foi assistir — à sua participação em uma *Noite Brasileira*, no Teatro Phenix, em 9 de novembro de 1927, um dos primeiros espetáculos de música popular, promovido pelos teatros de grande público. Há quem diga que o motivo do distanciamento de Mario do estúdio de gravações era tecnológico. Como possuía uma voz "fraca" ou "suave", ela não se adequava às exigências do processo mecânico. É o que afirma Sérgio Cabral na sua biografia de Almirante, seguindo uma idéia preconcebida: "O símbolo dos novos tempos, no Brasil, foi o cantor Mario Reis, dono de uma voz que jamais seria gravada pelo antigo sistema das gravações mecânicas".[8] Mas, além de possuir uma voz de poderosa intensidade, própria para o autofone, as razões de Mario começar a cantar, segundo ele próprio, foram tão fortuitas quanto as que o levaram a encerrar a carreira e depois retornar. Dependiam de sua vontade. E a vontade poderia o ter levado, se quisesse, a um estúdio mecânico. Seus pulmões eram suficientemente fortes para isso. "Eu sou um homem cheio de vontades", habituou-se a dizer nas dezenas de entrevistas que concedeu, invariavelmente sem querer conceder, o que açodava os jornalistas, na década de 70, a tentar "uma exclusiva" com ele.

Em uma dessas entrevistas, ele se lembrava de como surgiu a oportunidade de gravar na Casa Edison. Conforme narra, Sinhô se encantou durante as aulas e não naquele encontro na À Guitarra de Prata: "O Sinhô, rei do samba, José Barbosa da Silva, ia lá em casa duas [sic] vezes por se-

---

[8] Sérgio Cabral, *No tempo de Almirante: uma história do Rádio e da MPB*. Rio de Janeiro, Francisco Alves, 1990.

mana para me ensinar a tocar violão. Ele tinha uma música, 'Amar a Uma Só Mulher', que o Chico Alves cantava. Eu gostava muito dessa música, e um dia, tocando, eu cantei para o Sinhô ouvir. Ele ficou entusiasmado, começou a gostar do meu modo de cantar. Nas horas de aula, comecei a cantar qualquer música que estivesse tocando. E o Sinhô me elogiava tanto que um dia me deu vontade de ter uma gravação minha. Uma coisa simples, só para guardar. Sinhô era muito amigo do Fred Figner, da Casa Edison. O Fred precisava muito do Sinhô como músico, era muito ligado a ele, tão ligado que deu uma casa que tinha, lá no Catumbi, para o Sinhô morar. Nós fomos na Casa Edison. O Sinhô falou com o Fred e levou o Donga para acompanhá-lo". A gravação, informava Mario Reis, foi feita pelo próprio Figner.

Tudo indica que Francisco Alves o conheceu nesse dia. Em suas memórias, o Rei da Voz lembra de haver conhecido o "rapaz de boa aparência" sendo levado à Odeon por Sinhô e o cantor Patricio Teixeira (1893-1972) — cuja voz, aliás, era de média intensidade e costumava cantar informal e sincopadamente ainda nos tempos mecânicos.[9] Patricio deve ter assistido à gravação, pois estava fazendo discos elétricos de sambas desde 1927 para a Odeon. Antes, registrava toadas e emboladas. Basta ouvi-lo no "maxixe cantado" "Quando Ela Passa (Na Aldeia)", de Catulo da Paixão Cearense, que gravou, tocando violão com Rogério Guimarães (Odeon, disco 10084-A). Patrício era outro pré-Mario Reis, quase sem a batata bel cantante que inchava as cordas vocais de outros estribilhistas.

Para a sessão, Sinhô sugeriu que ele e Donga o acompanhassem. Logo Donga, com quem o Rei do Samba havia mantido a famosa polêmica por volta de 1920, entre a turma do samba urbano e a do samba do recôncavo. Em mais uma prova de que as polêmicas não tinham repercussões pessoais, a dupla de violonistas exibe toda a destreza e harmonia no acompanhamento das gravações do cantor estreante, contrariando o juízo de Brício. Mario gostou da idéia de ser acompanhado por Donga e, de carro, foi procurá-lo em sua residência. "Donga morava na Lapa", contou Mario, em 1971. "Peguei meu carro, encostei em frente de onde ele morava — naquele tempo a gente 'encostava o carro'. Bati na porta e fui atendido por uma mulata sensacional, você não pode imaginar o que era aquela mulata. Ainda por cima ela estava com as pernas de fora, rapaz! Falei que

---

[9] David Nasser, *Chico Viola*, Rio de Janeiro, Edições O Cruzeiro S.A., 1966, p. 117.

Mario Reis na época em que formou dupla com Francisco Alves.

O segundo professor de violão de Mario Reis foi Sinhô.

queria conversar com o Donga e ela foi chamá-lo. E combinamos a gravação para as duas horas da tarde."[10]

A sessão aconteceu no primeiro semestre. Era uma novidade gravar àquela hora do dia, quando o Centro do Rio fervilhava. Mas a vedação com esteiras de aniagem e o estúdio instalado no alto de um teatro permitiam tal facilidade. Mario estava descontraído diante do microfone para cantar duas composições de seu professor. Afinal, seria apenas um teste. Curiosamente, não tinha medo da engenhoca oblonga, ligada na energia elétrica; aproximou-se do microfone como nenhum cantor até então ousaria fazê-lo, até porque podia provocar ruídos e distorções. Mario, já na primeira gravação, adotou uma postura quase confessional diante do microfone.

Por sugestão de Sinhô, o repertório compreendia o "samba do partido-alto" "Que Vale a Nota Sem o Carinho da Mulher?" e o "romance pedagógico" "Carinhos de Vovô". O samba havia sido lançado alguns dias antes, concomitantemente, em duas revistas da Praça Tiradentes: *O Que Eu Quero É Nota*, revista de Nelson Abreu, Geisa Bôscoli e Luiz Iglésias, estreada em 2 de julho, com Jardel Jércolis, Francisco Alves e Ottilia Amorim, no Teatro Carlos Gomes, e *Cadê as Notas?*, de Luiz Peixoto e Marques Porto, três dias depois, com Vicente Celestino, "cantando deliciosamente"[11] o samba de Sinhô no Teatro Recreio. No Carlos Gomes, o samba fazia mais sucesso, pois Ottilia Amorim e Jardel Jércolis se destacaram cantando e dançando juntos "Que Vale a Nota Sem o Carinho da Mulher?", e tiveram de repetir o dueto duas vezes na estréia.[12]

Mas nenhum dos dois cantores havia gravado a música até então. Já "Carinhos de Vovô" é música infantil. Seguia a tendência, na época, de escrever músicas para serem cantadas na escola. A exemplo de autores como Hekel Tavares, Sinhô compôs meia-dúzia de canções pedagógicas. A música é dedicada "ao ilustre professor Hemetério dos Santos", filólogo

---

[10] Sérgio Cabral, "Há 50 Anos um Estilo de Cantar Foi Inventado: o Estilo Mario Reis", in Caderno B, *Jornal do Brasil*, p. 1, 18 de janeiro de 1978. Note-se que esta entrevista não foi autorizada pelo cantor. "Essa reportagem é uma homenagem aos seus 70 anos e ao 50º aniversário do início da sua carreira de cantor. Mas é também uma traição, pois o que vai aqui registrado é fruto não só de pesquisas como de conversas que teve comigo sem qualquer compromisso."

[11] Apud Mário Nunes, *40 anos de teatro*. III vol., período de 1926 a 1930, Rio de Janeiro, Serviço Nacional de Theatro, 1955, p. 127.

[12] *Idem*, p. 129.

e poeta negro, a quem Sinhô admirava. A composição, pensava Sinhô, era fácil e se adequava à voz aguda de seu jovem pupilo. Publicou-a em partitura em outubro daquele ano de 1928, na sua *Coleção Pedagógica*.

A sessão aconteceu, em clima de descontraída inspiração. Encerrada, Fred Figner elogiou o desempenho do cantor estreante. Ninguém cantava daquela maneira, que parecia feita de encomenda para a brandura da nova era, a idade do microfone. Ainda por cima, com o sotaque chiado e informal do carioca. Isso não acontecia desde o advento de Fernando, também cantor do carioquês, também moço de alta sociedade.

Sinceramente entusiasmado, o empresário exortou Mario a fazer uma chapa comercial. Desconfiado, Mario quis ter certeza da sinceridade do empresário sobre a validade de gravar um disco para vender; aconselhou-se também com Sinhô. "Como todo mundo estava realmente interessado, deixei o disco sair. Sinhô ainda disse que, se eu não quisesse aparecer, poderia usar um pseudônimo qualquer. Mas como todos eles tinham gostado, não me importei que o disco saísse com meu nome."[13]

Mas aconteceu um contratempo. A prova de cera foi mandada para a fábrica e Mario queria ouvir a gravação de novo antes de liberá-la. "Tinha ficado bonita a gravação", contou a Lúcio e Maria Lúcia Rangel em entrevista publicada na *Manchete*.[14] "Passaram-se oito dias, dez, um mês, nada de aparecer o disco. Procurei Fred Figner. Disse-me que teria que fazer outro. Ele já tinha procurado a primeira gravação por toda parte e não a encontrara." E Mario completou, bem à sua maneira crítica e espirituosa: "Até hoje não apareceu. Foi pena. Gravei outra vez e não ficou nem 50% boa quanto a primeira, quando me sentia inspirado. Sinhô e Donga, perfeitos no violão. Comecei menino de 17 anos [Na verdade, tinha 20, mas podia ter se referido ao período de aprendizado.]. Demorei um mês para regravar o primeiro disco que fiz."

A nova gravação, feita em junho, não parece nem um pouco destituída de inspiração. Uma seqüência de ponteios de violão no baixo, a cargo de Sinhô, outro solando, o de Donga, dava início à melodia brejeira do samba "Que Vale a Nota Sem o Carinho da Mulher?". Por sobre os ponteados rápidos e sincopados, atacava a voz aguda de Mario, meio sinuosa e repetindo a palavra "amor", deixando reticências ao final. E pontuava a letra,

---

[13] José Márcio Mendonça, "O Sucesso Chegou Quando Mario Reis Gravou Seu Quarto Disco (o Primeiro Foi Feito Sem Querer, Por Acaso)", *op. cit.*, agosto de 1971, p. 1.

[14] Lúcio Rangel e Maria Lúcia Rangel, "Mario Reis: Agora Quero Cantar", *Manchete*, Rio de Janeiro, 4 de setembro de 1971, nº 1.011, pp. 60-2.

dizendo os versos seguintes: "não é para quem quer". E se alçava numa quase empostação em "(...) de que vale a nota, meu bem, sem o puro carinho da mulher", e o breque, praticamente falado: "Quando ela quer...". Na segunda-parte, os blocos harmônicos tramados pelos dois violões se tornavam mais sincopados e rítmicos, e a respiração de Mario mostrava toda segurança, quase a dizer a letra, a contar a história: "Por isso mesmo/ Que às vezes numa orgia/ Um terno riso eu peço emprestado/ E faço o palhaço na vida, meu bem/ Com o meu coração magoado". Esta última palavra era mais dita que entoada. O final da segunda-parte, que repetia as síncopes e a emissão das palavras com brevidade, terminava quase abruptamente após os versos "Para ter a certeza que o carinho, meu bem/ É bem puro e bem verdadeiro". Os violões davam um fecho com baixaria em *fade out*, repetindo o *staccato* da última palavras do canto, "verdadeiro", pronunciada com extrema brevidade, numa afirmação de amor feita sem ênfase, como uma verdade inabalável.

Em "Carinhos de Vovô", Mario se ocupou em contar uma história, narrando-a. Interpretou a voz de menino, contando um episódio banal de desobediência. O garoto travesso solta o passarinho que seu avô havia lhe dado de presente e se arrepende de não haver seguido os conselhos da mamãe. Mario cuidava de não sustentar as notas, sempre se esforçando na respiração curta e precisa, que fornecia um certo naturalismo naquela narração "pedagógica". Para usar um termo de ópera, Mario produziu um recitativo seco.

O disco finalmente saiu. Note-se que Mario tinha poder de decisão sobre o produto e se dirigiu a "Fred", como o chamava, de igual para igual. Não se estabeleceu uma relação de hierarquia social. Havia cumplicidade de classe entre ele e o empresário. Figner achava que Mario poderia usar um pseudônimo, proposta que foi prontamente recusada: "Respondi que, se ele tinha interesse em gravar um disco comigo, que pusesse o meu nome mesmo, Mario Reis, e pronto. Então eu iria gravar e usar pseudônimo como se estivesse com vergonha do que estava fazendo? Nada disso. Hoje vejo que fiz muito bem".[15]

Mario nunca se arrependia. Mas era contraditório, pois usou do recurso do pseudônimo algumas vezes. Frederico Figner não estava fora de si quando mencionou o uso do pseudônimo. E um, que talvez tenha

---

[15] Roberto Paulino, "O Aristocrata Mario Reis Cantava Samba Como Quem Falava (Ao Pé do Ouvido). Hoje É Parte da Antologia da Música Popular Brasileira. Quem Tiver um Disco Dele Tem um Tesouro", *in Fatos & Fotos*, 11 de julho de 1976.

sugerido, não tardaria em aparecer nos contratos de compra de sambas entre o cantor e a Casa Edison: "Zé Carioca". Figner havia detectado, talvez inconscientemente, uma característica que vincou a trajetória do jovem que se tornaria, na exata definição do crítico Tárik de Souza, "o mais carioca dos cantores".[16]

---

[16] Tárik de Souza, "O Mais Carioca dos Cantores", in Caderno B, *Jornal do Brasil*, 6 de outubro de 1981, p. 1.

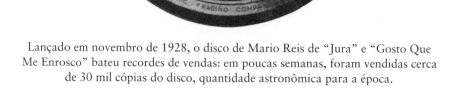

Lançado em novembro de 1928, o disco de Mario Reis de "Jura" e "Gosto Que Me Enrosco" bateu recordes de vendas: em poucas semanas, foram vendidas cerca de 30 mil cópias do disco, quantidade astronômica para a época.

5.
APOCALIPSE MECÂNICO

Não é exagero afirmar que as primeiras gravações de Mario estavam destinadas a alterar a vida musical brasileira. Ele se orgulhava de estar levando o samba aos "salões da sociedade". Era diferente das eventuais aparições anteriores de músicos na sociedade. Semelhante a ele só havia o caso de Fernando, que gravou na Casa Edison e pertencia à tradicional família Albuquerque e havia cometido sambas e foxes-trotes de sucesso. E preferia não usar o seu nome inteiro para não comprometer a família. Esta, por sinal, rejeitou a incursão de seu rebento no submundo da música.

"Samba era coisa de malandro, de gente pobre, de freqüentador das apimentadas burletas da Praça Tiradentes", comentou o compositor Mário Lago, colega de Mario Reis, em entrevista concedida em 1999. "Um samba era composto num morro para ser ouvido no outro morro. Mario Reis trouxe o samba para a cidade, com extremo refinamento".[1] Duque também era um doutor e dançava seus sambas no elegante restaurante Assyrio, no subsolo do Teatro Municipal. A poderosa família Guinle possuía um teatro destinado a apresentações cômicas, o Phenix (conhecido como "a" Phenix), e protegia alguns músicos, tendo patrocinado a excursão dos Oito Batutas a Paris em 1922.

Só que o caso de Mario Reis era bem outro. Desta vez, um grã-fino real usava o prestígio de seu nome e convidava o samba para entrar de *smoking* no *high society*. Mais do que isso, pela primeira vez um "rapaz de bem" encostava seu carro nos barracos dos sambistas — ou "sambeiros" — e ia a seus redutos no centro da cidade para "colher" novas composições — e cantá-las com elegância, com "bossa", como se dizia naquele tempo. Diz a lenda que Mario e seu amigo Vinicius de Moraes, ambos muito bonitos e com fama de conquistadores, foram os primeiros jovens a possuir carro no Rio de Janeiro. Talvez seja muito. Mas eles certamente foram os jovens que mais se exibiram ao volante, um símbolo de dinheiro e poder.

---

[1] Entrevista com Mário Lago, 1999.

O letrista Orestes Barbosa retratou-o no livro *Samba*, de 1933, colocando-o entre os três maiores intérpretes da música brasileira da época, ao lado de Aracy Cortes e Francisco Alves. "No samba é um criador", disparou. "A sua elegância, a sua distinção pessoal obrigou Botafogo a confessar que a sua emoção é igual à do morro." Continua Barbosa, revelando que a elite, "mestiça de todas as raças, vivia no sacrifício de amar o samba sem poder gozá-lo". Era uma dama "apaixonada pelo seu criado esbelto, o qual, para poder ser apresentado nos grandes salões, precisava somente de roupa nova e loção no cabelo". Mario chegava com seu carro para levá-lo ao *grand monde*. "Mario Reis, que é um esteta sincero no seu temperamento de artista, rompeu com as convenções."[2] Afinal, buscou samba "nos desvãos soturnos do Buraco Quente e da Pedra do Sal, para os ambientes da aristocracia, onde se cruza, num trânsito mágico, a imponência heráldica das ricaças e o deslumbramento primaveril das garotas, na confusão de faianças e almofadas de penas de avestruz...". Tirou galho de arruda da orelha da cabrocha e a carregou com o mulato bamba, perfumando-os com suas essências particulares e os trazendo ao mundanismo. Orestes Barbosa o enxergava como o salvador e imortalizador do samba, até então desprezado.[3]

Era uma ousadia para o tempo. Talvez a ausência da figura do pai genuíno tenha dado ao rapaz um senso de liberdade maior que o de seus pares. De qualquer forma, a mentalidade da elite carioca do início do século XX era bem mais aberta que a do início do XXI. Havia preconceito, mas não o "apartheid" que se instalaria nos anos 80. Mario realizava o sonho de Sinhô. Embutido no sonho de ascensão social do samba, havia uma revolução tecnológica e estilística, que seria levada adiante por Mario Reis após a morte de seu mestre.

A aparição do cantor representou para a música popular do Brasil "uma espécie de grito do Ipiranga", como escreveu, não sem exagero, o jornalista Lúcio Rangel. "Pela primeira vez, um cantor se dirigia ao público com senso de medida, preocupado em bem dizer e interpretar o sentido dos versos, com sentimento brasileiro."[4] De fato, Mario Reis proclamou o sussurro da independência do canto nacional. Com ele, surgiu

---

[2] Orestes Barbosa, *Samba: sua história, seus poetas, seus músicos e seus cantores*, Rio de Janeiro, Funarte, 1978, 2ª ed., p. 47.

[3] *Idem*, p. 48.

[4] Lúcio Rangel e Maria Lúcia Rangel, "Mario Reis: Agora Quero Cantar", *Manchete*, Rio de Janeiro, 4 de setembro de 1971, número 1.011, pp. 60-2.

uma nova geração de intérpretes e se iniciou a linhagem modernizadora da música popular brasileira que iria desembocar na Bossa Nova e no modo de cantar-dizendo contemporâneo. Dizia: "Para que gritar, se falar é muito melhor?".[5]

Talvez haja uma imprecisão em atribuir uma originalidade total ao estilo do canto. De certa forma, a "blandícia" com que dizia o samba, na expressão de Orestes Barbosa, vinha da escola dos cantores de *jazz-bands* e devia muito aos antecessores Bahiano, Fernando e Francisco Alves. E, de qualquer modo, observou-se fenômeno semelhante no ano de 1925 nos Estados Unidos, quando os cantores se adaptaram ao microfone e passaram a sussurrar canções; daí o termo *crooner*, sussurrador, utilizado a partir de então para designar os intérpretes vocais elétricos. O fulcro da questão, portanto, não está aí, como queria Mozart de Araújo. Está claro que Mario se beneficiou do microfone. Seu estilo, no entanto, se desenvolveu longe e independentemente do aparelho. Desde o princípio, considerava-se, como dizia, "um esteta". Mesmo dizendo que fez tudo "sem querer", tinha absoluta consciência da mutação que estava operando no genoma do samba tradicional. Sob o signo de Sinhô, ele alterou o modo de agenciar letra e melodia dentro das barras de compassos estritas, binárias, do gênero. O sussurro do Ipiranga vibrava em estruturas mais profundas... Não se colocava em contraste simples com o *bel canto*, por exemplo, de Vicente Celestino. Assimilando o coloquialismo de um Fernando e de um Chico Alves, ele reinventou a respiração no fraseado do samba, criando síncopes inauditas.

O fato é observado desde a repercussão que o primeiro disco alcançou ao ser lançado, em agosto de 1928. A ponto de sua interpretação de "Que Vale a Nota Sem o Carinho da Mulher?" (Odeon, matriz 1741) haver batido em vendagens as gravações de seus criadores, realizadas em seguida: a de Francisco Alves (Odeon, 1813) e Vicente Celestino (Odeon, 1875).[6] A repercussão foi grande, sobretudo pelo estranhamento que o "estylo novo" trazido à tona pelo cantor provocou.

Acostumados com interpretações tonitruantes, muitos músicos consideraram a interpretação efeminada e, à medida que saíam mais e mais chapas do cantor, começaram a espalhar comentários maliciosos sobre a

---

[5] João Máximo, "Mario Reis: Ele Criou o Modo de Cantar Brasileiro", *in Jornal do Brasil*, 6 de outubro de 1981.

[6] A observação é feita por Abel Cardoso Junior no livreto do CD *Sinhô: O Pé de Anjo, vol. 1*, Revivendo, 1994.

masculinidade do "filhinho-de-papai" que estreava no disco de forma tão intensa. Somente no segundo semestre de 1928, Mario lançou cinco discos; ao todo, dez músicas. A princípio, o público estranhou. "Realmente, causei um impacto muito grande e todos ficaram contra mim", lembrou Mario em 1971. "Não tive vida fácil, não."[7]

Esse período também correspondeu ao surgimento da crítica especializada em disco de música popular na imprensa. Em 15 de agosto de 1928, por exemplo, saía o primeiro número da revista bimensal *Phono-Arte*, a primeira publicação brasileira especializada em disco.[8] Tendo como diretores Sergio Alencar Vasconcellos (futuro radialista e executivo de rádio) e o crítico J. Cruz Cordeiro Filho, conhecido como Cruz Cordeiro, a publicação justificava sua presença pela excelência artística atingida pelo fonógrafo elétrico após a "Revolução de 1925", como chama o editorial, quando as máquinas falantes saíram de cena. Uma revolução que levou três anos. Agora os fabricantes de discos atingiram novos "degraus da perfeição artística" e "chamaram a atenção para si da musicografia e da musicologia". Nada mais óbvio que os centros civilizados do mundo inteiro passarem a publicar "revistas críticas, artísticas e literárias, exclusivamente dedicadas a este prodigioso aparelho". Daí a *Phono-Arte* se colocar como um veículo de modernidade a representar o "incremento fonográfico no Brasil". O programa da revista era fazer a intermediação entre o editor de discos e o amador. "Escolher um disco pela simples indicação de um catálogo ou suplemento conduz quase sempre a decepções", argumentam os editores. "Procuraremos facilitar esta escolha, apresentando aos leitores uma crítica absolutamente desinteressada e imparcial das diferentes gravações e, quando diversas fábricas tiverem gravado a mesma obra, indicaremos o disco que foi feito com mais cuidado, quer sob o ponto de vista da execução como da gravação, procurando assim tirar o amador do embaraço em que sempre se encontra em semelhante circunstância".[9]

Impunha-se uma nova mentalidade de consumo musical. Já no se-

---

[7] Lúcio Rangel e Maria Lúcia Rangel, "Mario Reis: Agora Quero Cantar", *op. cit.*, p. 62.

[8] A *Phono-Arte* circulou de 15 de agosto de 1928 a 28 de fevereiro de 1931. No início, animada pela indústria do disco, era quinzenal. A partir de maio de 1930 (número 43), virou mensal. Ao todo, foram 49 edições e 50 números. Os números 9 e 10 saíram em uma única edição, especial de fim de ano, datada de 14 e 30 de dezembro de 1928.

[9] "A Razão de Ser da Presente Revista: o Nosso Programa", *Phono-Arte*, Rio de Janeiro, 15 de agosto de 1928, nº 1, ano I, p. 1.

gundo número, de 30 de agosto, foi publicada a primeira crítica do disco de estréia de Mario Reis. As críticas eram organizadas catalograficamente. Assim, na rubrica "Música Popular", por exemplo, as chapas são comentados por selo. Abrindo o selo Odeon está o disco 10224, com "Que Vale a Nota Sem o Carinho da Mulher?" e "Carinhos de Vovô". O comentário não está assinado, mas é, provavelmente, de Cruz Cordeiro. "Este é o primeiro disco de Mario Reis. O simpático amador canta a primeira peça, de modo muito original, dando-lhe interpretação digna de nota. O artista realiza uma espécie de canto sincopado, muito expressivo, e que, se, à primeira vista nos impressiona mal, pouco depois agrada-nos imensamente. Mario Reis escolheu bem este famoso samba de Sinhô, que é realmente muito bonito. No complemento, o executante já não agrada tanto e mesmo a composição não ajuda muito. O acompanhamento feito ao violão por Sinhô e Donga muito brilho dá ao conjunto."[10]

Em fins de outubro, a revista comenta a partitura de "Carinhos de Vovô" na seção dedicada às Edições Carlos Wehrs. Diz o crítico: "O que vem a ser um 'Romance Pedagógico'?... Pela primeira vez em música, deparamos com esta denominação, assaz excêntrica, perfeitamente inédita. Enfim, os leitores que procurem decifrar esta espécie de charada. Como música, a peça é de grande delicadeza e mesmo bonita. A sua melodia, sentimental e harmoniosa, agrada muito. Letra delicada, expressiva e bem adaptada".[11] Era moda denominar bizarramente os gêneros. A Carlos Wehrs lançava, naquele mesmo mês, o "maxixe da ursada" "Barbas Postiças", com música de Úrsulo e letra de Ursulino. Nem é preciso mencionar que foi um colossal fracasso.

Seguindo os novos tempos, Mario Reis se torna o primeiro a fazer sucesso exclusivamente por meio do disco. Ele não cantava em revistas, não participava de recitais nem animava, como seu antecessor Fernando, bailes de *jazz-bands*. A chapa era seu único veículo e ele estava fazendo sucesso.

Mario comentaria na década de 70: "Acho que eu fiz sucesso. Primeiro, por causa do Sinhô, que vivia dizendo que samba era para ser cantado como eu cantava, que o seu estilo estava mesmo era no meu jeito, na minha voz. Isso me ajudou muito a fazer sucesso, porque eu não pen-

---

[10] "Música Popular, Odeon, 10224", *Phono-Arte*, Rio de Janeiro, 30 de agosto de 1928, nº 2, p. 13.

[11] "Edições Carlos Wehrs. 'Carinhos de Vovô'", *Phono-Arte*, Rio de Janeiro, 30 de agosto de 1928, nº 2, p. 13.

sava em ser cantor, eu tornei-me cantor por acaso. E o meu jeito de cantar também é por acaso. Posso mesmo dizer que tudo que fiz foi sem querer. A segunda coisa que me ajudou a fazer sucesso foi a maneira diferente de cantar. Eu cantava diferente do Chico Alves e do Vicente Celestino. Eu era diferente sem querer, entende? O público entendeu".[12]

Incensado pelo público comprador de disco, a crítica falava dele como "simpático amador" e "acadêmico". Naquele outubro, quando as lojas tocavam seu primeiro disco, Mario já havia subido mais uma vez com Sinhô e seu violão de madrepérola as íngremes escadas da Phenix para gravar a segunda bolacha. Na cúpula o esperavam o técnico de som e o violonista Rogério Guimarães para gravar mais duas músicas de Sinhô, compostas para o teatro de revista: "Sabiá", "choro-canção" dedicado "ao meu amigo Mario Reis", foi composto para a revista *O Presidente na Favela*, estreada em 1927. É uma cena bucólica, pintando um sabiá que metaforiza o amor que fugiu do cantor; quando se aproxima do pássaro, ele age "tal qual" o seu amor. A música a constar no lado B do disco era "Deus Nos Livre do Castigo das Mulheres", um samba-canção que Sinhô definiu na partitura como "o maior sucesso do Teatro Nacional" e repetida em outros espetáculos. A música estreou na revista *Seminua*, na Phenix, no dueto entre Henrique Chaves e Nelly Flor. O samba tinha o seguinte subtítulo: "O Preto Que Tinha a Alma Branca", também título do quadro em que se dava o dueto. Naturalmente, Sinhô alterou a letra para ser interpretada pelo aluno. De propósito ou não, o samba se converteu numa declaração de misoginia. O sujeito lírico pede a Deus para que o livre dos caprichos e dos castigos que a mulher amada pode vir a lhe infligir. "Deus Criador/ Fez da mulher o Seu divino resplendor/ Só por ser a parte fraca/ Deu-lhe o poder de convencer/ Este sexo mau que deve padecer/ E sofrer/ Pela razão de se julgar superior".

O cantor se superou na interpretação dessas duas músicas, embora o esquema de dois violões e voz fosse semelhante ao da sessão de julho. Em "Sabiá", ele pôs sua respiração especial a serviço da narrativa. Nuançou de forma diferente cada refrão, reformulou o fraseado e a rítmica e imprimiu um toque irônico à melancolia típica da canção. Os violões também soavam mais claros e precisos, com a "baixaria" amaxixada de Sinhô bem delineada e os *intermezzi* pontuando dramaticamente as canções. "Deus Nos Livre do Castigo das Mulheres", mais complexa, exigiu ain-

---

[12] José Márcio Mendonça, "O Sucesso Chegou Quando Mario Reis Gravou Seu Quarto Disco (o Primeiro Foi Feito Sem Querer, Por Acaso)", *op. cit.*, agosto de 1971, p. 1.

Em outubro de 1928, o segundo disco de Mario para a Odeon trazia duas composições do mestre Sinhô: "Sabiá" e "Deus Nos Livre do Castigo das Mulheres".

da mais de Mario. Ele fez sua voz fluir acima da trama contrapontística do duo de violões, num ritmo não marcado, muito livre. Naquela sessão, ele desenhava um dos primeiros breques da história do samba, com o verso "este sexo mau que deve padecer", no qual impôs a fala à melodia, pontuando as notas para seguirem o ritmo de um comentário irônico. O disco foi lançado em outubro, novamente com sucesso.

Pouco antes, em 28 de setembro, ali mesmo, no palco da Phenix, estreava a revista *Microlândia*, com Aracy Cortes, atriz-cantora da companhia de revistas da excêntrica bailarina russa Norka Rouskaya, estrelada por esta e escrita por Marques Porto, Luiz Peixoto e Afonso de Carvalho. O espetáculo lançou aquele que viria a se tornar o maior êxito da primeira fase da carreira de Mario, o "samba-carioca" "Jura"... de Sinhô, naturalmente. Na estréia, a vedete Norka, de tão excêntrica, saiu de cartaz antes de entrar e não apareceu. Mas Aracy foi ovacionada pelo público que lotava o teatro (1.225 lugares) e, segundo ela própria, repetiu a música sete vezes e Sinhô subiu ao palco às lágrimas, chamando-a de sua "melhor intérprete feminina", um Mario Reis de Saias, enfim.[13] Exageros de Aracy, que cantou a música utilizando uma técnica cheia de *legato*, próxima à dos executantes circenses de arco no serrote. O biógrafo da vedete, Roberto Ruiz, informa que, no que diz respeito a "Jura", Aracy "foi obrigada a bisá-la e a trisá-la, o que aconteceu rotineiramente em todas as apresentações de *Microlândia*, nesse teatro e, depois, no Palácio, recém-inaugurado e para onde a companhia se passou".[14] Mas não há traços de Sinhô subindo ao palco. O crítico Mário Nunes, que acompanhou a temporada da peça, saída de cartaz em 11 de março, tem outra versão: destaca "Jura" como uma performance "expressiva", mas o sucesso de Aracy mesmo aconteceu com o quadro burlesco "Saxofonista dos Marimbondos!", no qual a atriz contava piadas apimentadas, "alvo de verdadeira ovação".[15]

Com ou sem bises e lágrimas, Sinhô decidiu editar e gravar rapida-

---

[13] "No Dia em que Lancei 'Jura' Tive que Repeti-la Sete Vezes", in *Jornal do Brasil*, Rio de Janeiro, 27 de agosto de 1974.

[14] Roberto Ruiz, *Aracy Cortes: linda flor*, Rio de Janeiro, Funarte/INM/Divisão de Música Popular, 1984, p. 110.

[15] Mário Nunes, *40 anos de teatro*, vol. III, período de 1926 a 1930, Rio de Janeiro, Serviço Nacional de Theatro, 1955, p. 129. Comenta sobre *Microlândia*: "Há nela de tudo e tudo muito rápido. Defeito: elenco fraco, só dois valores marcantes". Apesar de "expressiva" em "Jura", Aracy se fez aplaudir em outros números, como "Aracy", onde era acompanhada por um coro de homens, e no quadro citado.

mente a composição. Na partitura, de próprio punho, ele colocou a modesta informação: "o maior sucesso do mundo". Sem perder tempo, levou seu pupilo e a estrela de revista para registrá-lo no mesmo dia na Odeon. Mario gravou primeiramente "Jura" (matriz Odeon, 2070), seguido de Aracy (matriz Parlophon, 2071). Curiosamente, conforme observa Humberto Franceschi, os números de série das matrizes seguem uma ordem crescente, independentemente de vínculo com o selo. Figner dirigia os dois selos — Odeon e Parlophon — e seqüenciou as gravações com Mario, gravando para a Odeon, com a Orquestra Pan American Cassino Copacabana, e Aracy, para a Parlophon, em acompanhamento da Simão Nacional Orchestra. Ora, a orquestra era a mesma, o dono da batuta o mesmo também — Simon Bountman — e mostrando um arranjo levemente modificado, mas, em essência, idêntico à gravação de Mario; a diferença estava no piano de Lúcio Chameck, que aparecia mais em relevo, e num contingente instrumental menor. Os arranjos eram para pequeno grupo instrumental e muito parecidos uns com os outros. Baseavam-se no piano e nos violinos e madeiras, com acompanhamento rítmico eventual de banjo, cavaquinho e de um reco-reco. Possuíam, na definição de Franceschi, "uma caligrafia sonora", um esquema repetitivo reconhecível em muitas gravações da época. Em geral, os arranjos se inspiravam em esquemas funcionais que os maestros — geralmente centro-europeus imigrantes — colheram nos teatros de opereta e que carregaram em sua bagagem nos navios de exilados que vinham da Rússia e, depois, da Alemanha.

Simon Bountman (1900-1977) era um deles e, talvez, o mais culto de todos. Seus arranjos vincaram profundamente um modelo de instrumentação e condução da música popular brasileira, no período imediatamente posterior à voga dos *jazz-bands*. Bountman está por merecer um verbete nas enciclopédias, mas continua fora delas.[16] Bountman chegou ao Brasil em 1923, como violinista da orquestra da companhia de revistas espanhola Velasco. De agosto a outubro, a Velasco fez temporada no Teatro João Caetano, antigo São Pedro. Alguns dos músicos da orquestra resolveram ficar no Rio e formaram a Jazz-Band Kosarin. Bountman estava entre eles. No mesmo ano, empregou-se no Copacabana Palace Hotel, que era inaugurado para abrigar um luxuoso cassino (logo proibido). Bountman montou para o Copa a Jazz-Band e Orquestra Pan American do Cassino Copacabana e, anos 20 afora, apresentou-se no *grill-room* do

---

[16] Luís Antônio Giron, "O Diabo do Maxixe", *in Around,* São Paulo, novembro de 1986, pp. 92-4. Nesse artigo, ensaiei uma pequena biografia de Bountman.

O maestro Simon Bountman (1900-1977), responsável pela maioria dos arranjos de música popular da gravadora Odeon nos anos 20 e 30.

Simon Bountman (à batuta) com sua orquestra na década de 1930.

hotel, em espetáculos dançantes que iam da meia-noite às 4 da manhã. Um dos estribilhistas da orquestra foi Francisco Alves, antes de começar a gravar para a Casa Edison. Em 1926, Bountman foi convidado por Fred Figner a levar a Pan American à gravadora Odeon. O maestro-violinista (seguia a tradição romântica russa do princípio do século XIX, quando o *spalla* regia a orquestra) formatou dois tipos de grupo: um *jazz-band* no estilo americano e uma "orquestra típica" brasileira — ou o que ele pensava ser típica. Sua primeira gravação data de 1926.[17]

Há uma tendência nos historiadores musicais populares em menosprezar o papel dos músicos de formação européia na miscigenação sonora que se dava nos anos 20. Em nome do ufanismo afro, consideram figuras como Bountman, o pianista Lúcio Chameck, o saxofonista Ignacio Kolman e o maestro Harry Kosarin como elementos secundários. Curiosamente, eram judeus imigrantes, que geralmente se estabeleciam na região da Praça Onze e se empenhavam em participar da cultura popular local. Claro que à sua maneira. Para Bountman, por exemplo, seria heresia incluir percussão na harmonia sinfônica que perseguia obsessivamente em suas orquestrações, como se estivesse numa casa de ópera na Ucrânia. Preparou o arranjo de "Jura" como se fosse dirigir a "Rainha das Czardas" na Ópera de Kiev.

A gravação de "Jura" era a estréia de Mario com orquestra, algo que os músicos pensavam que seria impossível de ser registrado, dada a suposta voz pequena do cantor. E ele tratou de "mixar" o som à sua maneira, aproximando-se do microfone, com a ajuda de especialistas alemães.

Mario acabou tendo a primazia do lançamento da música, em novembro de 1928. Conforme o esperado, foi um sucesso estrondoso. Como se dizia na época, "Jura" "caiu no *goto* do público". Lançado em novembro de 1928, o disco trazia no lado B, "Gosto Que Me Enrosco", música tirada da revista *Cachorro Quente*, de Antônio Quintiliano, representada pela Companhia Nacional de Revistas no Teatro Recreio de 13 de setembro até o fim do mês; o número era interpretado pelo estreante Olímpio Bastos, o Mesquitinha, ator-cantor "sempre em progressão", segundo Mário Nunes.[18] Mas "Gosto Que Me Enrosco" fez papel de face oculta

---

[17] O disco Odeon no lado 123061 traz a valsa lenta "Revendo o Passado" (Freire Júnior) e o "fado-tango" "Visão do Passado", de Ernesto dos Santos, o Donga, no lado 123060.

[18] *Apud* Mário Nunes, *op. cit.*, p. 127. Segundo o crítico, a peça *Cachorro Quente* é "uma das melhores dos últimos tempos, agrada, diverte, mas não a apóia a encenação". Na peça, Vicente Celestino cantava "lindamente", segundo Nunes, o samba "Deus Nos Livre do Castigo das Mulheres", de Sinhô, gravado por Mario.

de um disco que tinha "Jura" e passou a bater recordes de vendas. Em poucas semanas, foram compradas cerca de 30 mil cópias do disco, quantidade astronômica para o período.[19] Os contratos da Casa Edison, feitos por música gravada, estipulavam que o intérprete ganharia 300 réis (400 e 500 réis, só excepcionalmente) por face vendida — e este era um dos poucos meios de ganhar dinheiro com gravações. O outro era simplesmente vender os direitos totais das composições para o dono da gravadora. Segundo o pesquisador Abel Cardoso Junior, um disco custava, na época, 10 mil-réis, cabendo ao intérprete cerca de 5% do preço de cada face, ou seja, 400 réis. Se um disco vendesse mil cópias — quantidade espetacular — a gravadora faturava 10 contos de réis e o cantor, 500 mil-réis. As tiragens iniciais eram de 250 exemplares por disco, isso até 1929.

De qualquer forma, Mario estava promovendo centenas de tiragens sucessivas, de forma espetacular. E seu êxito chegou a atemorizar os astros estabelecidos — notadamente Francisco Alves e Gastão Formenti (que recebia 500 réis por face cantada e era um outro cartaz da gravadora). Mario Reis arrasava reputações estabelecidas, sem ser um profissional.

A *Phono-Arte*, mais uma vez, louvou a gravação de "Jura" na edição de 15 de novembro de 1928. Vale a pena conhecê-la por inteiro, na grafia e pontuação originais, para não perder o sabor:

> "Mario Reis, que tem brindado a Odeon com excellentes discos de música popular, o interprete inigualavel do estylo tão caracteristico de Sinhô, um de nossos 'reis do samba', apresenta agora o seu melhor disco e o mesmo que, sem duvida, mais sucesso registrará.
>
> É que o sympathico amador vem cantando no disco 10278 o famoso samba *Jura!!*, de tão immediato quão fragoso successo.
>
> *Jura!!* é o samba da moda, 'caiu no gosto' do publico, que o procura avidamente Mario Reis em seu disco, canta-o admiravelmente, sempre em seu estylo, ligeiro e sympathico, que tanta graça empresta às suas interpretações.
>
> Quem procura a collecção de sambas, que o distincto 'gentleman' tem cantado em discos Odeon, encontrará aqui o seu melhor disco.

---

[19] Não foi encontrado um número exato da vendagem. Há quem diga que foram 65 mil cópias. Mas, com o número conservador de 30 mil cópias, ele deve ter arrecadado a fortuna de 12 contos de réis.

Na redação da revista Phono Arte, em 1930,
o jovem Mario Reis já posava como um cantor de sucesso.

O disco Odeon, além de optimamente interpretado, possue magnifica gravação e além disto, o acompanhamento da orchestra que secunda o executante, está perfeita de rhythmo e nitidez. Em summa, uma peça popular phonographica, que enche as medidas de todos os amadores do genero.

No complemento, mais um samba de Sinhô, 'Gosto Que Me Enrosco', como sempre inconfundivel, de música agradavel e summamente typica. Assemelha-se em sua letra a outro samba de grande sucesso do popular autor, que preseentemente, parece andar sympathisando extraordinariamente com 'carinhos' e 'mulheres'...

Este é a ainda o motivo principal desta sua peça. O interprete, como sempre magnifico, é aqui acompanhado por dous violões, que apesar de bem equilibrados, não offerecem um conjuncto tão perfeito quanto a orchestra".[20]

Os elogios multiplicavam-se quase ao mesmo ritmo das vendas. A *Phono-Arte* devota-lhe uma página inteira na edição de 15 e 30 de dezembro de 1928, com direito a foto do sorridente moço da sociedade, já ostentando o impecável terno branco e a gravata estampada. Provavelmente de autoria de Cruz Cordeiro, o artigo descreve com exatidão que o cantor surpreendeu com um "método bem diferente do de seus predecessores": "Não fazendo um cantor, não procurando métodos para o aperfeiçoamento de suas qualidades vocais, ele sem o menor esforço colocou-se rapidamente numa posição destacada e extraordinariamente simpática. Cantando com a maior naturalidade, simplificando ao máximo a expressão de seu cantar, Mario Reis se tornou facilmente: o mais perfeito intérprete do samba nacional".[21] E retrata o intérprete como "um moço simpático, distinto, fino elemento de nossa melhor sociedade". Revela que as primeiras audições do intérpretes foram particulares, e assim continuariam a ser, "se o fonógrafo não o descobrisse". "Não pensando em se tornar um artista, não cogitando em pisar um palco, poucos certamente tiveram ocasião de ouvi-lo." Acontece que o fonógrafo o descobriu. "E o jovem cantor, que nunca pensara em defrontar um público de teatro, faz

---

[20] "Música Popular, Odeon", *Phono-Arte*, Rio de Janeiro, 15 de novembro de 1928, nº 7, p. 26

[21] "Figuras da Nossa Música, Mario Reis", *Phono-Arte*, Rio de Janeiro, 15 e 30 de dezembro de 1928, nº 9 e 10, pp. 30-1.

frente agora a um outro, mil vezes maior: o público do fonógrafo, e que equivale a dizer, o público em geral."

Agora o cantor entra em estúdio para seu quarto disco depois do "sucesso estrondoso com o samba da moda: 'Jura!'". O artigo anuncia que ele vai gravar outros autores, sem se restringir a Sinhô. E aconselha que "cada um de nossos intérpretes siga o seu exemplo e teremos para breve um inigualável núcleo de artistas populares. É necessário explorar e explorar bem, individualmente, os pitorescos e múltiplos recantos de nosso folclore musical".

Eis o maior intérprete do samba, modelo para os cantores antigos e inspiração para uma nova geração. E não era apenas a revista de Cruz Cordeiro que o dizia. O bordão era repetido nas críticas de jornal da época. A voz das ruas ricocheteava nos jornais. E não podia ser apenas o olhar cúmplice de jornalistas supostamente acostumados a bajular os ricos. Era o avesso. Ser rico, no caso de Mario, contava como um elemento pitoresco a mais para os críticos. Se isso contou, não foi fundamental.

Isso despertou, naturalmente, a inveja da corporação dos músicos populares profissionais, que viviam em enxames em torno das companhias de discos naqueles tempos em que o rádio pouco significava, buscando ganhar alguns trocados. O encontro das 5 da tarde no estúdio da Odeon era um evento já tradicional entre os músicos, antes do prestígio do Café Nice (inaugurado como Casa Nice em 18 de agosto de 1928 na avenida Rio Branco, ainda engatinhando como ponto de encontro[22]) e o surgimento da Rádio Nacional (1936). Eles iam ali para trocar sambas e fazer negócios. O próprio Mario narrou a Roberto Paulino uma cena curiosa, que se deu provavelmente no início de 1929, quando foi ao estúdio da Odeon (rua D. Pedro I, nº 33), numa dessas ocasiões, para receber o dinheiro sobre a

---

[22] "Exatamente num sábado de 18 de agosto de 1928, na avenida Rio Branco, ao lado do Cinema Central, esquina da Rua Bethencourt Silva, defronte do Teatro Trianon, inaugurou-se a Casa Nice, especializada em chás com torradas e chocolates. Na inauguração, num palanque, achava-se o quinteto denominado Orquestra de Moças de Marie Louise, anteriormente Orquestra de Madame Kobidow, como sua diretora a linda e elegante violinista. Como estréia, um trecho da Sinfonia da ópera *Guarany*, de Carlos Gomes.

Com o tempo, com o desinteresse de chás, o bar mudou de aspecto. No interior os freqüentadores tomavam cafés e médias, com suas mesas pesadas de ferro com tampo de vidro e pela calçada mesas e cadeiras de vime onde serviam chope e sanduíches. Assim o nome popularizou-se somente como Café Nice.

Numa das mesas de ferro que o colunista possui e pode ser vista no Arquivo Almirante do Museu da Imagem e do Som, em 1931 Noel Rosa escreveu o samba-anatômico 'Coração'." Almirante, jornal *O Dia*, Rio de Janeiro, 18 de agosto de 1973.

venda de "Jura": "Uns músicos que estavam no estúdio, quando o viram, cochicharam entre si: 'O que esse grã-fino tem que fazer aqui?'. Mario fingiu não ouvir, recebeu sua erva e saiu. Quando chegou na porta, notou da rua os mesmos músicos na sacada. Mario, então, deu-lhes uma solene banana, mostrou o grande maço de notas que levava na mão (20 contos, uma fortuna na ocasião) e disse: 'Foi isto que vim fazer aqui, ó: buscar meu dinheiro'".[23]

O rapaz de apenas 20 anos tinha três discos gravados, com seis sucessos, e a glória instantânea conquistada. A crítica se rendeu aos seus meneios de falar cantando (ou vice-versa); os velhos cantores tiveram que reaprender a cantar com ele. Acontecia uma situação parecida com aquela que estava relegando os atores do cinema mudo, quando este foi desbancado pelo sonoro, em 1927 nos EUA e em 1929 no Brasil. Alguns cantores foram prontamente refugados como fora de moda, tanto pelos críticos como pelo público. O fonógrafo também fazia as vezes de coveiro de muitas vozes de alto renome até então. De repente, o que era *bel canto* merecia desprezo.

O "barítono" Frederico Rocha (apresentava-se assim e era com este título que figurava no selo de suas chapas) havia feito um bom sucesso em 1927, com o samba carnavalesco "Braço de Cera" (Nestor Brandão) e a marcha "Os Calças Largas", primeiro sucesso carnavalesco e primeira gravação de música de Lamartine Babo (feita em parceria com Gonçalves de Oliveira). Chegou a gravar catorze músicas para a Odeon, todas naquele ano glorioso de adeus da Idade Mecânica. Desistiu da carreira para voltar ao cargo de funcionário do Tesouro. Roberto Vilmar também teve seu ápice no ano do Armagedon das máquinas-falantes e terminou a carreira melancolicamente, com o grande insucesso "Invencíveis (Sai, Mocorongo!)", samba de João da Gente (Odeon, 123236). Ninguém mais queria ouvir os estribilhistas estridentes.

Vicente Celestino foi o que mais sofreu do desgosto de sair de moda de um dia para o outro. No moderníssimo estúdio elétrico da Odeon, os técnicos supernovos estavam lhe dizendo que ele não sabia nada de gravação. Postaram o cantor longe do microfone, de costas para a máquina, pois, segundo eles, o volume alto da voz do tenor podia trincar o cristal do dispositivo, que era a alma do novo aparelho. Assim, em gravações como "Que Vale a Nota Sem o Carinho da Mulher?", o tenor era confrontado diretamente com seu rival de voz suave. Na gravação de 1928,

---

[23] Roberto Paulino, "O Aristocrata Mario Reis Cantava Samba Como Quem Falava (ao Pé do Ouvido). Hoje É Parte da Antologia da Música Popular Brasileira. Quem Tiver um Disco Dele Tem um Tesouro", in *Fatos & Fotos*, 11 de julho de 1976.

Celestino foi obrigado a cantar de longe. O resultado só poderia ser estranho, pois simulava a falta de cor e de intensidade das velhas gravações. Celestino virou uma máquina falante arruinada pelos novos padrões de gosto. O cantor ficou tão arrasado que se retirou da Odeon para suas mambembadas lucrativas pelo interior do país. Quando, de regresso, assinou contrato com a Columbia, em 1932, os técnicos da nova gravadora lhe revelaram que o procedimento daqueles primeiros anos elétricos estava errado. Ele podia, sim, cantar perto do microfone, que este não se espatifaria[24]. Como tantos outros, foi logrado pela tecnologia de ponta. Mas já era tarde demais. Agora todo mundo cantava com "blandícia", ou, como começaram a falar, em meados da década de 30, "com bossa". Em 1928, Celestino se sentia o pior dos sogros de opereta da Praça Tiradentes.

Então, o nosso anticelestino não precisou de mesada pela primeira vez na vida. Com os contos que ganhou com as vendagens de "Jura", a primeira coisa que ele fez foi trocar de carro e comprar um automóvel americano novinho em folha: um Buick cor de prata.

[24] Gilda Abreu, *A vida de Vicente Celestino*, São Paulo, Editora Cupolo Ltda., 1946, pp. 73-4:
"Veio então a gravação elétrica, cuja aparelhagem, muito sensível e sem controle nas mãos inexperientes, foi um inferno para Vicente.

Obrigavam-no a ficar de costas e a 20 metros de distância para gravar, ficando prejudicadíssimos o timbre e a dicção.

Muito aborrecido Vicente escreveu para vários artistas na Europa, inclusive o Grande Giovanni Martinelli, perguntando-lhe a que distância gravava seus discos. O célebre cantor respondeu a um metro do microfone.

O nosso amigo mostrava a carta aos 'entendidos', que balançavam gravemente as cabeças, afirmando que era completamente impossível o que afirmava o cantor. Finalmente chegou ao Rio um engenheiro com dezoito anos apenas, e, ao ver a 'cerimônia' a que Vicente era submetido para poder gravar, não teve dúvidas, nem perdeu tempo em explicar o que queria. Foi buscar o atormentado Vicente e arrastou-o para a boca do microfone, fazendo-lhe sinal para que cantasse.

Escândalo. Estupefação. Os outros técnicos olhavam-se consternados. Vai sair horrível, diziam todos.

Mas sentindo intuitivamente que aquele homem sabia o que fazia, Vicente obedeceu e cantou, sendo gravada 'Santa'. No dia em que o disco saiu, foi um sucesso! Lá estava a voz clara, inconfundível, de Vicente. Naquele dia ele chorou de alegria, enquanto muitos dos 'colegas' choravam de raiva.

Aí então, sentindo-se forte, ele teve uma acalorada questão com os que haviam tentado derrubá-lo e saiu da Odeon, indo para a Columbia, onde gravou o célebre 'Meu Brasil'. Depois, 'Noite Cheia de Estrelas', 'Dileta' e outras. Uma no entanto não ficara ao gosto de Vicente, era a 'Cabocla Serrana'. Pediu que não pusessem o disco na rua, no que foi contrariado.

Mais uma vez ele abandonou a fábrica e foi para a RCA-Victor, onde está até hoje."

CASA EDISON
RIO DE JANEIRO

2ª Via

CESSÃO
(EDIÇÃO DE MUSICA)

Pelo presente documento autoriso ao Snr. FRED. FIGNER a publicar ou imprimir a ___ musica ___, de minha autoria e propriedade, denominada: "*Mulher Venenosa*" – Samba – musica e letra
para piano e para orchestra, dando ao mesmo Snr. FRED. FIGNER exclusividade da exploração commercial d'essas edições mediante as seguintes condições:

A — O Snr. FRED. FIGNER pagará ao signatario do presente documento a quota de $ 200 (*duzentos reis* _____) por exemplar, sendo que a 1ª edição não poderá ser inferior a 1000 (mil) exemplares.

B — O pagamento da 1ª edição será effectuado no acto da assignatura do presente documento, *como de facto foi feito no valor de $ 200$000* –

C — Os pagamentos das edições subsequentes serão feitos mensalmente, (dos dias ___ a ___ de cada mez) á razão da mesma quota de $ 200 (*duzentos reis* _____) por exemplar vendido.

D — As edições a que se referem as letras A, B e C são relativas á musica para piano.

E — As edições para "ORCHESTRA" serão feitas quando o editor Snr. FRED. FIGNER julgal-as opportunas e independentemente de quaesquer pagamentos ao autor, pelo que o signatario d'este contracto abre mão desde já dos seus direitos em favor do Snr. FRED. FIGNER.

F — Fica permittido ao editor, Snr. FRED. FIGNER, mandar corrigir a graphia da ___ musica ___ de que trata o presente contracto, ou adaptar-lhe ___ melhormente, quando considerada ___ errada ___ ou pouco pianistica ___.

Obrigando-me a fazer bôa e valiosa a presente CESSÃO, para garantia de exclusividade e direitos do Snr. FRED. FIGNER, como autor da ___ referida ___ musica ___, firmo o presente documento em duas vias.

Para effeito de pagamento de sellos dá-se á presente CESSÃO, o valor de Rs. 1:000$000 (*um conto de reis* _____).

Rio de Janeiro, 20 de *Agosto* de 1929

Mario da Silveira Reis
(*Zé Carioca*)

Contrato assinado por Mario da Silveira Reis (Zé Carioca) pela cessão do samba "Mulher Venenosa", de sua propriedade, a Fred Figner (1929). A composição foi comprada por Mario de Sylvio Fernandes, o Brancura.

6.
ZÉ CARIOCA VAI ÀS COMPRAS

Havia eficientes profetas de curto prazo. Em fevereiro de 1929, Cruz Cordeiro da *Phono-Arte*, preconizou que "Jura" não chegaria ao carnaval seguinte, e tinha, como quase sempre, toda razão. A música levava jeito para fazer sucesso nos bailes e na rua, mas havia sido lançada precocemente, no meio do ano. Mario parecia concordar com isso. Também sabia já ter ido muito ao pote de Sinhô; deveria sair para a colheita de sambas de outros compositores. Também não havia outro jeito, pois o Rei do Samba estava às voltas com a catequese de um novo e mais dócil discípulo, o cantor Januario de Oliveira. Num período em que as rádios não tinham expressão e nem martelavam os sucessos no ouvido do público, os discos iam sendo esquecidos; a repercussão deles durava dois, no máximo três meses. Era preciso jogar sempre lenha no forno da indústria ou se fazer presente nos palcos. Até então, Mario nunca havia aparecido em cena, diante de um público. E hesitaria muito em fazê-lo. Ele só surgiu porque havia o palco virtual da gravação. Não gostava nem mesmo de tirar retrato para as revistas.

Com a tecnologia ortofônica, a produção de discos aumentou de 250 cópias por tiragem para o mínimo de 600 cópias. O consumo cresceu e o volume de produção de música também tinha que fazer sua parte. Apareciam novos cantores, compositores, instrumentistas, técnicos de gravação. Estúdios elétricos começavam a se instalar no país e fazer concorrência à Odeon, como a Columbia, a Victor e a Brunswick. A Columbia estabeleceu fábrica e gravadores em fevereiro em São Paulo. A Victor levou dois anos para montar sua base em dois lugares: o estúdio no Rio (na rua do Mercado) e a fábrica em São Paulo, iniciando suas gravações em julho de 1929. A norte-americana Brunswick, tradicional fabricante de tacos de sinuca em Vila Isabel, instalou um estúdio de gravação no primeiro andar do prédio em meados do ano. Só começou a lançar seus discos elétricos em dezembro de 1929. As três concorrentes da Odeon não tinham elenco e, por isso, literalmente corriam atrás dos artistas. Formavam elencos às pressas, convidando qualquer aspirante a astro.

Em visita ao Rio, vindo de Paris, o compositor Villa-Lobos ficou espantado com o que viu: as ruas barulhentas, numa azáfama de vendedores de fonógrafos elétricos, vendendo discos e aparelhos. Os discos proliferavam e os cariocas estavam ouvindo de tudo um pouco, e tudo de péssima qualidade. "O Rio está gramofonizado, horrivelmente gramofonizado...", lamentou-se Villa-Lobos. "Toca-se aqui, hoje em dia, tanta vitrola, tanta radiola, tanta meia-sola musical do momento, no meio da rua, como se não vê em nenhuma parte do mundo dentro de casa, nos burgueses serões de família."[1] E denunciava que os empresários de música, então chamados de gravadores de discos, estavam desorientados, gravando sem critério.

O mercado se ampliava e a música popular mudava de estatuto. Os gêneros e os gostos se multiplicavam. Se antes o ritmo de lançamento de uma composição se iniciava pela edição da partitura, no mundo elétrico o disco surgia antes de a composição sair "na sua forma original", como se dizia na época. A reprodução se antecipava à obra em si, materializada pela partitura impressa. Em breve, a reprodução tomaria totalmente o lugar dos originais. Como o rádio, na década seguinte, a partitura e o disco seriam ultrapassados pelos programas transmitidos ao vivo. Mario Reis viveria essas súbitas e sucessivas transferências de suporte que alterariam a música para sempre; só que não sua forma de cantar, isso não.

Apesar de continuar tendo postura de amador, o rapaz avisou a família que ia se dedicar, pelo menos por um tempo, à música. Ninguém discordou, nem mesmo doutor Guilherme, que estava assumindo a presidência do Banco do Brasil, nomeado pelo presidente da República, Washington Luís. O desejo dos Silveiras era que Mario se tornasse advogado o mais brevemente possível para que assumisse algum cargo importante.

Muito ligado a Washington Luís, Dr. Guilherme conseguiu para o sobrinho o cargo de solicitador no Banco, sinecura que Mario conseguiu empurrar com a barriga, até a queda do tio, com a deposição de Washington Luís, em 24 de outubro de 1930. O salário permitiu que ele trocasse o Buick por um Plymouth azul conversível, que ele apelidou de "Pássaro Azul". Gastava muito, em noitadas e rodas de samba, que freqüentava com os primos Silveira. Chegou o dia em que não conseguia dinheiro nem

---

[1] "Do Gramofone ao Cinema Falado", *O Globo*, Rio de Janeiro, 20 de julho de 1929, *in* Marta Rossetti Batista, Telê Ancona Lopez e Yone Soares de Lima, *Brasil: 1º Tempo Modernista 1917/29; Documentação*, São Paulo, Instituto de Estudos Brasileiros, pp. 349-50, s.d.

para a gasolina. Guilherme Filho e Joaquim fizeram uma vaquinha e resolveram o assunto[2].

Em uma de suas visitas à mansão de Bangu, explicou ao tio e conselheiro que a música estava lhe rendendo dinheiro, algo que só conseguiria quando se formasse, dali a dois anos. Doutor Guilherme não teve como discordar, até porque a fábrica experimentava os dias difíceis que culminariam no *crack* da Bolsa de Nova York em outubro. Não seria de todo mau o jovem se arriscar numa atividade que, realmente, estava rendendo algum lucro no meio da quebradeira geral. De 1930 para 1931, todos os bens de Guilherme da Silveira foram bloqueados. O Governo Provisório de Getúlio Vargas queria apurar irregularidades na gestão da Bangu. Mas nada encontrou. Voltando à fábrica em 1930, a Bangu teve de ser reerguida "praticamente da estaca zero", como contou Dr. Silveirinha[3].

Foi por essa razão que o jovem Mario assumiu a profissão, mesmo que sem avisar os outros músicos, e passou a freqüentar o meio, embora com restrições. Na citada entrevista a Ivan Cardoso, Joaquim revelou: "Na verdade, o meu primo entrou no samba pra ganhar dinheiro (...) Como meio de vida mesmo. A Revolução de 30 foi muito pior que o Collor... Os gaúchos de bombacha e lenço vermelho no pescoço invadiram o Rio, afastando do poder a velha aristocracia da capital. Nós chegamos até a ser presos em 32, e o Mario, que já era muito popular, ia diariamente à porta da delegacia para saber como estávamos. Ele também foi despedido do banco, e a perda do emprego foi providencial para sua carreira artística". Como contou Mário Lago, depoimento reforçado por Braguinha e Vadeco (pandeirista do Bando da Lua), Mario costumava se apresentar muito bem vestido e formal diante dos sambistas, com um sorriso no rosto e gentileza na fala, mas nunca se abria de verdade. No ambiente da música, atuava como profissional; entre seus pares, exibia sua faceta frasista, alegre e culta.

A imagem do jovem e maneiroso cantor subindo o morro de São Carlos com uma rede de apanhar sambas geniais é puro folclore. Sua base continuava sendo a casa na Tijuca, a Bangu e o América, e não há notícia de que tenha freqüentado o *bas-fond* carioca. Desgostava-o visitar botequins e locais de reputação suspeita. Afinal, era um doutor em forma-

---

[2] Ivan Cardoso, "A Época Dourada dos Mandarins", in *Folha de S. Paulo*, 17 de março de 1996.

[3] Ver *Bangu 100 Anos: a fábrica e o bairro*. Texto e pesquisa de Gracilda Alves de Azevedo Silva. Rio de Janeiro: Sabiá Produções Artísticas, 1989.

ção. Atleta, bebia pouco e não fumava, e raramente se misturava com os músicos, a não ser por motivos de trabalho, naquelas rodas que se formavam na Casa Edison, em seu novo endereço, na Phenix e na esquina com a Praça Tiradentes, num café de propriedade de José Segreto, o dono do Teatro São José. No máximo, ia às reuniões da Casa Melodia, ali perto, outra loja que vendia instrumentos musicais e partituras.

Preciosista, auscultava os sambas, anotava os nomes, "agia como uma espécie de doutor em samba mesmo", segundo Vadeco. Mas gostava era de receber o pessoal na rua Afonso Pena: amigos do clube, colegas da faculdade e até músicos — categoria desacostumada, então, a ser convidada para a mesa e a andar de carona num Plymouth, porque Mario gostava de dirigir em companhia de sambistas e grã-finos. Falava muito ao telefone, numa época em que o aparelho era um objeto de luxo. Carro também era uma *avis rara*, e seu "Pássaro Azul" encantava nobres e plebeus.

Um dia, seu colega da Faculdade de Direito Ary Barroso telefonou se oferecendo para tocar uma música que acabara de compor, que, talvez, Mario pudesse gravar. "Ele queria que eu ouvisse uma música composta por ele", lembrou o cantor, 42 anos depois. "Antes mesmo de ouvi-la, eu disse que ele poderia considerar a música gravada."[4]

Barroso era quatro anos mais velho que Mario. Pianista e compositor, ganhava a vida assim e levava o curso de Direito como podia. Na faculdade era um daqueles estudantes bissextos, que sumia para reaparecer dali a séculos. Havia entrado no curso em 1922, e tropeçado em algumas disciplinas, até trancar a matrícula em 1925. Continuou sem estudar, tocando em orquestras em Ubá, sua terra natal, Santos e Poços de Caldas.

Em 1927, voltou ao Rio para tocar na American Jazz.[5] No início do ano, o quase-jubilado se matriculou de novo (no quarto ano, apesar de ter cursado quatro anos anteriormente) e passou Mario Reis, rico e aluno brilhante. Num passe de mágica, em setembro daquele ano, o jovem colega já se tornara o maior sucesso do samba carioca. Ary, pobretão, tentava de tudo, de tocar em cinemas e orquestras a vender composições à Carlos Wehrs (conseguiu emplacar a edição da partitura para piano "marcha-charge" "Cachorro Quente", em agosto de 1928, bem comentada na *Phono-Arte*). Por isso, não hesitou em ligar para Mario. Não ti-

---

[4] José Márcio Mendonça, "O Sucesso Chegou Quando Mario Reis Gravou Seu Quarto Disco (o Primeiro Foi Feito Sem Querer, Por Acaso)", *op. cit.*, p. 1.

[5] *Apud* Sérgio Cabral, *No tempo de Ary Barroso*, Rio de Janeiro, Lumiar Editora, 1994, pp. 45-9.

nha nada a perder. Já com seu jeito espalhafatoso, o cantor acolheu a plenos pulmões a idéia e fez questão de ir de "Pássaro Azul" até a residência do veterano colega Ary. Em entrevista, Mario contou que Ary Barroso morava numa pensão na rua Correia Dutra.[6] Seu quarto era equipado de um piano velho e desafinado, mas era o suficiente para apresentar a composição. Intitulava-se "Vou à Penha", era um samba. O cantor aprovou. Afinal, antes de ouvir já havia consentido em gravá-la... De qualquer modo, depois de ouvi-la adorou a melodia meio melancólica, com estribilho em tom menor e baixaria própria para os passos do maxixe, falando de um amante infeliz que faz promessa a Nossa Senhora da Penha para reconquistar seu amor.

Não se tratava de um samba daqueles definitivos, mas não houve jeito senão gravá-lo, no lado A. No B, estava o samba "Margot", de Alfredinho Dermeval, então um compositor muito mais conhecido que Ary. Ambas as músicas eram acompanhadas pela Orquestra Pan American, com os arranjos padronizados de Simon Bountman. O disco saiu em dezembro de 1928, ao mesmo tempo em que saía outro com a música de maior sucesso do carnaval do ano seguinte: "Dorinha!... Meu Amor", "samba apaixonado" de José Francisco de Freitas (1897-1956), o Freitinhas, autor de grandes sucessos carnavalescos, como "Zizinha", de 1926, com Fernando, e "Dondoca", em 1927, com Zaíra de Oliveira — que gravou a música em disco ao lado de J. Gomes Júnior. Do outro lado do disco, Mario interpretava "Vou Me Vingar", de José Luís de Moraes (1883-1961), o Caninha. Como faria até o fim do seu contrato com a Odeon, com a Orquestra Pan American, Mario considerava Freitinhas "um craque". Como tinha mania de dar apelidos no outros, chamou-o até o fim da vida de "Freitinhas Pé Pé". Detalhe: Freitinhas manquitolava — tinha um defeito num pé e Mario era capaz de caçoar do defeito.

O analista da *Phono-Arte* elogiou de novo a performance do "nosso distinto amador, o melhor e mais perfeito intérprete do samba nacional", que continua a cantar com segurança e maneira *sui generis* e, pela primeira vez, autores que não fossem Sinhô. "Dorinha!... Meu Amor" deveria ser considerado, para Cruz Cordeiro, "a melhor peça da atualidade neste gênero", com letra e música "interessantíssimas". O crítico apostava no sucesso de "Margot", por "sua original música e letra curiosa". Quanto a "Vou à Penha", apesar de a melodia rivalizar com "Vou Me Vingar", causou problemas a Mario Reis, que "já não o interpreta

---

[6] José Márcio Mendonça, *op. cit.*, p. 1.

Lançado em dezembro de 1928, para o carnaval de 1929,
"Dorinha!... Meu Amor", de José Francisco de Freitas (1897-1956),
o Freitinhas, seria o último sucesso do compositor.

Mario foi o primeiro intérprete a lançar composições de Chico Alves.
Também do final de 1928 é o samba "Perdão".

com o seu habitual desembaraço". Prossegue o comentário: "A música, um tanto ingrata, força-o a uma ginástica qual sua voz jovial parece não acolher com grandes simpatias". Com seu ouvido experimentado, Cruz Cordeiro ouvia até o que Ary Barroso não devia saber...

O caso é que, naquele dezembro, Ary Barroso se dava a conhecer ao público, tanto pela voz de Mario como pela de Arthur Castro, que lançava, com seu jeito também descontraído, o samba "Tu Queres Muito" (Parlophon).

Ary era só um pingo na piscina olímpica de lançamentos que Mario preparava para o início do ano seguinte. Ainda em 1928, ele gravou, pela primeira vez, um samba assinado por Francisco Alves, "Vadiagem"; no complemento, "Sorriso Falso", "samba de amor" de Cícero de Almeida (Bahiano). "Vadiagem" era um samba provavelmente de autoria de Francisco Alves e não comprado de algum sambista do Estácio, como era seu hábito. O cantor era um sambista de lá e seu samba já continha elementos típicos do samba do Estácio, uma modalidade mais rápida do ritmo e a temática abertamente malandra. Esses elementos vinham sendo elaborados no bairro próximo ao Mangue. Ali havia nascido, naquele ano, a primeira escola de samba carioca, a Deixa Falar, gerada pela fusão de diversos blocos de sujos. Francisco Alves foi o primeiro a cantar e lançar um samba do Estácio, "Me Faz Carinhos" (Odeon, 10100), de Ismael Silva (com parceria do intérprete), lançado em janeiro de 1928. Mario tinha faro para as novidades e parecia perceber que Sinhô já não lhe bastaria. Outras gravações feitas no final de 28 incluíam mais um samba de Francisco Alves, "Perdão", e, no lado B, "Meu Amor Vou Te Deixar", um samba no estilo veloz do Estácio, de um certo Orlando Vieira. Com suas habituais "vontades", Mario teve impulso de gravar o sambinha do lanterneiro de seu carro (era assim que chamavam os eletricistas de carro, na época). Mas, talvez sem o conhecimento do jovem intérprete, Vieira já compunha sambas de carnaval desde o início da voga do gênero, em 1917.[7] Certamente por sugestão de Francisco Alves, Mario virou freguês do auto-elétrico e gravou mais dois sambas dele: "Vou Morar na Roça" e "Meu Coração Não Te Aceita" (lançados, respectivamente, em janeiro e fevereiro de 1930).[8]

---

[7] *Apud* Edigar de Alencar, *op. cit.*, p. 92. O biógrafo de Sinhô afirma que quando o futuro Rei do Samba apareceu na cena do carnaval carioca, em 1918, compositores como Eurico Porto, Filomeno Ribeiro, João da Gente, Freitinhas e Orlando Vieira já formavam "uma plêiade".

[8] Antes de Mario, Orlando Vieira teria dois sambas gravados por Francisco Alves: "Tua Saia É Curta" (lançado em fevereiro de 1928) e "Olha o Boi" (janeiro de 1929).

Mario Reis

E era o primeiro cantor a interpretar músicas de autoria de Francisco Alves, além do próprio.

Com doze chapas lançadas, Mario era o astro vocal emergente da música popular brasileira no começo de 1929. E o carnaval, claro, pertenceu a ele. Como num passe do babalorixá Assumano (o favorito de Sinhô), o disco que trazia "Jura" virou de lado e catapultou uma música que, até então, havia se perdido na memória dos fãs do cômico Mesquitinha: "Gosto Que Me Enrosco", uma versão revista de "Cassino Maxixe", com outros versos feitos por Sinhô a partir dos originais do revistógrafo Bastos Tigre. Contrariando as expectativas de Cruz Cordeiro ('Gosto Que Me Enrosco' não se vai perder. Pouco aparecerá no carnaval, mas depois deste, terá a sua época"[9]), o samba foi cantado aos berros naquele carnaval. Ocasião, aliás, na qual um êxito ainda mais retumbante respondia pelo título de "Dorinha!... Meu Amor". "Gosto Que Me Enrosco" seria o derradeiro sucesso carnavalesco de Sinhô, o pontífice dos sucessos dos festejos desde 1920. Freitinhas também se despedia dos êxitos momescos em 1929, pela voz de Mario. Os dois maiores autores carnavalescos da década de 20 davam adeus. E Sinhô com um dado melancólico. "Gosto Que Me Enrosco", durante o carnaval, teve réplica de Heitor dos Prazeres (1898-1966), que acusava Sinhô de haver plagiado a segunda-parte da música de um samba de sua autoria no "samba crítico" "Rei dos meus sambas", que disparava ataques assim: "Eu lhe direi com franqueza/ Tu demonstras fraqueza/ Tenho razão de viver descontente/ És conhecido por 'bamba'/ Sendo 'rei' dos meus sambas/ Que malandro inteligente". Uma observação: as polêmicas sambísticas não resultavam em rancores muito longos. Sinhô chegou a pagar Heitor pela parte do samba que reclamava. O sambista deve ter amansado porque, em outubro de 1930, um samba de sua autoria, intitulado "Primeira Linha", era lançado na Brunswick por Benedito Lacerda (em princípio de carreira, ele ainda não havia se definido pela voz ou pela flauta; felizmente a segunda opção venceu). Pois a música, um desfile de celebridades do momento, homenageava Sinhô e até seu dileto aluno, Mario Reis, chamado ali de "branco de verdade".[10]

---

[9] "Música Popular, Odeon, 10278", *Phono-Arte*, Rio de Janeiro, 15 de fevereiro de 1929, nº 13, p. 9.

[10] Abel Cardoso Junior, "Heitor dos Prazeres: Na Primeira Linha do Samba e da Pintura", in *Cruzeiro do Sul*, Sorocaba, 21 de outubro de 1984, p. 3. Cardoso Junior transcreve, no artigo, a letra do samba "Primeira linha", que vale ser reprisada aqui porque descreve o *star system* da música popular da época: "O Mario Reis/ Ele é branco de verda-

Mas a folia de 29 não ficou na polêmica e em dois sucessos. Segundo cálculo de Edigar de Alencar, foram lançadas 130 músicas na ocasião.[11] Chico Alves teve seu quinhão, com "É Sim Senhor", uma sátira ao presidente da República Washington Luís, e "Vadiagem". Este samba, absolutamente estaciano, integrava o repertório de Mario Reis. Quer glória maior que ouvir o grande Chico Alves cantando um sucesso de outro cantor, mesmo que ele seja o autor? Era um samba do Estácio e o bairro lançava uma moda que pegaria nos anos seguintes: pela primeira vez, um grupo carnavalesco aparecia com o nome de "Escola de Samba". Era a Deixa Falar, que desfilou sozinha na Praça Onze, local até então reservado aos blocos e ranchos. Aquilo causou estranheza, mas provavelmente não a Mario Reis, que sabia que no Estácio moravam os Bambas, os professores de samba. A Deixa Falar e seu samba rápido, marchado para o gosto do tempo, era criação deles: Ismael Silva, Nilton Bastos, Bide, Gradim, Marçal, Bucy Moreira, Brancura, Baiaco...

Consagrado como ídolo da cidade, com repercussão nacional, Mario se viu, quase sem querer, no fulcro dos eventos, integrado à ala progressista do meio musical carioca. Lançado pelo maior compositor da época, agora estava preparado para divulgar novas autorias; até mesmo a sua, e, para isso, usaria um pseudônimo que década e meia depois ficaria famoso em outras circunstâncias: Zé Carioca.

Não mais havia tempo para os "pegas" com os amigos e os jogos de tênis. Namoro, nem falar. Ele queria música, como um esporte novo. Começou a se devotar a ela com o perfeccionismo que sempre fez parte de sua persona. Tinha um gosto musical refinado. Ouvia música clássica em casa e escolhia, em geral, canções nas quais podia imprimir o seu selo de qualidade. Parecia emancipado da influência de Sinhô e isso muito se deveu à amizade com Francisco Alves.

O bom relacionamento entre os dois vinha do ano anterior. Chico conta que, logo que começou a gravar, Mario convidou-o para jantar na sua casa. "Lá, Mario se expandiu. Falou de minhas gravações, das músicas que eu

---

de/ De grande capacidade/ E é um bom cantador. / E o Caninha, o Donga/ E o Pixinguinha/ São todos camaradinhas/ Inclusive o Sinhô./ Nesta função/ É melhor chamar o Freitas/ Porque nisso ele se ajeita/ O pagode fica bom./ Vem o Ari, o Vogeler/ E o Thomazinho,/ Que já conhece o caminho/ E a numeração do portão./ Eu convidei / Também o Chico Viola/ Que é um rapaz da escola/ Danado pra vadiar/ Eu fiquei triste/ Quando vi o João da Gente/ Que é muito impertinente.../ Fez o pagode acabar".

[11] Edigar de Alencar, *O carnaval carioca através da música*, Rio de Janeiro, Francisco Alves Editora, 1985, 5ª ed., p. 191.

Os Bambas do Estácio, Marçal no tamborim e Bide no pandeiro, acompanham Francisco Alves, que gravou diversas músicas desses compositores.

interpretava, descreveu seus projetos". Chico costumava se lembrar de dona Alice da Silveira, mãe do anfitrião, grande dama, que lhe faria o seguinte comentário durante um jantar posterior, provavelmente no início da década de 30: "Noel Rosa e Francisco Alves estão com vinte anos de avanço na música brasileira, tanto o compositor como o intérprete".[12] Segundo Alves, Mario e ele viraram amigos inseparáveis. Foi assim que, certa feita, Mario recebeu um telefonema de Chico para lhe pedir que gravasse um samba de sua autoria, intitulado "A Vadiagem". "E eu gravei", contou Mario. "Ele gostou muito."[13] Declarou, em outra entrevista, quando corroborou a afirmação do crítico Lúcio Rangel, seu entrevistador, segundo o qual Mario não tinha fio de voz e prova disso é que cantava sem microfone no palco do Teatro Lyrico: "Há certas coisas na vida em que a gente sente que venceu. Outras, não. A gente querer se iludir é burrice. Quando Chico Alves me pediu para cantar 'A Vadiagem', de sua autoria, vi que ele sentiu a força que eu tinha".[14] Força, aqui, em duplo sentido: densidade artística e poderio de voz. Seus pulmões pertenciam, afinal, a um *sportsman*.

Chico tomou confiança em Mario e lhe ensinou o caminho do ouro: como conseguir os melhores sambas para gravar e, ainda por cima, levar lucro sobre a venda da música à Casa Edison. Chico, nascido na Lapa, tinha virado uma espécie de chefão da turma dos Bambas do Estácio — como eram conhecidos, e o que levaria alguns deles a fundar um trio com esse nome. Tinha sido criado nas vizinhanças da zona do Mangue e se considerava tão malandro quanto os sambistas do Estácio. Só que não ia a suas festas nem se divertia nos mesmos bordéis. Apesar disso, fundou e participou da Deixa Falar. E, ao contrário do que alguns historiadores afirmaram, compunha sambas em parceria com os Bambas. Bom violonista e inventor de melodias, foi responsável pela definição do estilo depois chamado de "samba-padrão".

Ele tinha, porém, dois diferenciais em relação aos companheiros: era branco, descendente de portugueses, e começou a gozar de imenso prestígio junto às gravadoras, editoras, emissoras e teatros. *Habitué* dos dois ambientes, valia-se da dupla vantagem com grande tino comercial. Fran-

---

[12] David Nasser, *Chico Viola*, op. cit., p. 117.

[13] José Márcio Mendonça, op. cit., p. 1.

[14] Lúcio Rangel e Maria Lúcia Rangel, "Mario Reis: Agora Quero Cantar", op. cit., p. 61. À pergunta de Maria Lucia, sobre como Mario se sentia, "com seu fio de voz", diante dos cantores com vozeirão, Lúcio retruca: "Isto é lenda. Mario cantava com Chico Alves no mesmo tom e nos recitais que os dois deram no velho Teatro Lyrico não havia microfone no palco, e todo mundo ouvia perfeitamente os dois".

cisco Alves comprava as composições dos amigos sambistas para negociá-los com Figner. Seu agente e secretário particular era um desses compositores, Ismael Silva (1905-1978), considerado pelos colegas o melhor de todos. Era Ismael quem ia com mais freqüência ao cortiço na rua Estácio de Sá com Maia Lacerda, o ponto dos bambas e a primeira sede da Deixa Falar, para ouvir as criações dos colegas e participar da roda-de-samba de Nilton Bastos, Sylvio Fernandes (Brancura), Bide, Mano Edgar, Marçal, Baiaco, Gradim. A turma se reunia ali ou no Café do Compadre, na rua Santos Rodrigues, ou no Bar do Apollo, no Largo do Estácio. Também rondava as gravadoras, atrás de trocados.

Ismael destacava-se dos outros, pois se vestia melhor, usava jóias e era homossexual assumido. Além de tudo, tinha como ofício ser o factótum do cantor mais famoso da época. Ninguém podia com ele. Mas raramente entrava num estúdio ou mesmo no escritório de Figner. Quando participou de alguma gravação com os astros vocais da época, Ismael o fez como ritmista, tocando reco-reco, escondido sob a trama orquestral de opereta do maestro Bountman.

Em 1931, ele teria seu momento de independência vocal, gravando, na Odeon, como solista, as músicas "Louca" (de Bucy Moreira) e "Samba Raiado" (de Marcelino de Oliveira) — disco Odeon, 10835; "Me Diga o Teu Nome" (Ismael, Nilton Bastos e Chico Alves) e "Me Deixa Sossegado" (idem) — Odeon, 10858; em 1932, cantando em dupla com Noel Rosa, "Escola de Malandro" (Orlando Luiz Machado) e, solo, "Carinho Eu Tenho" (Sylvio Fernandes "Brancura") — Odeon, 10949; "Seu Jacinto" (Noel Rosa), marcha, 1933; e "Quem Não Dança" (Noel Rosa), samba — Odeon, 10953, 1932. Mas não chegou a vingar sucesso.

O primeiro a falar de Ismael a Chico foi Bide, em 1928. O homem estava com sífilis, precisava de dinheiro e tinha sambas geniais. Cantou alguns e Chico aprovou. Por meio de Bide, sem conhecê-lo, comprou-lhe dois sambas, que acabaram fazendo sucesso: "Me Faz Carinhos" (com autoria de Francisco Alves no selo do disco) e "Amor de Malandro", designado no selo como de autoria de Francisco Alves e Freire Júnior, lançado em julho de 1929. Ao longo de 1928, aliás, Chico gravou outros sambas do Estácio, como "A Malandragem", com letra e música de Bide e Francisco Alves, conforme a partitura; "Samba de Verdade" (Francisco Alves), na partitura "Samba de Verdade (Sou da Orgia)", letra e música de Francisco Alves e S. Fernandes, isto é, Sylvio Fernandes, o Brancura.

Naquela altura do sucesso, Chico só tinha receio de entrar nos botequins de sambistas porque era famoso. Numa tardinha de meados de 1928,

Ismael Silva (1905-1978), sambista altamente considerado pelos bambas do Estácio, teve sambas gravados por Mario, e foi também secretário de Francisco Alves.

O compositor e "sambeiro" do Estácio de Sá, Nilton Bastos, autor do sucesso "Se Você Jurar".

foi de carro até a esquina do Apollo e, de lá, mandou chamar seu parceiro desconhecido, Ismael. O sambista veio, Chico lhe propôs comprar seus sambas, com exclusividade nas parcerias e na divulgação. "Encostado num poste, cantei todos os meus sambas com ele acompanhando ao violão e uma multidão de entusiastas ao redor de nós", contou numa entrevista. "Quando terminei, me levou para o automóvel para falar de negócios".[15] A partir de então, Ismael se tornaria o estafeta favorito de Chico. A parceria dos dois ocorreu em cerca de trinta sambas. Não é possível, porém, determinar se foram todos comprados. Parece que não. Chico gostava de fazer estribilhos ou partes da composição para deixar sua marca. Foi assim que Ismael subiu na vida em relação aos outros Bambas.

Nessa história toda, Mario não gostava de sujar o *summer*. Comprava os sambas ou por meio de Ismael ou, então, por intercessão de Chico. Em janeiro de 1929, Mario gravou um disco do qual constavam dois sambas do Estácio: "Novo Amor", de Ismael Silva, e "O Destino Deus É Quem Dá", de Nilton Bastos. A orquestra era a Pan American, com seus ritmos a cargo das cordas e piano e o baixo com base no trombone. O disco, de número 10357, foi lançado em abril de 1929, com muito sucesso. "Novo Amor" foi saudado como uma das obras-primas do novo samba. E Nilton Bastos, parceiro de Ismael, era uma revelação. Não há notícia de quem comprou esses sambas, mas é provável que tenha sido o próprio Mario.

Assim, o jovem grã-fino era introduzido no mundo da nova malandragem e do novo samba pela mão forte do amigo cantor. Tornaram-se primeiro parceiros comerciais antes de virar uma dupla artística. Sem precisar adentrar os bares suspeitos, naturalmente. Com seu terno de linho branco, Mario gostava de passear de "Pássaro Azul" e ir às festas da alta roda para flertar com as moças da sociedade. Ou, então, receber músicos em sua casa em noitadas que ficaram memoráveis. Sua mãe e seu tio continuavam insistindo em que ele devia continuar os estudos, e ele não os abandonou. Num segredo que só ele guardava, conseguia equilibrar a carreira artística e a acadêmica. Talvez porque não tivesse aderido à vida boêmia dos colegas músicos. Ele mantinha um contato diurno com os Bambas. Estudava no turno da manhã.

Convencido por Francisco Alves da lucratividade do negócio, Mario começou a comprar sambas da turma do Estácio. A transação era muito simples. Muito inseguros, os músicos queriam receber pagamento adianta-

---

[15] "Um Poste Tem uma História na Vida de Ismael Silva", *in Última Hora*, Rio de Janeiro, 5 de setembro de 1970.

do pelos sambas. Um samba variava de preço de acordo com a necessidade do sambista. Podia ir de 20 mil-réis a 400 mil-réis, quantia paga na hora, em dinheiro, em acordo de cavalheiros. Por exemplo, Chico comprou "Me Faz Carinhos" de Ismael por apenas 20 mil-réis.[16] Autoria e propriedade eram conceitos que se confundiam no modo de vida artística da época. A assinatura do autor podia ser mantida, pois o que importava, no final das contas, era o direito sobre a música. Muitas vezes, os sambistas malandros, como Brancura e Baiaco — famoso cáften da zona do Mangue, freguês do xilindró, do qual muitas vezes foi libertado por intercessão de Mario, que tinha amigos importantes —, praticamente obrigavam a compra de seus sambas. E estes, por sua vez, já podiam ter sido previamente adquiridos. Era uma pirâmide que culminava na venda, pelo comprador final do samba (o intérprete), às editoras e às companhia de discos. Os arquivos da Casa Edison estão lotados desse tipo de transação. Mostram, por exemplo, que Mario da Silveira Reis assinou um contrato de cessão de três sambas no dia 22 de abril de 1929. Por ele, Mario transferia a Figner os direitos sobre três composições: "Vai Mesmo", samba, de Heitor dos Prazeres; "Coração Volúvel", samba, de Sylvio Fernandes; e "Mulher Venenosa", samba, do mesmo Sylvio Fernandes, o Brancura. Pelas letras e músicas citadas, Mario cedia o direito "só para gravar em discos de machinas fallantes mediante pagamento de duzentos reis por face em disco gravado, obrigando-me a fazer boa, firme e valiosa esta cessão, para garantia de exclusividade e direitos do mesmo snr. Fred Figner como autor das referidas reproduções". No ato, Mario recebeu a nada má soma de um conto de réis.[17]

Brancura estava, nessa época, fornecendo material para Chico e Mario. Os dois já tinham uma parceria em compras de sambas. Tanto que foi Chico quem gravou as músicas "Coração Volúvel" e "Mulher Venenosa", com os discos lançados em junho. Esta música, aliás, parece ter sido comprada por Brancura de Paulo de Oliveira, mais tarde conhecido como Paulo da Portela.[18] Mario reservou para si "Vai Mesmo", que saiu em maio de 1929, tendo como complemento o samba "Carga de Burro", de

---

[16] Maria Thereza Mello Soares, "São Ismael do Estácio: Sambista Que Foi Rei", Rio de Janeiro, Funarte, 1985, p. 48. Tudo indica que o preço tenha sido 100 mil-réis, pois 20 mil-réis era uma quantia modesta.

[17] Cessão de direitos datada de 22 de abril de 1929, emitida pela Casa Edison, Rio de Janeiro, assinada por Mario da Silveira Reis. O documento pertence aos arquivos da Casa Edison, sob a responsabilidade de Humberto Moraes Franceschi.

[18] Abel Cardoso Junior, *Francisco Alves: as mil canções do rei da voz*, Curitiba, Revivendo, 1998, p. 156.

Sinhô. Outro dado sintomático é que Mario assinou com a Casa Edison o contrato de cessão da edição da letra e da música do samba "Mulher Venenosa" em versões para piano e orquestra. De acordo com a praxe, Figner se comprometeu em pagar 200 réis por exemplar, sendo que a primeira edição não poderia ser inferior a mil exemplares. Assim, a quantia de 200 mil-réis foi paga no ato da assinatura do contrato, ficando o pagamento de 200 réis por cópia vendida a ser saldado mensalmente. Mas o melhor é a assinatura, datada de 20 de agosto de 1929: "Mario da Silveira Reis (Zé Carioca)".[19]

Antes da existência do músico do Bando da Lua que inspirou o personagem do desenho de Walt Disney[20], esse Zé Carioca primevo aparecia como autor de algumas músicas, merecendo até mesmo críticas positivas sobre suas criações. Mario Reis não gostava de pseudônimos, mas tinha de usá-los às vezes. Assinava muitas vezes Zé Carioca como autor de músicas que provavelmente havia comprado dos sambistas do Estácio, para, assim, receber os direitos sobre as vendagens dos discos e das partituras da Casa Edison. O nome reapareceu no lado B de um disco de Mario lançado em fevereiro de 1930. A música se intitulava "Nosso Futuro", era um samba de autoria de Zé Carioca. No lado A, "Risoleta", samba carnavalesco de Cícero de Almeida (Bahiano).

A *Phono-Arte* de 30 de março aprovou as duas músicas: "Risoleta" era um excelente samba carnavalesco, cantado "com graça e propriedade" por Mario, ao passo que "Nosso Futuro" era "uma boa peça" no mesmo estilo. E comenta o "tirocínio para gravações" da Pan American. Cruz Cordeiro manifestava mais uma vez seu apreço pela "maneira de cantar do já querido artista da Odeon". Afirma apenas não entender por que "o simpático cantor tenha idéias de mudar de estilo, porquanto a forma de cantar o samba que ele por assim dizer inaugurou entre nós dá-lhe personalidade, ao mesmo tempo que é a razão de ser da aceitação de seus discos.

[19] Cessão de direitos datada de 20 de agosto de 1929, emitida pela Casa Edison, Rio de Janeiro, assinada por Mario da Silveira Reis (Zé Carioca). Documento pertencente aos arquivos da empresa de Fred Figner, sob a responsabilidade de Humberto Moraes Franceschi.

[20] Zé Carioca foi o nome artístico do instrumentista paulista José do Patrocínio Oliveira (1904-1987). Em 1929, trabalhava como classificador de cobras no Instituto Butantã em São Paulo, logo estreando num regional na Rádio Educadora Paulista. Mudou-se para o Rio em 1932, na Feira Mundial, já como Zé Carioca. No ano seguinte, tocou na Orquestra de Romeu Silva em Nova York e logo acompanhou Carmen Miranda, com quem trabalhou em alguns filmes. Dublou desenhos de Disney do personagem Zé Carioca, que foi baseado em seu aspecto físico.

Aliás o repertório de sambas que ele escolhe para seus discos são sempre peças essencialmente apropriadas para o seu estilo de canto, cujo sabor e graça ninguém pode negar".[21]

Mario passou à história como alguém que nunca compôs um samba sequer em sua vida; só comprou. No entanto, "Nosso Futuro" soava mais como uma paródia dos sambas pessimistas do Estácio e afirmação de uma filosofia de vida realista e hedonista, bastante próxima à do próprio Mario. A letra exibe ares grotescos, misturando caveiras com expressões jocosas: "Neste mundo nós não somos nada/ Para que tanta pretensão?/ Nosso futuro é uma caveira/ Ora, meu bem/ A vida é uma ilusão". "Tua beleza, nem é bom falar/ Vai por mim, ó meu benzinho/ Que algum dia há de acabar". Mario lia febrilmente Dostoiévski e Poe. Não é improvável que o samba fosse dele próprio, Zé Carioca. Mesmo porque não compraria uma composição tão fraca. Vontade de compor, e pronto.

Àquela altura de 1930, já havia toda uma linhagem de dizedores de samba que o seguiam como uma religião. E Mario já queria mudar de jeito de cantar havia algum tempo, pelo influxo do canto mais bruto dos sambistas do Estácio. Ou, talvez, pensasse em mudança por estar cada vez mais afastado de seu velho mestre, que, em maio de 1929, tirou Januario de Oliveira da Rádio Clube para lançá-lo em São Paulo no discreto Teatro Municipal da cidade, em festa que o Clube de Antropofagia realizava para apoiar a candidatura de Júlio Prestes à Presidência da República. Januario era seu novo pupilo e, apesar de estar com a saúde abalada, o compositor moveu-se rapidamente na Paulicéia, arranjando para Januario gravações na recém-instalada gravadora Columbia. Foi um bom sucesso. Nascido no Rio em 1902, Januario era alfaiate de profissão. Mas seu jeito especial, melancólico, de interpretar sambas o levou ao rádio e ao disco. Suas quatro primeiras gravações em São Paulo foram sambas de Sinhô: "Chequerê", "Nossa Senhora do Brasil", esta composta em homenagem à pintora Tarsila do Amaral, "Minha Branca" e "Como Se Gosta" — as duas últimas com Sinhô ao piano e Pedroso ao violão. O compositor voltou ao Rio, mas Januario decidiu fixar-se em São Paulo, onde, por intercessão do mestre, conseguiu um contrato na Rádio Educadora Paulista, atual Rádio Gazeta.[22]

---

[21] "Mario Reis", *Phono-Arte*, Rio de Janeiro, 30 de março de 1930, nº 40, p. 15.

[22] Januario gravou 80 discos pela Columbia, tornou-se humorista e encerrou suas atividades artísticas em 1949 para virar empresário artístico. Morreu em São Paulo em 22 de fevereiro de 1963. *Apud Enciclopédia da música popular brasileira: popular, erudita e folclórica*, São Paulo, Art Editora, 1998, 2ª ed., p. 587.

Januario de Oliveira (1902-1963), alfaiate, cantor de sambas melancólicos e seguidor de Mario Reis. Aqui, à direita, acompanhado de Pinheirinho, ao violão, e do compositor Vicente de Lima (*circa* 1933).

Na época, Mario lançava "Vai Mesmo" e "Carga de Burro". Januario estava na vantagem, pois abocanhava a última grande fornada de sambas do "Rei do Samba", o material favorito de Mario. Só de Sinhô, Januario gravou treze músicas para a Columbia entre 1929 e 1930, num estilo a princípio muito semelhante ao do modelo. Mas aos poucos, Januario foi adquirindo cores próprias, com uma naturalidade do canto "dito" mais equilibrada que os maneirismos reisianos. E isso afetou o moço "cheio de vontades", orgulhoso do estilo que havia criado. Ele não estava a fim de dar mais crédito ao antigo professor — que, não custa lembrar, alardeava, no artigo de janeiro de 1929 para a *WECO*, haver criado uma escola, da qual Mario seria o primeiro representante. Instalava-se uma surda guerra de vozes macias.

Em janeiro de 1930, estreava em gravação aquele que viria a ser identificado como o *Doppelgänger*, o duplo de Mario Reis: João de Freitas Ferreira, o Jonjoca. As coincidências com Mario eram muitas e Jonjoca foi sua segunda sombra por alguns anos. Jonjoca tinha o nome e o apelido do irmão de Mario; cantava de forma muito parecida com ele; e começou gravando, pela Odeon-Parlophon, no mesmo estúdio que consagrou Mario, os sambas "Não Te Dou Perdão" (Ismael Silva) e "Não Fui Eu!" (Caninha) (Odeon, 10579). O disco foi lançado em fevereiro de 1930, no mesmo suplemento que trazia "Nosso Futuro" (Zé Carioca), por Mario Reis. Em março, Jonjoca gravou uma marcha, intitulada "Segura Ele", de autoria de ninguém mais nem menos do que Zé Carioca (Parlophon, 13137, lançado em abril). O adolescente não tinha consciência do que estava cantando e muito menos de quem era o autor da música. "Eu gravava o que me mandavam". A história se passou assim, segundo Jonjoca se lembrava no ano 2000: "Quando o Eduardo Souto me convidou para gravar eu adorei. Era adolescente, a cabeça fresca e não tinha idéia do que ia gravar. Subi aquela escada íngreme de quatro andares até a cúpula do Phenix. Precisei descansar uma meia hora para recuperar o fôlego. E olha que eu tinha 18 anos! Aquilo nem parecia estúdio, era tudo improvisado, simplesmente um lugar fechado que tinha uma acústica que podia ser controlada. Pois o Eduardo Souto era o todo-poderoso lá porque ele é que entendia de tocar músicas e dos compositores". Eles ensaiaram pouco antes de gravar: "Na época era assim. A gente ensaiava uma, duas vezes e já gravava. Pois o maestro me disse que tinha uns sambinhas inéditos e me jogou as partituras na mão de 'Segura Ele', de um tal de Zé Carioca, do qual não tinha idéia nenhuma, e 'Nega Beiçuda de Saia Branca', de Pery e Ruy Borba, mas eu pensava que era do Souto mesmo. Era tudo uma porcaria e eu cantava por cantar e nem ouvia o Mario Reis. Eu cantava no estilo da época, todo mundo cantava daquele jeito. Só depois fui aprimorando o gosto". A *Phono-Arte*, sempre ela, notou que Jonjoca cantava com propriedade, "acompanhado com justeza pela veterana Simão Nacional Orquestra. O cantor promete e a sua forma de dizer a letra do samba lembrou-nos um pouco a de Mario Reis".[23] Mas em junho, Cruz Cordeiro, com seu ouvido absoluto denunciou Jonjoca, que acabara de lançar o samba-canção "Fugiu, Fugiu" (Ary Barroso) e samba "Sem um Adeus" (Henrique Britto-Gomes Júnior): "Quem ouvir o disco n° 13166 sem ler a etiqueta, não hesitará em dizer que o cantor é Mario Reis. A ilusão é perfeita. É que Jonjoca está cantando exatamente igual ao popular artista (...) Ambas as peças são muito boas e na segunda sobretudo certamente não tão perfeito quanto o original, é que se evidencia que a Parlophon possui agora o seu Mario Reis...".[24] Jonjoca comentou em depoimento para este livro: "Acho que gravei a pior coisa que o Ary Barroso fez na vida, um troço intitulado 'Fugiu, Fugiu'".

Até o ano 2000, Jonjoca, com 89 anos, não havia se dado conta de que aquela sua primeira "musiquinha" pertencia a Mario Reis. E, pela qualidade, talvez fosse mesmo de autoria dele. É quase certo que compunha. Tanto que, tempos depois, no primeiro semestre de 1931, Mario gravou na Columbia, em São Paulo, sob o pseudônimo de C. Mendonça (usado por sugestão de um amigo paulistano, Carlos Prado de Mendoça, naquele tempo secretário do prefeito Armando de Salles Oliveira), dois sambas, acompanhado pelo Jazz Regional, regido pelo maestro Gaó: "Não Me Perguntes" (do "Dr. Joubert de Carvalho"), e "Quem Ama Não Esquece", "samba malandro" de... Mario Reis. Era um samba de verdade, no padrão Estácio, em cadência veloz, mas com versos como estes, banais e sem o instinto de vingança estaciano: "Tu não conheces/ A dor de uma paixão/ Se conheceres/ De ti eu não rirei/ Pois eu sofri/ Todo o mal dessa dor/ E se isso acontecer/ Contigo eu chorarei". Foi o único samba que Mario assinou com seu nome.

Se Zé Carioca era o nome que usava para os sambas de sua propriedade, por que usou seu próprio nome? É provável que, assim, despistasse Figner e também porque o samba era mesmo seu. Usou o pseudônimo

---

[23] "Jonjoca", *Phono-Arte*, Rio de Janeiro, 30 de maio de 1930, n° 43, p. 36. Simão Nacional Orquestra era o nome adotado pela Orquestra Pan American quando gravava para a Parlophon.

[24] "Jonjoca", *Phono-Arte*, Rio de Janeiro, 30 de junho de 1930, n° 44, p. 33.

Jonjoca, à esquerda, o duplo de Mario Reis, formava duo com Castro Barbosa, à direita, o duplo de Francisco Alves (foto de 1932).

como intérprete porque tinha um contrato com a Odeon. Era tão imitado que podia fazer o duplo de si próprio sem ser confundido com Jonjoca... e ainda por cima lançando um samba de sua autoria. Isso é que era cartaz. É autor confesso, por exemplo, da primeira parte do samba "O Sol Nasceu Para Todos", que gravou em novembro de 1933. O samba saiu no selo do disco como sendo só de Lamartine Babo. Na realidade, porém, ele nasceu da parceria de Lamartine, Noel Rosa e Mario, num jantar na casa do cantor.[25]

Voltando ao ano do ápice, 1929, os ganhos do cantor na Casa Edison eram suficientemente espetaculares para medir seu sucesso. Pelos direitos autorais e artísticos no período de 1º de janeiro a 30 de junho, Mario acumulou 12 contos, 200 mil e 900 réis. Só para comparar, Vicente Celestino não passou de 5 contos e 142 mil-réis no mesmo período; Pixinguinha arrecadou 1 conto e 517 mil-réis. Claro que, na época, havia cartazes ainda maiores, como Raul Roulien, que abocanhou 16 contos e 231 mil-réis e Francisco Alves, imbatível com 25 contos de réis.[26] Chico ganhava uma fortuna e ainda, pelo contrato de exclusividade, uma casa no bairro do Leme, na ponta de Copabacana. No segundo semestre de 1929, de 1º de julho a 31 de dezembro, Mario Reis arrecadou a metade do período anterior: 6 contos, 401 mil e 200 réis. Isso porque o faturamento de "Jura" já tinha terminado. Benício Barbosa ganhou bem menos: 369 mil e 500 réis. Patricio Teixeira, 4 contos, 412 mil e 80 réis. Alfredo Albuquerque faturou mais, ganhando, com suas "desopilantes" (termo da época) cenas cômicas e cançonetas, 9 contos e 500 mil-réis. E Chico Alves, este chegou a 24 contos, 141 mil e 100 réis.[27]

Para Mario, valia a pena se associar ao Rei da Voz. Afinal, as músicas que tinha lançado no segundo semestre de 1929 lhe mantiam o prestígio, mas não rendiam como antes. Em junho, fez questão de estrear no rádio,

---

[25] Sérgio Cabral, "Uma Tarde com Mario Reis", in *Diário de Notícias*, Rio de Janeiro, 23 de abril de 1974.

[26] Livro de Pagamentos de direitos autorais e artísticos da Casa Edison, ano de 1929. Arquivo da Casa Edison. A folha de pagamento de Mario traz as seguintes informações mês a mês: fevereiro: 3 contos e 662 mil-réis; março: 2 contos, 410 mil e 100 réis; abril: 1 conto, 557 mil e 900 réis; maio: 2 contos, 429 mil e novecentos réis; junho: 2 contos e 152 mil-réis. Documentos pertencentes aos arquivos da Casa Edison sob responsabilidade de Humberto Moraes Franceschi.

[27] *Idem* nota anterior. Eis os ganhos de Mario Reis mês a mês no segundo semestre: julho: 1 conto 846 mil e 700 réis; agosto: 1 conto 743 mil e 800 réis; setembro: 579 mil e 500 réis; outubro: 684 mil e 80 réis; dezembro: 758 mil e 700 réis. Era um descenso só.

cantando na Rádio Sociedade (PRA-A) o samba "Vamos Deixar de Intimidade", de Ary Barroso, para "fazer reclame da música" como se dizia na época, ou seja, divulgá-lo com uma dose maior de marketing. Participar de um programa da PRA-A — a primeira emissora brasileira, fundada em 20 de abril de 1923 — caía como um *smoking* em Mario, pois se tratava de uma emissora sofisticada, voltada à música erudita.[28] O microfone deve ter gostado do cantor, uma vez que Mario voltaria à emissora no dia 1º de agosto de 1929 num programa em que estava presente a cantora e atriz Laura Suarez. Ele cantou quatro sambas: "Novo Amor" (Ismael Silva), "Coração Volúvel" (Sylvio Fernandes, o "Brancura") e "Samba de Verdade" (Francisco Alves) e, novamente, "Vamos Deixar de Intimidade", sua "música de trabalho", como seria denominada no jargão de hoje. E o disco que saiu em agosto, com duas inéditas de Sinhô, com a Pan American, não parou o trânsito do Rio. Eram elas "A Medida do Senhor do Bonfim", com um belo duo assimétrico e supersincopado com Bomfiglio de Oliveira e um anônimo colega (com o ritmo marcado pelo banjo de Dermeval Netto), e "Cansei", um dos clássicos de Sinhô, samba-canção no qual Mario fazia um recitativo seco, quase um breque com o verso: "Que eu não vim ao mundo somente com o fito de eterno sofrer", repetido magistralmene num solo de sax-barítono de Ignacio Kolman, um dos muitos imigrantes judeus russos que aprenderam a tocar em grandes orquestras sinfônicas e davam brilho especial às gravações brasileiras do fim dos anos 20. Aliás, o arranjo da Pan American para o samba, de Simon Bountman (sempre ao violino), é um dos mais bem armados do período. Pode ser descrito como um festival de solos melódicos, em que trombones, tuba, clarinetas, violinos e trompetes formam uma moldura para a voz de Mario, que se insinua pela trama instrumental, impondo a humanidade de sua voz.

Nesse ínterim, Sinhô fornecia o grosso de sua produção para Januario e já não "caía no *goto*" do público como antes. De sua mansão na Tijuca, o "simpático amador" não brincava na hora de pensar em dinheiro. Pior, estava em crise criativa. Seu mestre dividia o coração com outros alunos. Com tantos seguidores e até epígonos, Mario tinha, para si próprio, obrigação moral de mostrar que era o melhor; precisava de uma tacada definitiva. Era preciso "gramofonizar-se" ainda mais.

---

[28] A letra do cateretê "As Cinco Estações do Ano", de Lamartine Babo, lançada em 1933, descreve o espírito da emissora: "Sou conhecida aos 4 cantos da cidade/ Sou a Rádio Sociedade/ Fico firme, agüento o tranco/ Adoro o clássico, odeio a fuzarqueira/ Minha gente, fui parteira/ Do Barão do Rio Branco".

Mario Reis e Francisco Alves, o duo mais importante da história da Música Popular Brasileira (1931).

7.
DÁ LICENÇA, SEU MARIO?

Francisco Alves sentia a reputação ameaçada pelas novas gerações e Mario Reis notava que sua originalidade já havia sido mais que assimilada pela indústria da música. Os dois haviam construído a carreira por causa de Sinhô, mas este já não lhes fornecia material com exclusividade. Os dois sócios na compra de sambas viviam um impasse artístico. A crise teve seu ápice com a morte de Sinhô, em 4 de agosto de 1930.

O compositor estava na Barca Sétima, que fazia o trajeto da Ilha do Governador ao Cais Pharoux, quando sofreu a última hemoptise às 17h50. Ele levava um samba, "O Homem da Injeção", para apresentá-lo na roda da Casa Edison. O acontecimento, conforme o necrológio de *A Notícia*, tinha "qualquer coisa de morte da cigarra num dia de sol".[1] O velório, organizado às pressas, virou uma festa popular, descrita na célebre crônica de Manuel Bandeira. Nem Mario nem quase nenhum amigo compareceu ao enterro, no cemitério de São Francisco Xavier, porque a notícia demorou a se espalhar. E seu derradeiro samba desapareceu inexplicavelmente durante a preparação do corpo. Sinhô morreu esbaforido, querendo gravar. A cigarra tuberculosa parecia saber que ia morrer a qualquer momento e espalhava suas canções, sem observar a velha fidelidade a Chico e Mario.

No início daquele ano, novas vozes se faziam zunir, e com músicas do "Rei do Samba". Em janeiro, a Victor lançou o segundo disco (o primeiro tinha sido na Brunswick) de Carmen Miranda, ex-balconista da loja A Principal, especializada em gravatas. No terceiro, a Victor lançou o samba "Burucuntum", de J. Curangy, pseudônimo do Rei do Samba. No disco seguinte, Carmen faria enorme sucesso com a marcha "Pra Você Gostar de Mim (Taí)". Em 11 de agosto, uma semana depois da morte de Sinhô, Carmen gravaria dele "Feitiço Gorado", samba com tema de candomblé, só lançado em março de 1932. De São Paulo, Januario de Oliveira esgotava seus estoques de Sinhô na Columbia. Eram tesouros, como a valsa "Cauã" (Columbia, 5215), o divertido samba "Fala Macacada" (7017), o samba "Miçanga", com a Jazz-Band Columbia (5167), a marcha "Sou da Fan-

---
[1] "Morreu a Cigarra da Cidade", *A Notícia*, Rio de Janeiro, 5 de agosto de 1930.

danga" (5226) e o samba "Viva a Penha" (5212). O que dizer do balanço da "marcha" "Sem Amor", por Januario, lançada em março de 1930? E havia, no Rio, Sylvio Caldas e o ator musical paraense Ildefonso Norat, outro reisiano, que interpretava naquele início de ano os sambas "Dá Nele" (Brunswick, 10049-A), com o Grupo Gente do Morro (lançado em abril), e fazia o epitáfio de Sinhô em novembro, regravando o samba-canção "Reminiscências do Passado" (Columbia, 7018), um dos mais belos de Sinhô, numa interpretação sentimentalmente profunda, algo a que Mario Reis não estava habituado, nem era do seu feitio. Outra lápide é o já citado "Professor de Violão", com Januario, lançado pela Arte-Fone em 1931.

Mario preferia as abordagens distanciadas e veio a gravar a última música que lhe foi dada pelo mestre por volta de maio de 1930: o samba-canção "Já É Demais", com a Pan American de Simon Bountman, no lado B do disco lançado em junho de 1930. Sinhô tinha distribuído lindas canções e, nos seus estertores, formado uma escola. Mario não gostava de não ser o único, não queria mais ser identificado com o professor de violão que tanto havia lhe ensinado. Era uma questão de progredir e superar a concorrência. No entanto, ele não havia sido o primeiro nem seria o último a seguir o "estylo novo". Foi o melhor e sabia disso.

Mas a moda Sinhô tinha passado antes de seu falecimento. O público estava cansado do samba dançante e urbano, com a malícia da revista. A nova onda, grupos de aparência folclórica, especializados em repertório nordestino: cocos, emboladas, toadas e cateretês. Morto o Rei do Samba, tudo indicava que o samba ia morrer também. A bola da vez era o quinteto recifense Turunas da Mauricéia, chefiado por Augusto Calheiros, o Patativa do Norte. Os Turunas se trajavam como cangaceiros e faziam recitais (não se dizia "show" na época) alegres, com cocos, emboladas e repentes. O humor rude da roça fazia sucesso. Estavam radicados na capital da República. E surgiam os imitadores. A cadeia evolutiva do samba se paralisava diante do espetáculo sertanejo.

O grupo de maior popularidade no gênero em 1930 chamava-se Bando de Tangarás. Eles tinham arrasado no carnaval daquele ano, com o samba "Na Pavuna", gravado em dezembro de 1929 na Odeon, com uma diferença em relação ao que se fazia até então: em vez dos arranjos orquestrais, o conjunto apresentava uma forte base rítmica com pandeiro, surdo, tamborim e cuíca[2]. Não era a primeira vez que uma bateria rítmi-

---

[2] Na gravação, o acompanhamento era feito também por elementos extra-Bando. O solista vocal era Almirante.

ca entrava em gravações (as cenas cômicas gravadas nas chapas da Casa Edison do princípio do século XX estavam cheias de percussão pesada, até porque era bem captada pelo autofone), mas agora a invasão parecia ser irreversível. A percussão ocupava seu lugar nas gravações de samba. O Bando era formado por músicos que também haviam chegado para ficar: Almirante (pandeiro e voz), João de Barro (mais tarde, Braguinha, voz e violão), Henrique Britto (violão), Alvinho (voz e violão) e Noel Rosa (violão). Eram todos colegas do Colégio Batista, da Tijuca, vizinhos e conhecidos de Mario. E faziam um barulho infernal, em grupo ou iniciando a carreira solo. Era um bando de solistas brilhantes. Almirante tinha um poder grande de comunicação, com sua locução precisa. João de Barro era bom cantor, influenciado por Mario Reis, dizendo os sambas na síncope natural da fala. Igualmente influenciado, Noel ainda tinha a verve crítica e se destacava por sambas humorísticos. Em setembro, Noel gravou sozinho o samba "Com Que Roupa?" (Parlophon, 13245). Foi um sucesso que durou até o carnaval seguinte. Embora o canto evocasse a informalidade de Mario, os sambas de sucesso já não guardavam ligação com a maneira de Sinhô. O acompanhamento era duro, com percussão exuberante e harmonias sem sutilezas. As letras? Destilavam todo tipo de situação, da ironia refinada à pura desfaçatez, passando pela crônica urbana. Sinhô tinha sido superado.

Seus alunos, Chico e Mario, sentiam-se órfãos e desnorteados; com eles, o fiel Ismael e o Estácio inteiro. Ninguém entendia como não conseguiam emplacar sucessos, mesmo com a compra de alguns sambas geniais. Até julho, Mario havia lançado apenas sete discos, todos fracassados. Chegou até a gravar um "samba da elite", "No Grajaú, Iaiá", feito por Freitinhas e o jornalista Dan Mallio Carneiro (1906-1938) nos moldes de "Na Pavuna". Não era uma cópia descarada, mas o estilo era idêntico. No lado B do disco Odeon 10576, havia até um samba em estilo sertanejo, "Estou Descrente" (Romualdo Miranda-Pio Barcello), com acompanhamento de Os Desafiadores do Norte, um desses grupos que sucederam os Turunas, sendo formado por ex-membros daquele grupo[3]. O disco despontou para o esquecimento ao sair, em fevereiro de 1930. Cruz Cordeiro foi o primeiro a observar que o cantor estava tentando mudar o estilo de cantar, felizmente sem êxito.

[3] Os Desafiadores do Norte eram Yolanda Osório (cantora), Romualdo Miranda, João Miranda, João Frazão (os três últimos ex-membros dos Turunas da Mauricéia), Sebastião Rufino, João Rufino e Gastão de Oliveira Menezes (piano). Todos nordestinos, à exceção de Yolanda e provavelmente do pianista. *Jornal do Commércio*, 23 de janeiro de 1930.

O então Príncipe dos Cantores Brasileiros jogou todo o seu prestígio nas versões de sucessos lançados pelos filmes românticos de Hollywood. Ao longo do ano ele gravou poucos sambas do Estácio, preferindo valsas, foxes e canções. Em setembro, por exemplo, registrou com Gilda Abreu a valsa-canção "Se Estou Sonhando (If I'm Dreaming)" (versão de Oswaldo Santiago com música de J. Burke). No lado B, o fox-trote "Sally" (Bolton-Grey, versão de Oswaldo Santiago). Isso no mês em que "Com Que Roupa?" era lançado com estrondo.

Na época, Mario estava se dedicando ao curso de Direito, fazendo estágio e concluindo o último semestre e já se preparava para fazer concurso público. Não gravava desde o primeiro semestre. Chico foi procurá-lo na Odeon para propor a salvação do samba e de suas próprias carreiras artísticas: gravarem em dueto uma série de sambas do Estácio, cujos direitos de execução e reprodução os dois já haviam comprado em parceria.

"Eu não gosto de falar, mas foi uma coisa importantíssima para a música popular brasileira", contou Mario Reis a Lúcio Rangel. "Eu gravava na Odeon e o Chico também. Éramos os dois cantores-sambistas da casa. Foi quando surgiu o Bando de Tangarás, com Noel Rosa, Almirante, João de Barro, Alvinho, Henrique Britto e adendos. Surge o 'Na Pavuna', enorme sucesso. O Almirante foi um grande cantor de samba e de embolada. Duvido que se encontre um erro num disco de Almirante. Tecnicamente era perfeito. Aí, eu e o Chico perdemos terreno. Um dia, sentindo que seu prestígio estava abalado, Chico chegou na Odeon e me propôs fazer um dueto com ele num samba de Brancura — 'Deixa Essa Mulher Chorar'. Respondi que sim, pois tudo faria para melhorar a nossa música popular. Francisco Alves tinha outra música, esta do Gradim [Lauro dos Santos], 'Quá-quá-quá', que ia gravar sozinho. Fizemos então um disco com as duas. O primeiro em dueto. Aliás, sente-se no disco que ele me deixou os dois solos, o que prova ser dele o convite para gravarmos juntos".[4]

Chico narra uma versão diferente em suas memórias ditadas a David Nasser: "Tornamo-nos amigos inseparáveis e surgiu a dupla. Estudamos qual seria a primeira gravação a duas vozes. Decidimos por fim pelo samba 'Arrependido'. Depois, veio a marcha 'Formosa', de autoria de Antônio Nássara e de J. Rui e 'Deixa Essa Mulher Chorar', 'Se Você Jurar', uma infinidade de êxitos preparados com cuidado, em nossas noites de Copacabana, pois era lá que ensaiávamos".

---

[4] Lúcio Rangel e Maria Lúcia Rangel, "Mario Reis: agora quero cantar", *op. cit.*, pp. 61-2.

Partitura do samba "Se Você Jurar": sucesso com Mario Reis e Francisco Alves.

À força de suas vendagens, Chico aumentou sua influência na Odeon, que, naquele ano, estava puxando o tapete de Fred Figner, tirando-lhe, em 1930, qualquer poder de interferência na escolha das gravações. Permaneceu apenas com o selo Parlophon, que era de sua propriedade. Depois de ter construído um império musical e se tornado o primeiro diretor-artístico da Odeon no Brasil, dois anos depois ele seria literalmente mandado de volta à sua loja de mimeógrafos e gramofones.[5] Mas Chico tinha lábia para convencer os "alemães" (na realidade, holandeses) que tomavam conta do catálogo da gravadora a aprovar seus projetos. As empresas concorrentes assediavam os artistas e Chico vinha com a salvação da lavoura: gravações com duetos.

Por que tal forma, tão desusada no samba? Nem um nem outro tem respostas para a razão da escolha do dueto vocal. Confluíram três fatores. No Estácio, o samba era cantado com solista e coro — uma influência da forma improvisatória do samba de partido-alto. Só que, entre os sambistas do Estácio, o revezamento solista e coro ganhou uma estrutura fixa, mais definida que no partido-alto, talvez para facilitar a memorização das letras e melodias. O samba do Estácio se convertia em um gênero coral, com uso de muitas vozes simultâneas em alturas diferentes. Daí parecer natural empregar o contracanto a duas vozes, conforme o desejo de Chico. Além disso, contou na opção pelo dueto a influência da "música sertaneja" em moda na época: os cocos e emboladas dos Turunas utilizavam o esquema pergunta-resposta como base. O canto "blocado" em terças das duplas caipiras — vindas de São Paulo nas gravações de Cornélio Pires para a Columbia, iniciadas em 1929 — não parece ter sido levado em consideração, pois esta modalidade de música só seria apreciada pelo público carioca em meados da década de 30.[6] O cérebro pragmático de Chico Alves inferiu que acoplar o samba coral do Estácio ao dueto em terças e aos diálogos do coco podia ser uma maneira de cativar o ouvido público. Isso tudo sem esquecer as úteis e velhas lições de urbanidade de Sinhô: os breques, a malícia de roubar o ritmo para criar a síncope ines-

---

[5] Luís Antônio Giron, "Um Império Musical do Brasil", *op. cit.*, p. 2.

[6] Rosa Nepomuceno, *Música caipira: da roça ao rodeio*, São Paulo, Editora 34, 1999, p. 117. A pesquisadora descreve como os caipiras se insinuavam nas "outras vertentes populares" em voga no Rio de Janeiro, processo que culminou com uma proliferação de duplas e músicos roceiros no ano de 1935. "Alvarenga e Ranchinho, Jararaca e Ratinho, Capitão Furtado, Raul Torres e João Pacífico circulavam com desenvoltura pelos bons lugares da cidade de Mario Reis e Noel Rosa, integrando o elenco da gravadora mais prestigiada da época, a Odeon."

perada, o improviso de um comentário falado enxertado na hora. A cadência foi alterada: os sambas-canções ralentaram, ao passo que os sambas eram acelerados em compasso claramente binários. Acima de tudo, havia a elegância única do cantar de Mario... era tiro e queda.

O novo gênero surgiu de ensaios bastante cansativos. Eles aconteciam à noite, na casa de Chico, no Leme. Foi o tempo mais longo que Mario dedicou a ficar próximo da malandragem. Porque considerava o amigo um malandro de verdade. "Ele começou a ganhar dinheiro e continuava a fazer os seus ternos no mesmo alfaiate da Rua Maxwell", contou Mario a Sérgio Cabral. "Por isso, andava sempre mal vestido. Ombro torto, calça malfeita, uma coisa horrorosa. Mas tinha um tipo de malandragem fantástica. O Chico inventava as coisas mais inesperadas para não perder a sua condição de astro principal da música popular brasileira."[7]

O quase-bacharel sabia que estava sendo usado na nova jogada do desalinhado Chico. Mas pagou para ver. Com a ajuda do estafeta Ismael Silva, os dois haviam recolhido no Estácio o material suficiente com músicas que podiam virar futuros clássicos de samba. Nesse período de formação do repertório da dupla — conforme contou mais tarde ao amigo de Country Clube Afrânio Nabuco —, Mario foi ao Largo do Estácio para ouvir os sambistas, acompanhado sempre de Chico e Ismael. "Ele era um sujeito seguro, não tinha medo e subia mesmo o morro para buscar música", contou Nabuco em 1999. "Subir o morro" é uma gíria moderna para descrever o ato de se misturar ao povo. Na realidade, Mario morria de medo de subir morro, mas ouvia os músicos nos bares em que se reuniam, no sopé do morro de São Carlos. Mario contava: "Eu escutava, escutava, escutava, até decorar a música, sem ajuda de ninguém". Depois anotava o nome do autor, a letra, comprava o samba e o repetia na íntegra nos ensaios com Chico. Mario tinha um ouvido que, se não era absoluto, chegava perto, comentou o amigo. Quando comprava os sambas, Mario costumava manter o nome do autor, sem atribuir a si próprio a parceria. "Ele me dizia que o Chico era um miserável, um escroto", disse Nabuco. "Ele pegava o samba no morro e exigia a parceria, para tirar ainda mais lucro do negócio." A frase de Mario, segundo Nabuco, era a seguinte: "O Chico não dava chance a ninguém. Assumia as autorias dos sambas e não admitia que ninguém cantasse bem". Mas o jovem acadêmico não era bobo e soube driblar o malandro, impondo seu estilo. En-

---

[7] Sérgio Cabral, "Uma Tarde com Mario Reis (II)", in *Diário de Notícias*, Rio de Janeiro, 24 de abril de 1974.

tre os sambas de que mais gostou foi um de Cartola, que comprou por meio de um estafeta, chamado Clóvis Miguelão (este, sim, subiu o morro), mas não chegou a gravar, dando de presente a Chico (tratava-se, certamente, de "Que Infeliz Sorte!", de Angenor de Oliveira, o Cartola, que Chico lançaria em novembro de 1929, com a Orquestra Pan American). De Angenor, a dupla gravaria "Perdão, Meu Bem", em abril de 1932. Chico gravou ainda "Não Faz Amor" (Odeon, 10927, com segunda-parte de Noel Rosa, embora sem o crédito, lançada em julho de 1932), "Qual Foi o Mal Que Eu Te Fiz?" (10995, maio de 1932) e "Divina Dama" (10977, janeiro de 1933).

Mas o cerne da primeira leva de sambas a ser gravados era da dupla Ismael Silva e Nilton Bastos (1899-1931): "Não Há", "Se Você Jurar", "Arrependido", "O Que Será de Mim" seriam gravados sucessivamente. As quatro músicas levavam uma fila de autores, como hoje é hábito nas escolas de samba: Francisco-Ismael Silva-Nilton Bastos. O trio se batizou de Bambas do Estácio. Nunca se apresentou ao vivo, mas fez algumas gravações com esse nome. Mais tarde, a expressão foi aplicada a todos os outros compositores que rodeavam o triângulo de compositores. Mario dizia que Nilton era o bamba de talento mais extraordinário. "Eu conheci o Nilton muito bem", contou a Sérgio Cabral numa conversa particular, que o jornalista não hesitou, felizmente, em publicar. "Sou capaz de dizer, nas músicas que ele fez com Ismael, qual a parte dele e qual a parte de Ismael."[8] Segundo o cantor, "Se Você Jurar", que faria parte do repertório da dupla, era mais de Nilton que de Ismael. "O Nilton Bastos era muito meu amigo. Me lembro muito bem dele e vou até gravar uma música que ele fez no disco *Os Sambas Que Não Fizeram Sucesso*. Por que vocês quase não falam do Nilton Bastos? Ele é um camarada muito importante." Nilton, lembrava Mario, morava em Vila Isabel, mas freqüentava o bar do pessoal do morro de São Carlos, no sopé do qual ficava o Largo do Estácio. "O Nilton trabalhava nos telégrafos e jogava futebol muito bem. Foi ponta-direita do Esporte Clube Rio de Janeiro, um time que havia em Vila Isabel." Nilton Bastos morreu tuberculoso, em 8 de setembro de 1931.

A colheita de sambas se revelou proveitosa. Depois de escolhidos e comprados. Era só tirar da coleção estaciana durante as sessões noturnas. Iam cantando as músicas, com Chico ao violão. Aprovavam um samba, refugavam outro, e planejavam o diálogo entre as vozes. Aquilo durou semanas, algo incomum para um tempo em que os músicos ou ensaiavam

---

[8] *Idem, ibidem.*

A dupla Bide e Marçal (em meados dos anos 30)
fundamentou o samba-padrão do Estácio.

num bar qualquer, com uma turma, ou passavam a composição pouco antes de gravá-la.

Apesar das características diferentes das vozes — Chico tinha o timbre metálico, a tessitura ampla e o naipe puxava mais para o barítono; Mario possuía a voz mais suave, com pouca amplitude e com traço firme de tenor —, eram dois tenores, no sentido técnico do termo, um ligeiro e outro dramático, tentando adaptar-se um ao outro. Não houve exatamente um conflito de estilo, uma vez que ambos vinham da mesma escola. Nem aconteceu uma batalha pelo volume, já que os dois possuíam vozeirões. Era na maneira de frasear que a coisa pegava; Chico fraseava *legato* e fazia as conclusões soarem em longas fermatas, ao passo que Mario pontuava as notas em *staccato*, acentuando as síncopes, sem prolongá-las no final das frases melódicas. A maior dificuldade era cantar em terças, porque a voz de Chico tendia a ofuscar a de Mario pelo *legato* e porque se encarregava da parte aguda, e não por causa de uma diferença de volume.

Chamaram o maestro Eduardo Souto para preparar os arranjos para serem tocados pelo novo grupo da gravadora, a Orquestra Copacabana. A instrumentação foi condicionada a novos formatos. Já pareciam longínquos os tempos dos arranjos rococós de Simon Bountman, que agora dirigia a Orquestra Columbia a partir de 1930. Como Sinhô, a infernal maquinaria timbrística de Bountman caíra de moda; simbolizou uma geração e uma linha de produção de arranjos. A baixaria amaxixada, feita pelos trombones e tubas, foi suavizada. O banjo marcava mais o ritmo. Mas Eduardo Souto não ousava inserir instrumentos de percussão nas suas gravações.

Seja como for, a dupla estava pronta para arrasar quando enfrentou as famosas escadas do Phenix, no dia 9 de setembro de 1930, para gravar a primeira de uma série de 24 músicas nos dois anos e pouco que durou o duo. Era "Deixa Essa Mulher Chorar", de Sylvio Fernandes, o Brancura. A composição, aliás, segundo Bucy Moreira revelou a Sérgio Cabral, "não era do Brancura. Era do Maciste da Mangueira, que deu a parceria a ele".[9] Apesar do excesso de atribuições *post mortem* a que os músicos dessa época estavam acostumados, a afirmação de Bucy parece confiável, pois Brancura era um dos grandes valentões do Estácio. Costumava forçar os sambistas mais humildes a lhe cederem os sambas, às vezes até usando

---

[9] Sérgio Cabral, *As escolas de samba: o quê, como, quando e por quê*, Rio de Janeiro, Fontoura, 1974, p. 93.

seu punhal. A música vinha para as mãos dos músicos sem certidão de antecedentes. Mas Mario e Chico tratavam de depurá-la até virar obra de arte. Sem, no entanto, deturpar o seu caráter de música de rua. Os arranjos não transfiguravam os sambas, mas tentavam se aproximar o mais possível do som dos blocos e dos bailes de carnaval. Só faltava mesmo a percussão pesada.

"Deixa Essa Mulher Chorar" é uma gravação de grande qualidade, bem como as que se seguiriam. O estúdio da cúpula da Phenix possuía a vantagem do isolamento acústico. Segundo Jonjoca — que, no ano seguinte, formaria na Victor uma dupla com Castro Barbosa, imitando Mario e Chico —, tratava-se de um lugar improvisado, com muitos fios pelo chão e todo tipo de máquina espalhado pelo recinto. Um microfone bojudo estava postado no meio do estúdio. A dupla se colocava diante do aparelho. A orquestra ficava a poucos metros atrás deles. "A técnica era a seguinte", contou Jonjoca, "a gente cantava com a boca colada no microfone. Quando era o momento dos solos da orquestra, a gente se agachava, para que o microfone pudesse captar o som dos músicos". O procedimento era o mesmo com Mario e Chico. Cantavam quase abraçados, Mario mais próximo do microfone, Chico quase à nuca do companheiro. Para guia, eram apoiados por um trio de instrumentistas que tocavam as linhas melódicas das músicas: Luperce Miranda ao cavaquinho, Tute ao violão e Lúcio Chameck ao piano. Não havia como errar, mas eles nem precisavam do apoio. E como as seqüências orquestrais preparadas por Eduardo Souto eram freqüentes eles praticavam ginástica o tempo todo, agachando e levantando ao comando do maestro-violinista. "Era uma mixagem de som feita com muitas flexões de perna", brincou Jonjoca, do alto de seus 89 anos.[10]

Após um breve prelúdio orquestral, Mario iniciou o solo quase confessional dito ao bojo do microfone, com Chico encarregado do contracanto, que ecoava levemente de longe. Abaixavam-se para o *tutti* orquestral e os solos de violino e trombone, acompanhados pelo banjo bem percutido. Chico não fez nenhum solo na sessão. E o processo se repetiu na gravação feita no dia seguinte, com "Quá-quá-quá", samba de Gradim.

No papel de anfitrião das faixas, Chico manteve-se discreto, quase como um corista de Mario. Aproveitou a ocasião do dia 9 e gravou, logo em seguida ao número em duo, versões em português de Aldo Nery (pseu-

---

[10] Depoimento de Jonjoca, agosto de 2000.

Em 1931, a dupla Mario Reis e Francisco Alves gravou um disco com o samba "Anda Vem Cá" — na verdade de autoria do "bamba" Bucy Moreira. Do outro lado, mais um samba estaciano, "Nem Assim", de Gradim.

Além do repertório de sambas do Estácio, Chico e Mario lançaram em novembro de 1931 o samba "É Preciso Discutir", do estreante Noel Rosa.

dônimo de Oswaldo Santiago) para dois foxes-trotes: "Sempre É Tempo de Amar" (Anytime's the Time to Fall in Love), de Janis e King, e "Varrendo as Nuvens" (Up on Top of a Rainbow Sweeping the Clouds Away), de Sam Coslow, ambos do filme *Paramount em Grande Gala*. Depois de "Quá-quá-quá", Chico gravou, a plena voz, mais dois foxestrotes, agora do filme *As Mordedoras* (*The Golddigers of Broadway*), intitulados "De Mansinho Entre as Tulipas" (Tip-toe Thru' The Tulips With Me) e "Pintando as Nuvens Com o Sol" (Painting the Clouds With Sunshine), ambas da dupla Joe Burke e Al Dubin, em versão para o português de Aldo Nery (disco Odeon, 10726, 1931). A cada música nativa, Chico mostrava duas americanas. Afinal, precisava encher de moedas o seu porquinho de louça. O lema da carreira de Chico podia ser "nada como um disco após o outro".

Para além de distinções de fraseado, de timbre ou tessitura, de interpretação e de ritmo, eis o que diferenciava essencialmente um cantor do outro: profissional, Chico cantava por prazer, só que o fazia principalmente para ganhar dinheiro; Mario também faturava, mas cantava sobretudo em nome do prazer estético.

E a dupla não foi incompreendida em sua época. Pelo contrário, mal chegou às lojas, o primeiro disco já era tido como obra-prima. A *Phono-Arte* festejou a aparição do disco no mercado, em dezembro: "Com a aproximação do carnaval, começam a se desenhar nitidamente as peças que registrarão os maiores êxitos na festa predileta do carioca este ano. Entre elas não temos a menor dúvida de incluir o excelente samba de S. Fernandes intitulado 'Deixa Essa Mulher Chorar', que Mario Reis, com bem feitos e maviosos contracantos de Francisco Alves, canta na primeira face do disco nº 10 715. Esta peça registrou o mais completo êxito desde o seu aparecimento e, cada dia, a sua aceitação se torna mais acentuada. Bem o merece, pois possui todos os característicos dos sambas de sucesso: ritmo típico, melodia um tanto sentimental e letra sem pretensões, mas bem enquadrada na música, fácil de decorar e de assunto muito apreciado pelo Zé Povo". A face complementar também caiu no agrado do crítico, que afirma que o samba de Gradim "em nada fica a dever ao seu companheiro de chapa, possuindo apenas, como diferença, um caráter de rancho carnavalesco e de samba de rua, que, para certos casos, chamará a si a preferência de quem o ouve. Está cantado também em magnífica forma por Mario Reis e contracantos de Francisco Alves". O crítico observa que o acompanhamento da Orquestra Copacabana "imprime aos dous sambas execuções genuinamente carnavalescas, cousa que se nota pelos oportunos e típicos aproveitamentos do trombone e pistom, em passagens que nos dão a impressão exata de já nos acharmos em algum baile de carnaval ou acompanhando algum rancho de rua".[11]

Nas gravações que se seguiram, Chico apareceu mais. Só que não abusou de seu cartaz de astro máximo. Respeitou os limites impostos pelo cantar em dueto e a extrema vaidade do companheiro. O equilíbrio soava perfeito. Chico dava a entender que estava reaprendendo a cantar. Mas a magia se desfazia no *fox-trot* seguinte, que cantava sozinho, como um tenor verdiano, agora sim, empostando a voz. À medida que Chico ia se envolvendo com os modismos hollywoodianos, sua voz ia perdendo a antiga espontaneidade. O ator foi sendo abafado pelo rouxinol cinematográfico. Despia-se da máscara ao cantar com Mario, no filosófico samba "É Preciso Discutir" (Noel Rosa), primeira música de Noel registrada pelo duo, na qual se finge uma discussão em torno de uma mulher (prefigurando "Teresa da Praia", com Dick Farney e Lúcio Alves, em 1954). Ou ao adotar a fala em "O Que Será de Mim?" (Francisco Alves-Ismael Silva-Nilton Bastos). Nesta exaltação à malandragem, Mario começa condenando o trabalho, no que é corroborado por Chico. Mario se define como malandro fino, valendo-se da letra de encomenda para ele:

"Minha malandrage é fina
Não desfazendo em ninguém
Deus é quem dá a sina
E o valor dá-se a quem tem
Também dou a minha bola
Golpe errado ainda não dei
Eu vou chamar Chico Viola
Que no samba ele é rei."

Entra Chico, falando, com total descontração: "Dá licença, seu Mario?". Esse tipo de diálogo era um inovação em gravações. Novos eram também os temas dos sambas do Estácio. Eles giravam em torno de dois temas básicos: a apologia da malandragem ("Sou malandro inteligente/ Para folgado viver no batente", como diz a letra de "Sinto Saudade", samba de Mario Travassos de Araújo) e a misoginia, o desprezo à figura da mulher — retratada como algema primordial do homem — e as paixões decor-

---

[11] "Mario Reis e Francisco Alves", *Phono-Arte*, Rio de Janeiro, 30 de dezembro de 1930, p. 17.

Sentados: Mario, Olga Ferraz, Francisco Alves, Oswaldo Lopes e Mário Cabral, e não-identificado ao piano. Atrás: Mozart de Araújo, Rego Monteiro, Maurício Joppert e Felício Mastrângelo. Sônia Veiga ao microfone da Rádio Mayrink Veiga, 1931.

Francisco Alves, a cantora Sônia Veiga e Mario na Rádio Mayrink Veiga, em 1931.

rentes desse sentimento: ódio, vingança, menosprezo. São situações fortes e fora da lei, sobretudo nos anos 30.

Os sambas refletiam a existência transgressiva de seus autores: malandros, vendedores de sambas, jogadores e rufiões reais, que viviam no Mangue e, muitos deles, exploradores de prostitutas.

A poética *underground* e depressiva do Estácio servia como material bruto para a filtragem das vozes da dupla e do trabalho dos arranjadores, que a secavam de toda a percussão. Nem um nem outro cantor parecia se aprofundar no assunto. Trabalhavam como transfiguradores de um folclore de aparência pitoresca. Não pareciam refletir sobre problemas sociais ou sobre a realidade de homens e mulheres que lutavam para sobreviver em situação de miséria. A miséria vinha embalada de paixões fortes e lindos quadros suburbanos. Chico Alves podia pular desse assunto pitoresco para um fox-canção bem meloso de Hollywood sem sentir remorso algum.

O que importa para a história da música é o que ele gravou com Mario. O conjunto é de uma assombrosa harmonia. O duo mapeou o imaginário transgressivo do Estácio sem sujar seus paletós com uma nódoa sequer. Mantiveram a elegância e o diamante de suas vozes. Pintaram o Estácio como a Capela Sistina do samba. De setembro de 1930 a dezembro de 1932, em diversos momentos e estados de espírito variados, a dupla gravou 12 chapas (24 músicas), todas contendo sambas canônicos da MPB. É interessante notar que, ouvidas em conjunto, as músicas parecem formar um universo compacto no qual a passagem do tempo não atuou; são como que gravadas em um dia com uma só alta inspiração. Assim, a dupla lançou o estilo do Estácio e incorporou músicas até então inéditas dos compositores jovens, candidatos a rivais, como Noel Rosa, Lamartine Babo, Cartola e Nássara, aos quais o dueto se juntou sem desafinações.

Em novembro, antes do lançamento da primeira chapa do duo, Mario foi convidado por Cruz Cordeiro a visitar a redação da revista *Phono-Arte* (que ficava na Avenida Rio Branco, nº 114, 1º andar). Era costume e uma gentileza os artistas visitarem redações de jornal. Para Mario, devia ser um sacrifício, pois dizia detestar publicidade e não era o maior fã do mundo dos jornalistas. Fez uma concessão porque Cruz Cordeiro era um admirador incondicional seu e responsável por boa parte de sua reputação junto ao leitor. Nos termos de hoje, Cruz Cordeiro era um tiete, especializado, mas tiete. Aproveitou a visita para mostrar os números da revista e tirar uma foto de surpresa. Mario olhou para a objetiva com um olhar levemente bravo, já que fazia questão de controlar muito bem a sua imagem. A legenda da foto, estampada na edição de 30 de novembro de 1930, anunciava as gravações com Francisco Alves, observando que o cantor havia sido "surpreendido pela objetiva quando revia alguns números de *Phono-Arte*, contendo a notícia de seus primeiros sucessos discográficos".[12]

O primeiro disco da dupla foi lançado em dezembro de 1930, já visando o carnaval seguinte. "Deixa Essa Mulher Chorar" se tornou um sucesso incrível. No carnaval de 1931, foi cantado nas ruas. Segundo Chico, a dupla, "modéstia à parte", fez furor, "vendendo discos aos milhares". Não foram encontrados os números, mas as vendas enriqueceram ainda mais Chico e se acrescentaram à fortuna de Mario.

Os discos se sucediam como plataforma de lançamento de novos valores não-estacianos. De Noel, lançaram o samba "É Preciso Discutir" (lançado em novembro de 1931), "Tudo O Que Você Diz" (novembro de 1932) e "Fita Amarela" (janeiro de 1933). De Nássara e J. Rui, a marcha "Formosa" (dezembro de 1932), em duas versões, com troca da ordem dos solos vocais de uma para outra. Lamartine compareceu com a "Marchinha do Amor" (lançada em janeiro de 1932) e Cartola com "Perdão, Meu Bem" (abril de 1932).

Para aumentar ainda mais a renda, Chico promoveu uma série de recitais com a dupla no Teatro Lyrico do Rio e no Teatro Sant'Anna em São Paulo. Foram sucessos de bilheteria. A série era chamada de "Ases do Samba" e teve, a princípio, como convidado especial o compositor e humorista Lamartine Babo. Logo, Chico transformaria os Ases do Samba em um arrojado projeto empresarial, com novas atrações, e se prolongando até as vésperas de carnaval. Quando fez temporada nos cines Eldorado e Niterói, no Rio, em janeiro de 1931, a dupla chamou Lamartine Babo para se apresentar, ao lado da Orquestra Odeon. Pela primeira vez, Mario Reis se exibia em palcos. Mais êxitos, porque crítica e platéia notaram que Mario não tinha uma voz diminuta, compensada pelo estúdio elétrico, como se pensava. Ele era suficientemente forte para enfrentar os decibéis do parceiro. Sem precisar de microfone, eles travaram os diálogos, simularam discussões e formaram a dupla perfeita. Mais uma prova de que a tecnologia não foi tão necessária assim no desenvolvimento das potencialidades de Mario. Os festivais ganharam outros teatros, como o João Caetano, e eletrizavam o público. Joaquim e Guilherme da Silveira, bem como João Reis, Jonjoca, compareciam aos eventos, muito orgulho-

---

[12] "Mario Reis", *in Phono-Arte*, Rio de Janeiro, 30 de novembro de 1930, p. 17.

A dupla diante do microfone ainda num tripé:
Chico Alves influenciado pela "bossa" de Mario.

sos com as ousadias do primo-irmão (os três continuavam a sair juntos nas noitadas elegantes da cidade). Era um impacto o moço da alta num palco da Praça Tiradentes, ao lado dos sambistas. Convites começaram a despencar aos montes, um deles para uma excursão à Argentina.

No fim de 1930, Mario se bacharelou em Direito. Mesmo sem usar anel nem exercer a profissão, passou a ser chamado de Doutor pelos músicos. Não achava ruim. Ainda que se definisse como "um homem simples e calmo", era, como comentou a pianista Carolina Cardoso de Meneses em 2000, "um sujeito muito prosa, cheio de contar vantagens sobre si próprio". Antônio Nássara encontrou-se em 1981 com o amigo no bar do Excelsior em Copacabana e, em meio a um exército de meias-cervejas, lembrou-se de um episódio que se deu durante os festivais em que se apresentavam Mario e Chico. "A título de gozação, lembrei ao Dr. Mario que eu, certa vez num dos Festivais do Teatro João Caetano, no intervalo da primeira-parte para a segunda-parte, fui falar com ele no camarim e encontrei-o mudando a camisa branca usada na primeira parte por outra nova. Disse-lhe, então, que considerava aquilo o máximo da vaidade. Ao que Dr. Mario explodiu: 'Vaidade uma ova! O público pagou para assistir ao espetáculo. Tem que ver o melhor. A roupa também é parte do espetáculo'. O Chico não pensava como eu, mas o Chico tinha voz..." O doutor não perdoava, nem a si próprio.

Como resultante da grande jogada de Chico, o samba terminou por desbancar os sertanejos na guerra cultural que se travou na época e enquadrar os velhos rivais. Já em 1931, os antigos membros do Bando de Tangarás evoluíram para o samba e o grupo se desfaria no início de 1932. E Luperce Miranda, dos Turunas da Mauricéia, já desfeito, agora emprestava seus solos fantásticos de cavaquinho e bandolim aos Ases do Samba. O leito da corrente principal da música brasileira estava definido. Nessa época, quase não se falava em "música popular brasileira"; até os anos 20, era chamada de "música folclórica" ou "música carioca"; mas com aquelas misturas todas o começo da década consagrava o termo "música regional brasileira". Daí os choros começarem a se denominar "regionais", alterando sua instrumentação original. Uma nova música em grupo, mais "camerística" e percussiva, começou a ser praticada.

Mario Reis e Carmen Miranda, o par romântico do filme *Estudantes* (1935).

8.
CARMEN, TANGO E AMOR

Para a maioria dos artistas, o sucesso pode ser afrodisíaco, e os recitais dos Ases do Samba iam rendendo ao jovem estreante em palco muitas propostas amorosas. Esquivava-se de todas. Mario não gostava da fama e nem se sentia particularmente excitado com ela. Doutor Mario, como passou a ser chamado em 1931, queria música e sossego. Principalmente, não fazia questão de um contato íntimo com os seres humanos de classe social inferior à sua. Mostrava-se simpático, sorridente, educado. Mas o charme do seus "olhos de mel" era distante. Mal chegava perto dos malandros do Estácio. E fez amizade, com certa restrição, com boêmios como Noel Rosa, Lamartine Babo, Vadeco e Mário Lago. Só que, em vez de segui-los no *bas fond* carioca, onde costumavam ir, preferia convidá-los para os já famosos jantares em seu solar tijucano.

Mesmo que não quisesse, a música começou a lhe trazer os primeiros casos amorosos. Aos amigos, mais tarde, contou que teve muitas mulheres, cujos nomes preferia não revelar por cavalheirismo.[1] Seus amores se revestiam de segredo, da mesma forma que gostava de manter sua subjetividade distante dos olhos das pessoas. As aventuras amorosas de Mario Reis são um assunto tabu entre as pessoas que o conheceram. Ele não gostava de comentar sobre elas. Tinha o hábito de se apaixonar platonicamente, principalmente por moças de sua classe social. "Ele era esquisito", diz Candinha da Silveira. "Não podia manter uma relação amorosa estável porque não se sentia seguro financeiramente. Desde jovem, teve namoradinhas, mas nada sério. Não era gay. Era um ser platônico." Havia uma namorada de juventude, uma moça de sociedade, com quem ele conviveu por algum tempo quando tinha 20 anos, mas não se lembrava do nome. "Ele queria esquecer o episódio. Parece que foi um amor impossível e ele teve de romper com a moça." Alguns amigos dizem que essa jovem morreu, o que teria traumatizado Mario Reis para sempre.

Seus colegas se dividiam sobre o assunto. Alguns o chamavam de "Dorinha" e o achavam efeminado, no cantar e nos modos. O ponto de

---

[1] Depoimento de Afrânio de Mello Franco Nabuco, novembro de 1999.

vista plebeu. Outros, como o cantor juvenil Floriano Belham, tinham-no por conquistador.[2] Quando a jornalista Maria Lúcia Rangel lhe fez a pergunta — "Você era um rapaz muito bonito. Muitas mulheres devem ter se apaixonado por você..." — respondeu com uma evasiva, que traía sua timidez: "E você pensa que isso adianta alguma coisa?".[3]

Quando lhe dava na veneta ou o Vat 69 (seu uísque favorito) subia à cabeça, contava algumas de suas aventuras em papo com amigos. O cineasta Julio Bressane, que se tornou amigo do cantor em 1965, corrobora a afirmação de Candinha. Em 1999, lembrava que Mario lhe contou de uma forte paixão na juventude, um amor infeliz que o deixou marcado para sempre. "Mas ele nunca me disse o nome da jovem", disse Bressane. Mario também narrou, aos berros, um caso amoroso efêmero, em meados da década de 20. Ele se impressionou com uma moça que encontrou por acaso, num bar da Lapa, na rua Taylor. "A história se passou antes de ele virar cantor." Mario estava passando por ali, quando viu uma moça bonita, sentada a uma mesa de botequim, cheia de livros. Lia, enquanto bebia e fumava. A imagem era bizarra para uma época em que as jovens eram prendadas, liam pouco e ficavam presas em casa. "Ela não lhe deu confiança, mas, fascinado, foi chegando, se aproximou, sentou-se e começou a conversar." Soube que se tratava de uma jovem que havia estudado Medicina na Europa. "Mario ficou tonto, espantado. A mulher era séria, conversava com muita desenvoltura." Convidou-a, então, para uma noitada. Ela aceitou. Mas Bressane duvida que tenham feito sexo. "A garota deve ter feito algumas exibições diante dele, o que o deixou ainda mais elétrico." Mario gostava de repetir essa história ao amigo. "As evocações dessas cenas não pareciam ser algo realista. Mario tinha muitas fantasias, e as botava para fora, com seu jeito elétrico." Bressane homenageou o "delírio" do amigo no filme *O Mandarim*, no qual pôs a cena do casal namorando na Lapa.

Outro caso que o cineasta afirmou ser real dizia respeito aos passeios que Mario, Noel e outros amigos faziam pela madrugada, da Cinelândia ao areal do Leblon, a pé. A comitiva percorria o trecho de dez quilômetros cambaleante, bêbada e cheirando cocaína — um hábito, aliás, dos mais comuns entre os jovens de classe alta na década de 20. Noel, Mario e

---

[2] Em entrevista a Abel Cardoso Junior, em 1992, Floriano disse: "O Mario tinha muitas mulheres. Era um come-quieto".

[3] Lúcio Rangel e Maria Lúcia Rangel, "Mario Reis: Agora Quero Cantar", *Manchete*, Rio de Janeiro, 4 de setembro de 1971, *op. cit.*, p. 62.

amigos iam cantando músicas que nunca foram gravadas, como "Menino Jesus", de um certo Siqueira, e o "Hino da Marata", composto por eles, em homenagem à maratona regada com álcool e droga até o Leblon. Aposentado, Mario se divertia cantando as duas composições, assim como outras, para espanto de quem o ouvia.

Ele não era avesso à bebida e, na velhice, fumava. Cocaína sempre fez parte de seus hábitos. Segundo o crítico Nelson Motta, que o conheceu bem e foi responsável pela aproximação dele com o compositor Chico Buarque de Hollanda em 1971, uma frase de Mario ficou muito famosa na Zona Sul do Rio e era repetida de geração a geração: "Um tequinho nunca fez mal a ninguém!", dizia, para justificar o consumo de cocaína. Algo que devia fazer nas noites em que ensaiava com Francisco Alves, usuário da droga desde o início dos anos 20. Mario, no entanto, cultivava um amor devocional ao próprio corpo e nunca se descuidou. Não deve ter se exposto muito a essas comitivas. Um de seus costumes era passar a mão na barriga, para ver se ela estava muito grande. Gostava de manter-se esbelto e com aparência irretocável; sempre com ternos de tecidos estrangeiros e cortados pelos melhores estilistas.

A figura estranha foi sendo cinzelada pelo tempo, e mais com a retirada, pelos fundos, da vida artística. Quando era cantor, Mario Reis sabia manter os poucos excessos na maior discrição. "Desde o princípio, manteve a aparência de um homem apolíneo e contido para ser admirado assim, como um mito", comentou Bressane. No seu longa-metragem sobre Mario, incluiu uma seqüência amorosa entre o cantor e Carmen Miranda.

A tese do caso dos dois é corroborada pela afirmação de Joaquim Guilherme da Silveira, de que houve "algo" entre os dois. "Não sei se chegaram a namorar. Mas teve alguma coisa entre eles... A Carmen começou trabalhando numa casa de gravatas, no centro da cidade: A Principal. Era muito simpática, alegre e insinuante. O Mario adorava estar apaixonado, não se eximindo de curtir uma boa dor de corno — o que era muito comum antigamente... Teve grandes paixões e, entre elas, a Pequena Notável."[4]

De fato, Mario e Carmen estiveram muito próximos. Das cantoras da época, era a que mais se enquadrava no seu figurino pessoal (Ottilia Amorim, por exemplo, cantava ao modo revisteiro e a silabação se apro-

---

[4] Ivan Cardoso, "A Época Dourada dos Mandarins", *Folha de S. Paulo*, 17 de março de 1996, p. 13.

O Bacharel Mario Reis e Chico Alves, então chamado o Príncipe dos Cantores, em foto para promoção das turnês da dupla.

ximava da de Mario, mas era treze anos mais velha que ele e excessivamente plebéia, uma estrela de revista, algo que na época não era muito diferente do *status* de prostituta). Embora fosse filha de uma senhora que tocava com os filhos uma modesta pensão na Travessa do Comércio, no Centro da cidade, Carmen Miranda estava fazendo muito sucesso como estrela da Victor. No carnaval de 1931, agradou com as marchas "Carnavá Tá Aí" (Pixinguinha-Josué de Barros), uma citação do sucesso do ano anterior, e "Vamos Brincar" (Josué de Barros). Ela sabia ser elegante com temas picantes e fazia o gênero garota fatal. A alta roda a convidava para as festas. Os dois se viam nas recepções que os Guinle davam no Copacabana Palace. A cantora com o *it* na voz exalava uma sensualidade irresistível. Em meados de 1931, Mario ficou obcecado pela moça e não economizou meios para ficar perto dela. E Carmen parecia corresponder, já que começou a aparecer em muitas fotos de revistas e jornais ao lado do "gentleman do violão, o estilizador do samba", como estampavam os cartazes dos Ases do Samba. Com tanta animação, para que trabalhar num emprego fixo?

Só que doutor Mario era "alugado" por Chico e tinha que dar duro. Eram recitais em São Paulo (onde gravou às escondidas para a Columbia) e em diversos palcos cariocas. Em 17 de janeiro, a dupla chegou a ser homenageada por uma loja de discos, a Casa Paul J. Christoph, e lá teve de cantar alguns números, transmitidos pela Rádio Club do Brasil, diretamente do evento. Eram muitos compromissos para poucos resultados artísticos. Mario se considerava um gravurista vocal, e só ficava feliz quando obtinha um resultado bonito de gravação.

Naquele ano, só tinha praticamente gravado em duetos com o Príncipe dos Cantores, enquanto este sustentava sua carreira solo com bateladas de versões e sambas de ocasião. Lançou para o carnaval mais dois arremedos de "Na Pavuna": "Batucada", marcha carnavalesca de Eduardo Souto e João de Barro, e "N'Aldeia", samba de Euclydes Silveira, o Quidinho. Nas duas músicas, o maestro Eduardo Souto introduziu na Orquestra Copacabana um surdo, ainda que distante do microfone. Mas o que fez sucesso no carnaval de 31 foi "Se Você Jurar", samba de Ismael Silva, Francisco Alves e Nilton Bastos que havia recebido o primeiro prêmio, em dezembro, de um concurso de música carnavalesca realizado pela Casa Edison. Quando chegou ao disco, a multidão presente ao prêmio já o conhecia e o havia consagrado. O samba foi cantado por Mario e Chico, em seguida, no dia 5 de dezembro, no lado B do disco que trazia outro clássico, dos mesmos autores, "Não Há...". Segundo Mario, "Se Você

Jurar" era mesmo de Nilton (na orgia sambística do Estácio, nada era de ninguém). A letra destila a misoginia marcante do ideário dos Bambas. O homem está sempre num pêndulo entre se dedicar a uma mulher e à malandragem, e sempre acaba tendendo para a segunda opção:

> "A mulher é um jogo
> Difícil de acertar
> E o homem como um bobo
> Não se cansa de jogar"

Em "Não Há...", os autores fazem o retrato da mulher de sorriso traidor. Para os analistas de homossexualidade na arte, talvez este samba demonstre algo oculto no armário da repulsa à figura da mulher. Mas isso não significava uma aceitação de homossexualidade. A mulher, para os sambistas do Estácio, reunia as condições de objeto de prazer e de exploração. Muitos sambistas trabalhavam como cáftens. Era o caso de Baiaco. Outros preferiam homens às mulheres.

> "Nunca se deve
> Confiar numa mulher
> Porque quando não se espera
> Faz do homem o que ela quer
> Por isso a nenhuma
> Eu não darei confiança
> Pois ela ilude o homem
> Como fosse uma criança"

Entre agosto e setembro de 1931, Mario registrou seis músicas, uma apenas em solo, "Quem Espera Sempre Alcança", samba assinado por Paulo de Oliveira (futuro "da Portela"). As outras faixas eram ao lado de Chico: o melancólico "Nem Assim" (Lauro dos Santos, o Gradim), cantado em terças e com sabor caipira, e o pululante "Anda, Vem Cá", de Bucy Moreira, gravados em 3 de agosto. Duas faces da moeda do samba-padrão no seu berço: o samba de Lauro dos Santos condenava a conversão à vida honesta de maneira enfática. Era uma ética às avessas, um mundo que Mario talvez não pudesse compreender, mas cantava com Chico, pronunciando "endireitava" como "endereitava", na base caipira da moda:

> "Ai, minha vida!
> Ó Deus, tenha pena de mim!
> Deixei a maldita malandragem
> Para ver se endireitava
> Mas nem assim
> Ai, ai, ai
>
> Para ver se endireitava
> Eu deixei a malandragem
> Vi que não adiantava
> Nunca mais levei vantagem
> Vou voltar à vida antiga
> Pra tornar a ser feliz
> Do contrário Deus castiga
> Foi no samba que eu me fiz"

"Anda, Vem Cá", de Bucy Moreira, que era da Praça Onze, não batucava pela cartilha estaciana, tem um andamento original, um samba com formato diferente de todos os daquele tempo. É uma jocosa "cantada", sem ranços misóginos ou rancores de malandro. A malandragem vem embutida nas segundas intenções:

> "És para mim uma uvinha
> Uma linda moreninha
> Que eu quero guardar
> Eu sei que você está querendo
> Anda, senão me arrependo
> Acho bom aproveitar
> (Anda, vem cá)"

Dia 20, foi a vez da também quase-roceira "Sinto Saudade" (Mario Travassos de Araújo) e do samba "Ri Pra Não Chorar", assinado por Francisco Alves e Ismael Silva: uma entediante seqüência de terças caipirizadas em compasso saltitante de samba-padrão. Em setembro, gravaram pela primeira vez uma marcha de Lamartine Babo, "Marchinha do Amor". A música foi lançada em dezembro, já com planos de fazer sucesso carnavalesco. E fez, com sua melodia simples e letra fácil de decorar. Muito Estácio, com sua linda marcha harmônica de rufiões arrependidos ou cruéis, também cansava. Estácio estava um tédio e inovando em nada a cena musical. Nos bailes de meio de ano, o grande sucesso vinha de São Paulo. Fazia furor "Tico-tico no Fubá" (Zequinha de Abreu). O disco mais popular da época trazia o choro tangueado, executado pela Orquestra Colbaz (Columbia, 22029), dirigida por Gaó.

Mario achava as novidades vulgares e seus duetos sem graça nenhuma. Em todas as músicas que estava gravando, vinha sendo progressivamente ofuscado pela voz metálica do desleal parceiro. Aquilo não era o bastante para o "estilizador do samba".

O pior é que a fórmula encontrou imitadores instantâneos. Em junho, a Victor lançava a dupla Jonjoca e Castro Barbosa, feita de propósito para concorrer com Mario e Chico. Não era uma sensação agradável ouvir a dupla-carbono, com boas performances e compositores de renome — quase os mesmos que forneciam sambas a Mario e Chico. Era uma cópia tão bem feita que alguns músicos pensavam que se tratava de mais um truque de Chico para ganhar dinheiro: gravar em duas companhias ao mesmo tempo, só com repertório diferente. Mas logo constatou-se que era uma outra dupla. Por seguir a estratégia da dupla original, Jonjoca e Castro Barbosa começaram a se apresentar em cinemas e fazer excursões iguaizinhas às originais.

Jonjoca garantiu que nunca houve rivalidade entre as duplas. Ele era amigo de Carmen Miranda, amigo mesmo, de freqüentar a pensão da família de Carmen, onde ela adorava fazer imitações hilariantes de Raul Roulien (nascido em 1905), o Príncipe do Teatro Brasileiro, desde fins de 1930 radicado em Hollywood, símbolo sexual das normalistas e cantor romântico que gozava de algum sucesso na época com o sambinha "Crispim", de sua lavra.[5] Jonjoca era também amigo de Chico, mas não viu Mario senão quando os dois estavam aposentados. O meio musical do início dos anos 30 era ínfimo e os cantores se topavam nas portas de rádio e gravadoras. Os dois tinham amigos comuns. Por um tempo, gravaram no mesmo estúdio e, como já foi dito, Jonjoca gravou, sem saber, um samba de propriedade de Zé (Mario) Carioca, mas não calhou. O desencontro foi um evento igualmente incrível. Certamente foi provocado pelo esquivo Mario. Ele já tinha lido a novela *O duplo*, de Dostoiévski, e, pelo jeito, não fez questão nenhuma de conhecer Jonjoca na época. Seu *Doppelgänger* classe-média devia deixá-lo aborrecido; ou, como na novela russa, podia usurpar o seu posto de "*Gentleman* do violão". Mas a carreira do "ou-

---

[5] Luís Antônio Giron, "Jonjoca, o Duplo de Mario Reis", in Caderno Fim-de-Semana, *Gazeta Mercantil*, 15 de janeiro de 1999, p. 11.

tro" foi ainda menor: foi de 1930 a 1934, quando Jonjoca trocou a música pela locução radiofônica, tendo gravado 24 discos, 43 músicas.

Mais um motivo de chateação para Mario era que Chico tinha planos para os próximos cem anos da sua carreira: excursões, espetáculos antes de sessões de cinema, visitas promocionais, caitituagem das músicas, discos; logo para ele, que só fazia o que queria. O convite de um empresário argentino para uma temporada no Teatro Broadway em Buenos Aires se concretizou. Mario apreciou a idéia, e não porque viajaria, no navio, ao lado de Luperce Miranda, Tute e os bailarinos Nestor de Figueiredo e Célia Zenatti, a mulher de Chico. É que Carmen Miranda concordou em acompanhar a trupe... desde que o pai fosse junto. E José Maria Pinto da Cunha, o "seu" Pinto, barbeiro de profissão, português aparentemente rigoroso (não era tanto), arrumou as malas, sem perder tempo. Chegava a gostar mais das excursões que a filha e a seguia por toda a parte.

"Vou a Buenos Aires contratada para cantar em companhia de Francisco Alves e Mario Reis, que o nosso público muito admira", declarou Carmen ao repórter de *A Noite*, ao chegar ao consulado argentino para visar os passaportes, emendando com modéstia estratégica: "Creio que não deixaremos mal a música regional brasileira, principalmente pela parte masculina".[6]

Um caso pitoresco se deu semanas antes da viagem à Argentina, o navio Conte Verdi atracava no cais Pharoux, em 17 de agosto de 1931. A embarcação trazia o cantor argentino Carlos Gardel e sua companheira, Glória Guzmán. Gardel e namorada aproveitaram o único dia de parada na capital brasileira para passear pela Avenida Rio Branco, acompanhados de um amigo carioca, um jornalista não identificado. O passeio terminou num bar. Por coincidência, Mario apareceu no estabelecimento e, como era também amigo do jornalista, foi apresentado ao célebre Rouxinol (Zorzal), seu epíteto — que, naquela tarde, estava de ótimo humor, pois se mostrou muito solícito diante de um indivíduo que não conhecia direito. De acordo com conversa de Mario com Sérgio Cabral em 1974, o jornalista disse: "Já que você vai a Buenos Aires, o Gardel pode dar uma ajuda. Dá o seu cartão para ele, Gardel". O Rei do Tango deu cartão e ainda redigiu duas cartas de apresentação para empresários argentinos. Mario disse que nem precisou usar as cartas: "Fizemos sucesso

---

[6] *Apud* Abel Cardoso Junior, *Carmen Miranda: a cantora do Brasil*, Sorocaba, Edição do Autor, 1978, p. 70. O autor transcreve o artigo na íntegra, sem anotar o título, *A Noite*, Rio de Janeiro, 30 de setembro de 1931, p. 1.

sem que precisasse usar as cartas. Mas o Gardel era uma grande figura, hein? Sem me conhecer, nem nada, eu, um rapaz de 19, 20 anos, e ele deu as cartas. Era um cavalheiro!".[7]

Para o "jovem advogado e simpático cantor", como a imprensa o tratava agora, a viagem tinha sabor de dupla aventura: era sua primeira excursão internacional e ia ficar com Carmen Miranda. A trupe embarcou no navio Desna no último dia de setembro e atracou em Buenos Aires em 8 de outubro.

As apresentações no Teatro Broadway aconteceram durante um mês, diariamente, em duas sessões entre a projeção dos filmes: às 18h30 e às 23h30.

O público portenho estava acostumado com conjuntos e trupes brasileiras que se apresentavam por lá desde o começo do século. Marcou época a Troupe Guanabarina, dos irmãos Francisco e Raul Pepe e duas atrizes. A Guanabarina mudou-se em 1917 para Buenos Aires e ali fez algum sucesso. Atuando na noite argentina, Raul adquiriu o codinome de Raul Roulien e adotou o repertório local. Em 1925, mesmo com a fama do Zorzal, o carioca Roulien se apresentava com o modesto título de Rei do Tango das Américas. Não há notícia de que o exigente público portenho acreditasse nisso. Mas Roulien (1905-2000) era galã dos teatros Opera, Empire Ideal e Grand Splendid e seus casos amorosos sacudiam a vida mundana de Buenos Aires. Isso em meados dos anos 20. À imprensa gabava-se de ser "cem por cento brasileiro".[8] E sempre incluía o sambinha "Crispim" em seus recitais — aquele que Carmen gostava de parodiar. Algum argentino ia agüentar um "rei do tango" brejeiro assim? Outro grupo que fez algum ruído por lá foi Oito Batutas, em 1922, liderados por Pixinguinha. O grupo se apresentou no Teatro Empire e gravou dez discos pela Victor Argentina. Mas não houve sucesso. Depois de perderem todo o dinheiro, os músicos se separaram e tiveram que retornar ao Brasil em 1923, com passagens pagas pela embaixada brasileira.

Mario, Chico, Carmen e acompanhantes representavam uma nova geração, que atraía a curiosidade do público. O Broadway era um teatro imenso, com 3 mil lugares, localizado na rua Corrientes. Sobraram poucos vagas durante o mês em que os artistas brasileiros fizeram o espetáculo. Na cidade, fazia sucesso o tango "Confesión", interpretado por

---

[7] Sérgio Cabral, "Uma Tarde com Mario Reis (II)", *op. cit.*

[8] Luís Antônio Giron, "Nosso Homem em Hollywood", *in* Caderno Fim-de-Semana, *Gazeta Mercantil*, 2 de janeiro de 1999, pp. 1 e 3.

O galã carioca Raul Roulien em 1928: símbolo sexual das normalistas e auto-proclamado "O Príncipe do Teatro Brasileiro".

Gardel, e ele eventualmente se apresentava no Broadway. Mas a trupe carioca não parecia se atemorizar. A estréia aconteceu em 10 de novembro, com casa cheia e muito aplauso.

O recital compreendia duetos, solos e tercetos pelos cantores. Para respirarem no camarim, Tute fazia solos de violão e Luperce, bandolim. O casal de bailarinos apresentava alguns números, tudo num clima de festa. Mario descreveu o espetáculo: "O nosso show agradou muito. Primeiro, entrávamos o Chico e eu e cantávamos 'Se Você Jurar'. Depois, a Carmen Miranda cantava 'Taí'. Voltava o Chico, depois eu, depois a Carmen. A nossa apresentação era sempre um sucesso, embora antes de nós o Carlos Gardel se apresentasse cantando os seus tangos famosos. Inclusive 'Confesión', sempre muito aplaudido. Realmente, era tudo muito bonito."[9] Mario lembrava do terno cortado em Londres de Gardel, sentado no meio de quatro guitarristas.

Os espetáculos seguiam com sucesso. De acordo com o *Diário da Noite*, reportando os jornais argentinos, Chico era chamado pela imprensa de "rabicho" do povo brasileiro e "Gardel del Rio"; Carmen, "Carmencita", "muchachita" humilde que conquistava aplausos emocionados; e Mario, "el aristocrata de la canción brasileña", "que com sua agradável e fina voz conquistou o coração das 'chicas'".[10] A crítica se derramava.

Certa noite, contou Mario, sem avisar os companheiros, Chico Alves foi para frente do palco e disse ao público "em espanhol, num espanhol que ele não sabia falar", que queria homenagear o povo argentino cantando um tango. "Sentou-se com seu violão — que tocava muito mal —, postou-se como Gardel e começou a cantar 'Confesión', para espanto meu e da Carmen Miranda. O público foi fazendo silêncio e, de repente, vivíamos momentos emocionantes. Chico cantava tão bem que o público — mais de 3 mil pessoas no teatro — foi se emocionando também. Quando acabou, Francisco Alves foi ovacionado de pé durante mais de três minutos." Mario se referia a Chico sempre num tom levemente pejorativo. Para seus padrões, o tenor do Brasil vivia desse tipo de armação para ofuscar os outros, além de sempre estar em desalinho. Mas Mario achava paradoxal era a inconsciência com que Chico atuava. "No fim do show, o nosso camarim foi invadido por jornalistas empresários, admi-

---

[9] *Idem, ibidem*.

[10] *Apud* Abel Cardoso Junior, *Carmen Miranda: a cantora do Brasil*, Sorocaba, Edição do Autor, 1978, p. 71. Mais uma vez, o autor transcreve o artigo na íntegra, sem anotar o título, *in O Diário da Noite*, 11 de novembro de 1931, p. 5.

radores, todos querendo cumprimentar o Chico (...) Mas Francisco Alves não tinha a menor consciência da importância daquele momento. Ele não percebia que com seu violão mal tocado[11] e seu *smoking* confeccionado na rua Maxwell havia desbancado Carlos Gardel em plena Buenos Aires. Para ele, bom mesmo foi um show que fez em Madureira ou qualquer outro lugar."[12]

A consciência de Chico enfocava os negócios e ele não parava de pensar na grana enquanto estava em cartaz em Buenos Aires com a trupe. Sua área de atuação estava no Rio. No dia 15 de outubro, ele enviava uma carta a seu secretário e parceiro, Ismael Silva, alertando para não descuidar das transações. A carta merece ser transcrita, com todos os seus erros, pelo tom de "capo" com que Chico se dirige a Ismael e o fato de se mostrar ativo na criação dos sambas em parceria:

"Amigo e parceiro Ismael.

Só agora te escrevo porque estive um pouco atrapalhado, e ao mesmo tempo esperava receber uma cartinha tua, visto não te lembrares do parceiro, eu resolvi escrever-te dando as boas d'aqui.

Ismael, como era de se esperar o conjunto agradou em cheio, todos agradaram. Eu vou indo bem, já sabes que vou sempre me defendendo. Modéstia à parte.

Aqui nas horas vagas o que se falla é no Rio e muito mais ainda quem é que vai ganhar o carnaval este anno, e eu vou ficando na moita porque elles são espertos, mais eu também não sou burro, a minha vida aqui é, ensaiar, trabalhar e vir pra casa, néris de andar atrás de jornalistas e de chaleirismo, já sabes o meu genio, seu parceiro vendo é a nota nada e o resto não me interessa, eu aqui por enquanto não tive tempo nem siquer de fazer um coro para um samba, o tempo é pouco para ensaiar o Mario e a Carmen e orchestra, de formas que eu espero que o meu parceiro não se vá distrahir olha que o carnaval está ahi, e sempre vendo se tem alguma coisa na roça. Ismael não te des-

---

[11] Segundo depoimento do violonista Rogério Guimarães a Abel Cardoso Junior, Francisco Alves tocava bem violão e chegaram a gravar discos juntos em duo de violões.

[12] Sérgio Cabral, "Uma Tarde com Mario Reis (II)", *op. cit.*

cuides ve como vai o negócio dos discos e música se sahir alguma coisa que esteja nos fazendo diferença, manda o Santo botar outro disco para fóra, e se não tiver nada de que nos possa faser diferença espera eu chegar compreendes, eu estou aqui até o dia 25 mais ou menos depois vou para Montevideo, se por acaso não tenhas tempo de me escrever e tenha alguma coisa gráve me passa um telegrama. Dis ao meu cunhado José para fallar ao Aldo que não se descuide o que eu lhe pedi para faser, e tu mesmo vendo ele o Aldo falla também pra agir o que eu pedi para fazer. Sempre agindo e se me escreveres dis-me tudo o que á, escreve por avião. Dá lembranças a todo pessoal da Vieira Machado, Melodia, Casa Edison e orquestra e aos amigos que sejam nossos do peito e ao Sylvio Caldas. Manda me diser tudo o que se passa integral para eu estar ao par qualquer negócio que convenha você fás, não te descuides dessa turma que na parte de camarada [...] Tocaia com eles. Recomendações à Sra. Mãe do Nilton e a Dna. Zizinha sua irmã enfim, você vê tudo direito e banca o chefe de verdade. Um abraço do teu parceiro Chico Alves. Escreve-me ou telegrafa-me para o Cine Broadway Calle Corrientes Buenos Aires".[13]

Chico atuava como o *godfather* da música de carnaval. Não gostava de se afastar da arena e pedia que Ismael o substituísse na chefia das transações com sambistas e intérpretes. Gostava de eliminar a concorrência na raiz. Era vantagem para Mario se unir ao "capo", ainda que soubesse dos riscos que corria de ser ofuscado todas as noites pelos números espetaculares do companheiro. Mario era perfeccionista, ensaiava muito, mas sabia aproveitar o tempo. Dava um jeito de convidar Carmen para almoçar nos restaurantes mais finos da cidade e conhecer os redutos do tango. Carmen se apaixonou pela cidade e voltaria ali outras sete vezes, em apresentações de fazer fila na porta dos teatros. Mario estava apaixonado era pela garota do *it* na voz.

Ele contou a amigos que começara a amar "perdidamente" a jovem cantora. Aconteceu, ainda segundo Mario, o romance entre eles. Namoraram nas horas vagas, passeando por toda parte. No navio para Montevidéu, no fim de novembro, os dois disfarçaram um boa-noite diante da trupe

---

[13] Carta publicada em fac-símile na revista *O Cruzeiro* de 25 de julho de 1957. Os colchetes indicam o trecho censurado pela revista, por certos palavrões.

Mario Reis e Carmen Miranda durante as fimagens de *Estudantes* (1935).

e "seu" Pinto; pouco tempo depois, trataram de passar parte da noite juntos.

A confissão não parece improvável, mas podia ser mais uma das projeções fantasiosas do cantor. Mario imaginava-se nesse tipo de situação, mas sempre foi muito reservado e tímido com as mulheres. Talvez ele tenha contado uma lorota para impressionar os amigos do Country. O charme do *gentleman*, porém, não deve lhe ter escapado aos sentidos, naturalmente. Segundo sua irmã, Aurora, Carmen gostava muito de Mario e sempre arranjava um jeito de cantar, gravar ou filmar com ele. "Ele era um sujeito esquisito, até parecia homossexual", disse Aurora em depoimento feito em 1998. "À primeira vista, tinha um charme irresistível. Só que, quando a gente se aproximava, ele se retraía, estranhamente. Mas Carmen tinha intimidade com ele e o adorava."[14]

Carmen sabia, acima de tudo, manter segredo — e driblar a marcação sob pressão dos pais. Somente a identidade de alguns namorados foi revelada. Seu romance com Aloysio de Oliveira, iniciado no Brasil e quando a cantora e o Bando da Lua viajaram para os Estados Unidos, por exemplo, foi um segredo mantido por décadas. Eles mantiveram o caso com toda a discrição. "Talvez fosse uma coisa do momento, porque Carmen era muito carente. Não chegaram a ter um romance profundo, de casar", disse em 1999 o ritmista Vadeco, companheiro de Aloysio no Bando da Lua.[15] Com Mario, a relação de amizade, pelo menos, duraria muitos anos. E a parceria iria prosseguir firme.

A expedição portenha tinha sido gratificante para todos. De volta ao Rio, Mario, Carmen e Chico foram procurados pela imprensa. O *Diário da Noite* publicou uma entrevista com Mario na edição de 11 de novembro. A declaração do cantor antecipava as entrevistas de jogadores de futebol para a rádio. "O público de Buenos Aires é grande apreciador de música brasileira", respondeu. "O samba e a canção sertaneja alcançaram notável sucesso na capital argentina." Adiante, informava que a crítica portenha "achou mais interessantes os números em tercetos". "Voltamos encantados com Buenos Aires e deveras desvanecidos com os aplausos e homenagens que nos tributaram a população e a im-

---

[14] Depoimento de Aurora Miranda, 1998. Ver também reportagem feita a partir dessa entrevista: Luís Antônio Giron, "A Outra Pequena Notável", in Caderno Fim-de-Semana, *Gazeta Mercantil*, 13 de novembro de 1998, p. 1.

[15] Depoimento de Oswaldo Éboli, o Vadeco, 1999. Ver Luís Antônio Giron, "Bando da Lua", in Caderno Fim-de-Semana, *Gazeta Mercantil*, 19 de novembro de 1999, p. 1.

prensa agentina." O jornal reproduziu uma crítica do vespertino *Jornada*, que afirmava: "A voz formosa de Alves e a graça infantil de Carmen Miranda, formam, de par com a juventude e a extraordinária simpatia de Mario Reis, uma tríplice cadeia afetiva com a qual se triunfa em qualquer parte do mundo".[16]

Mario estava atrelado aos projetos de Chico, e não sabia dizer não. A sedução da fama também contava. Dez dias depois da chegada, eles já estavam gravando em dueto as músicas que Chico projetara para fazer sucesso em 1932. A partir do dia 20, gravaram dois sambas: "Liberdade" e "É Preciso Discutir". Ainda dia 20, Chico pegou para si a marcha humorística "Palpite", com letra de Noel e música de Eduardo Souto, cheia de quadrinhas como "Ser palpiteiro/ Neste mundo é tua sina/ Vendeste o carro/ Pra comprar a gasolina".

Nesse meio tempo, Mario cantou solo "Sofrer É da Vida", de Chico e Ismael, "Só Dando Com Uma Pedra Nela", em dupla com Lamartine Babo, autor da música, "Ao Romper da Aurora" (Lamartine-Chico-Ismael) e "Sinto Muito" (Brancura), acompanhado pelo Conjunto dos Ases, formado pelo pessoal que já estava acostumado a se apresentar junto: Luperce, Tute e outros. E a presença de Lamartine e Noel Rosa, os dois humoristas que concorriam em provocar gargalhadas com suas letras, se fazia sentir cada vez mais na vida do dueto.

Mario já era chamado de "cigano" por sua família. Vivia em trânsito, ora em São Paulo, metido em gravações sob pseudônimo, ou em temporada com os Ases do Samba, de cinema em cinema. Mario se dizia cansado daquela atividade toda. Mas ia continuar, pelo menos enquanto Chico Viola o levasse no papo e Carmen o atraísse.

---

[16] *Apud* Abel Cardoso Junior, *Carmen Miranda: a cantora do Brasil*, Sorocaba, Edição do Autor, 1978, pp. 71-2.

Bota-fora da excursão ao Sul no navio Itaquera em 1932. Atrás, Noel Rosa (o primeiro), Nonô (o quinto). No meio, Mario Reis (primeiro), Pery Cunha (o segundo) e Célia Zenatti (a terceira). Na frente, Ismael Silva (de chapéu), Francisco Alves e sobrinha (o segundo) e Jorge Turquinho (o quarto).

9.
NA ESQUINA DA VIDA

Não, aquilo não era vida. Chico Alves fazia Mario viajar como um saltimbanco e agora, no início de 1932, vinha com uma excursão por cinco cidades no Rio Grande do Sul, Florianópolis e Curitiba. E tome duetos, um atrás do outro, num ritmo saltitante de samba do Estácio, não era coisa para um advogado que precisava iniciar a carreira e gostava de sossego, ouvindo sambas de preferência em casa, com uísque e canapés, ou jantando no Assyrio, freqüentando os cafés da moda, dançando nos grandes salões... Mal podia ler seu Dostoiévski de todos os dias. Não era possível.

O cantor, agora mergulhado na profissão, suspirava ao pensar nos compromissos. Grande parte das músicas que gravava tinha a ver com isso, com letras feitas sob medida (não poderia ser diferente). Em "Que Será de Mim?", era Mario quem cantava, com grande poder de persuasão: "Oi, não há vida melhor/ E vida melhor não há/ Deixa falar quem quiser/ Deixa quem quiser falar/ O trabalho não é bom/ Ninguém pode duvidar/ Oi, trabalhar só obrigado/ Por gosto ninguém vai lá".

Mas tinha dado a palavra e iria cumpri-la. Vestia seu *summer*, pegava seu carro e ia para a cúpula do Phenix para se encontrar com o parceiro, negociar sambas, falar com a grossa malandragem que enxameava a gravadora. Os negócios do seu comparsa de chapas começaram a irritá-lo. Via-o explorando Ismael, Noel e outros compositores, pagando pouco para ganhar muito, tudo com exclusividade. Via-o armando eventos para se promover. E começava a abominar os repórteres, especializados em perguntas bobas. Suas respostas se tornavam cada vez mais telegráficas. Mas não descuidava de sustentar um eterno sorriso.

Lá estava ele ao lado de Chico e os Ases do Samba, na noite de 14 de janeiro, em novo recital de música regional brasileira no Lyrico. A casa de espetáculos, que ficava na rua Treze de Maio, 47 a 53, estava com sua lotação esgotada (1.467 lugares) — ou, como se dizia na época, "cheio à cunha". Os Ases, desta vez, eram Lamartine Babo, a cantora Sônia Barreto, Luperce Miranda, Tute e a Orquestra Copacabana. Nesses primeiros recitais do que viria a ser chamado de Música Popular Brasileira, o esquema era sempre o mesmo: duetos e tercetos vocais, solos instrumentais e uma apoteose, com um sucesso.

A tendência da época era eliminar qualquer elemento teatral. Mesmo as revistas da Praça Tiradentes haviam se transformado em mostruários de canções de sucessos, com gagues e piadas. Era algo muito diferente de quando Francisco Alves começou a carreira, como segundo palhaço da Companhia de Burletas, Mágicas & Revistas do Teatro São José, do empresário Paschoal Segreto em 1920. Alves era chamado para substituir o astro Vicente Celestino para um ou dois números, no meio da representação de peças cheias de diálogos espirituosos dos revistógrafos, como Cardoso de Menezes e Carlos Bittencourt, chamados de "a feliz parceria". Por iniciativa de negociantes como Chico Alves, o gênero festival ou recital se impôs e influenciou a revista. A Praça Tiradentes já não lançava mais tantos sucessos como antes; limitava-se a repercutir os êxitos discográficos.

O ano de 1932 foi o da moda e consolidação dos espetáculos musicais em palcos no Brasil. O Rio, inteiramente "gramofonizado", queria apenas música. No máximo, as gagues poderiam surgir no meio da música. Lamartine era especialista no assunto e lançou, naquela noite, o samba "Só Dando Com Uma Pedra Nela". Lamartine e Mario já haviam gravado a música para a Odeon, no final do ano anterior. Por determinação de Chico, o disco estava sendo lançado também na ocasião. Durante o espetáculo, Lamartine fez o papel de *speaker*, contou rápidas piadas e cantou com Mario e Chico. Com Mario, cantou "Ao Romper da Aurora", mais um fruto da dupla Francisco Alves e Ismael, que se agregavam como autores da música de Lamartine. A música havia sido gravada por Mario em 28 de novembro de 1931 e também estava sendo lançada na ocasião.

O destino das músicas para o carnaval era certo. Quatro dias depois, lá estava Mario impecável em mais um festival carnavalesco dos "Ases do Samba" no Cine Eldorado, na avenida Rio Branco, nº 166. Dessa vez, a Orquestra Odeon, Tute e Luperce deram conta da parte instrumental. Tratava-se de um "palco-e-tela", recital com exibição de filme; na ocasião, *Paternidade Complicada*, com George Sidney e Charles Murray. O grupo tocou às 16h e 21h30. A estréia, segundo o *Diário Carioca* foi "coroada do mais ruidoso sucesso".[1] Chico, como sempre, foi o rei da festa, cantando "Marchinha do Amor" (sem Mario), "Ri Pra Não Chorar" "Você Gosta de Mim" e "Gosto... Mas Não É Muito". Mario Reis ficou

---

[1] Suetônio Soares Valença, *Tra-la-lá*, Rio de Janeiro, Funarte, 1981. O autor extrai a notícia do *Diário Carioca*, de 19 de janeiro de 1932, sem citar página ou título.

Capas de partituras com os sucessos de Mario Reis: apelo juvenil.

com dois números, acompanhado pela orquestra: "Sofrer É da Vida" e "Ao Romper da Aurora". Como noticiou o jornal, "Lamartine Babo disse humorismo e Luperce Miranda executou um assombroso solo de bandolim". O espetáculo permaneceu em cartaz até 24 de janeiro, mudando-se para o Cinema Mascote, no Méier, entre 28 e 31. A reação do público era histérica, noticiavam os jornais. De pé, a platéia obrigava Chico a bisar "Marchinha do Amor".

Com sua ânsia de fazer sucesso a qualquer custo, o "capo" Chico não soube medi-lo. Embora "Marchinha do Amor" tenha feito bom papel na folia de 32, o grande sucesso mesmo ficou para "Teu Cabelo Não Nega", de Lamartine e Irmãos Valença — talvez o mais duradouro êxito carnavalesco de todos os tempos. Quem o cantou foi Carmen, no Eldorado, no recital *Os Ases do Samba*.

Lalá não hesitou e ofereceu à dupla Jonjoca e Castro Barbosa, como quem não queria nada, numa noite em que se encontrou com a dupla, na Cinelândia. "Eram onze da noite", lembrou-se Jonjoca, "eu e o Castro continuávamos as nossas carreiras solistas e combinamos sortear as músicas que nos ofereciam para cada um gravar em separado. Por azar meu, aquela coube a ele. Foi o maior sucesso que passou pela minha mão."[2] Castro mostrou a música ao produtor da RCA-Victor: justamente o crítico Cruz Cordeiro, fã de Mario. Sem sua *Phono-Arte* havia um ano, ele "pulava para o outro lado do balcão" e estreava como fazedor de sucessos da empresa americana. Cruz Cordeiro adorou a marcha e fez gravá-la às pressas, no fim de dezembro de 1931 (Victor, 33514-A).

Mario achava graça do sobe-desce da carreira artística e parecia não se importar muito com o segundo lugar no carnaval, mesmo porque havia rendido dinheiro e admirava Lamartine, coroado o Rei do Carnaval Brasileiro. Era uma época de superpopulação de reis artistas. Mario era apenas Reis, proprietário de uma voz única, e queria manter a boa reputação, apesar das clonagens. À saída dos espetáculos, não se misturava. Ia para os grandes salões, para sua casa ou de amigos. Não era do tipo de aceitar qualquer proposta. Por que disfarçaria que era mesmo, como se diz hoje, um *socialite*?

Na juventude, mostrava-se mais tranqüilo do que a personalidade maníaca que desenvolveu com a idade. Não lhe fazia tão mal viajar. Desde 19 de maio, apresentava-se com os Ases do Samba no Teatro Sant'Anna em São Paulo, no espetáculo *Música Brasileira*, quando topou o convite

---

[2] Luís Antônio Giron, "Jonjoca, o Duplo de Mario Reis", *op. cit.*

do sócio para formar um novo conjunto para ir a uma grande excursão pelo Sul. Lamartine tinha compromissos com o teatro de revista e resolveu permanecer no Rio. De volta à capital, Chico demorou para arregimentar músicos. Havia prometido a estréia para o Cine Teatro Imperial de Porto Alegre para 8 de abril, mas o compromisso teve que ser adiado por 21 dias. Enquanto ia montando a apresentação, não perdia tempo. Montou o espetáculo *Bazar* (estreado em 27 de março) e gravou, com Mario, dois sambas: "Perdão, Meu Bem" (Angenor de Oliveira) e "Antes Não Te Conhecesse" (Francisco Alves-Ismael Silva), acompanhado pelo grupo Gente Boa, na verdade um grupo de estúdio que acompanhava Chico, egresso da Orquestra Copacabana: Nonô ao piano, Tute ao violão, Luperce, um trombone (Esmerino Cardoso), trompetes (Djalma, Wanderlei e Bomfiglio de Oliveira), sax ou clarineta (Luiz Americano) e Walfrido Silva à bateria.[3] As gravações aconteceram em 30 de março e 1º de abril. Por esse tempo, Chico já havia convidado Noel Rosa, que era bom violonista e um humorista do porte de Lamartine, para integrar o grupo. No dia 12, o Bando de Tangarás fazia sua última sessão, para gravar na Victor a embolada "Não Brinca Não", de Noel Rosa. Depois de dois recitais em Nova Friburgo, Noel abandonou o bando para se juntar aos Ases do Samba.[4] Ingressaram nos Ases o bandolinista Pery Cunha e o pianista Romualdo Peixoto (Nonô). Não era uma formação do gosto de Chico, que não dispensava Tute e Luperce, mas eles estavam excursionando. Assim, a formação instrumental seria com dois violões (Chico e Noel), piano (Nonô) e bandolim (Pery). Os duetos com Mario garantiriam a viagem. Com a presença de fãs de Chico, os novos Ases embarcaram em 21 de abril no navio Itaquera.

O navio atracava em quase todos os portos do trajeto. Segundo João Máximo e Carlos Didier, a partir de depoimentos de Mario, a viagem teria sido das mais chatas, não houvesse a turma feito saraus no convés do navio.[5] De acordo com os biógrafos de Noel, o compositor completou no Itaquera os sambas "Quando o Samba Acabou" e "Mulato Bamba", duas obras de arte que Mario gravaria no futuro próximo (respectivamente em

---

[3] Antônio Nássara, "Dr. Mario (Mario Reis)", in *O Pasquim*, Rio de Janeiro, 15 de outubro de 1981. Mario cita os principais solistas da Orquestra Copacabana, que acompanhava os Ases do Ritmo nos festivais do Teatro João Caetano. Integrantes do grupo se agregavam em apresentações menores.

[4] João Máximo e Carlos Didier, *Noel Rosa. Uma Biografia*, Brasília, UnB, 1990, pp. 219-221.

[5] *Idem, ibidem*.

O cantor Sylvio Caldas, que lançou vários sucessos de Ary Barroso no ínicio dos anos 30, cercado pelos ícones da tecnologia ortofônica.

Selo do disco com o samba "Mulato Bamba" interpretado por Mario Reis: ambigüidade.

dezembro de 1932 e abril de 1933). A segunda música, especialmente, chamou a atenção de Mario. Para Máximo e Didier, o cantor se apaixonou pela canção e pelo personagem retratado nela, um mulato forte do Salgueiro, bandido e jogador e sambista de primeira e por quem "as morenas do lugar/ vivem a se lamentar/ Por saber que ele não quer/ Se apaixonar por mulher". O mulato desdenha as moças e faz tudo "Para se livrar/ Do feitiço e do azar/ Das morenas de lá". Noel produziu uma hipérbole da misoginia cáften do estilo estaciano para adentrar o terreno da homossexualidade, tabu invencível na época. Sem que Chico tivesse ainda se tocado para a música, Mario prometeu cantá-la nos recitais em Porto Alegre. "Mario acha, com razão, que música e letra de 'Mulato Bamba' são feitas sob medida para a sua voz suave, seu estilo pausado e meduloso, tão de acordo com a gente e as coisas deste Rio malandro de que falam os versos", escreve o duo de biógrafos de Noel. Especulam que o personagem de Noel poderia ser o travesti Madame Satã, que já aprontava pelos cabarés da Lapa.

Arrematam assegurando ser essa "a primeira obra da música popular brasileira a focalizar de modo mais ou menos claro esse tipo de personagem". Seria interessante nuançar a afirmação sobre a figura retratada. Pelo menos em termos do homossexual, há toda a tradição do teatro de revistas e 32 anos de gravações no Brasil feitas antes da de Mario. Antes de "Mulato Bamba", a figura do "maricas" aparece, por exemplo, na cançoneta anônima "O Fresco", gravada por Bahiano na Casa Edison (108533), por volta de 1913, ou o "Cateretê dos Almofadinhas" (Odeon, 10155), gravado por Francisco Alves em 1928, antiga composição de Pedro Leon Hallier, um autor da *belle époque* carioca, e versos de Eustórgio Wanderley. Eis alguns versos da música: "O almofadinha que se preza/ Pinta os olhos, faz crochê/ Vai à igreja, mas não reza/ Faz seu *flirt* sempre em pé/ (...) O genuíno almofadinha/ Tem seu cheiro especial/ Receitas sabe de cozinha/ E doces e etcétera e tal/ (...) No almofadinha se conhece/ O que deseja, o que ele quer/ Com as melindrosas se parece/ Ele pretende ser... mulher".[6] Chico comparece com outro exemplo, a marcha-canção "Meu Suquinho" (Odeon, 10154), de Freitinhas, lançada em abril de 1928, que diz assim: "Eu tenho é cisma de um tal mocinho/ Que é um caso sério, só pra namorar/ De calças largas, paletó curtinho/ Fica na esquina só pra m'espiar (...) Ai, ai, ai! Tem cuidado meu suquinho/ Não m'estragues o caminho".[7]

---

[6] Abel Cardoso Junior, *Francisco Alves: as mil canções do Rei da Voz*, op. cit., p. 107.

[7] *Idem, ibidem.*

Seja como for, havia muitos e muitos "almofadinhas", "suquinhos" e "mulatos bambas" na época para inspirar o "Poeta da Vila". Os biógrafos vêem nos versos finais — "Ele então diz com desdém/ Quem tudo quer... nada tem" — um "certo trejeito" que "Mario Reis, habilmente, para não ser tão óbvio, evita ao cantá-los". Pode ser. De qualquer modo, Mario corria o risco de ser ainda mais perseguido como efeminado por certa parcela da classe musical e do público. Seus maneirismos discretos sempre remetiam a imaginação dos ouvintes mais maliciosos a fazer inferências. Ajudavam nelas o repertório "antifeminino" do Estácio, boa parte dele de autoria do homossexual Ismael; a outra parte, por rufiões que viam a mulher como mercadoria traiçoeira.

Mario tinha de ser cuidadoso. Seus modos delicados de moço culto podiam causar mal-entendidos junto ao "Zé Povo" e, também por isso, não se dava ao desluxo de conviver muito com ele. Chamavam-no, aliás, de "almofadinha". O grupo aparece numa foto a bordo do Itaquera. Mario está todo de branco, em seu *summer* engomado, de linho 120, importado, bem ao estilo Silveirinha. Calça um sapato bicolor e abre um sorriso descontraído e cruza as pernas. Parece ser o mais satisfeito do grupo. Pery, do lado direito dele, posa com um sorriso neutro; do esquerdo, Chico, de terno cinza, é o único a olhar para a câmera, e o faz com firmeza de quem se divulga para a posteridade. Noel, de branco, olha para o lado distraído. E Nonô, fecha os olhos com timidez, agarrado ao chapéu de palha entre suas pernas.

Enquanto os Ases singravam os mares alegremente, os jornais portoalegrenses anunciavam que, enfim, "depois de longas e quase desesperadoras démarches", o espetáculo se daria no "luxuoso" Imperial, em 29 de abril, com Francisco Alves, "Dr. Mario Reis, Noél Rosas, Pery Cunha e Nonô".[8] Chegaram no mesmo dia do espetáculo, sexta-feira. Chico chegou dois dias antes da trupe[9]. Mario e Chico se hospedaram no Grande Hotel, o melhor da cidade. Os outros, numa pensão. Exceto Noel, todos estavam no camarim do teatro prontos, de *smoking*, como exigia Chico. Noel demorou a aparecer, de terno branco e sujo. Chico, furioso, foi aplacado por Mario. "Pensando bem, diz ele, até que o grupo ficará interessante, quatro de preto e um de branco. A platéia pode até pensar que é bossa. Chico que trate de se tranqüilizar", conforme contam os biógrafos de Noel.

---

[8] *Apud* Almirante, *No tempo de Noel Rosa*, Rio de Janeiro, Francisco Alves, 2ª ed., p. 111.

[9] Entrevista com Chico Alves, *in Correio do Povo*, 28 de abril de 1932, p. 6.

A bordo do navio Itaquera, sentados, Pery Cunha, Mario Reis, Francisco Alves, Noel e o pianista Nonô, na excursão pelo sul do país.

Correu tudo bem, os Ases foram ovacionados numa noite memorável, em que Mario cantou "Quando o Samba Acabou". O quinteto saiu para conhecer a cidade e topou com um botequim, onde cantavam Lupicínio Rodrigues, então soldado, e Caco Velho, mais tarde os dois nomes principais do samba de Porto Alegre. Já na manhã seguinte, o *Correio do Povo* estampava: "Maravilhosa a apresentação. Os Ases hão de fazer mais pelo Brasil que muitos políticos abelhudos"[10]. Os Ases se mudaram para o Cine Carlos Gomes, vizinho ao Imperial, onde cantaram de 6 a 8 de maio.

Depois, segundo Almirante, foram para o interior do estado: Caxias do Sul, São Leopoldo, Cachoeira do Sul, Pelotas e Rio Grande, com passagens pela capital.[11] Mario contou a João Máximo e Carlos Didier que Noel e Nonô aprontaram o que puderam durante a turnê interiorana, com o objetivo de irritar Chico. "Em Caxias do Sul, somem invariavelmente durante o dia, nunca vão aos ensaios combinados." Desapareceram em São Leopoldo, pouco antes do recital. O grupo se dividiu para fazer uma busca pelo *bas-fond* da cidade. Mario terminou por achá-los num cabaré. Nonô estava ao piano, Noel ao violão, acompanhados por uma garrafa vazia de anisete. Mario chamou os companheiros sóbrios para que o ajudassem a carregá-los. "Mario Reis sente engulhos só de olhar para a garrafa vazia de anisete", narram os biógrafos de Noel. "Não há coisa que ele mais deteste do que essa adocicada bebida de laboratório. Vomitaria se tomasse meio cálice, mas Noel e Nonô consumiram um litro e estão aí, fortes, tocando piano e violão." Trêbados, a dupla se mostra firme para interpretar "Gago Apaixonado", para delírio da platéia. Com sua ironia usual, Mario observou ao sócio: "Para falar a verdade, o Noel está cada vez melhor". Durante a viagem e as traquinagens de Noel e Nonô, Mario tratou de fazer parte da

---

[10] "Ases do Samba", in *Correio do Povo*, 30 de abril de 1932.

[11] Apesar de haver notícia da passagem dos Ases do Samba em algumas cidades gaúchas, não foram encontrados registros de recitais da trupe por Caxias do Sul. De acordo com pesquisa de Carlos Roberto Petry no Arquivo Municipal da cidade, não há registro do recital dos músicos em nenhum dos dois teatros da cidade à época, o Apollo e o Central. Os jornais — os principais eram *O Jornal* e *Caxias* — não dão conta do suposto espetáculo na então "Pérola das Colônias". Os jornais locais noticiavam todos os eventos artísticos e não deixariam de fazê-lo à chegada de Francisco Alves à cidade. Pessoas entrevistadas em 2000, com idade média de 90 anos, não se lembravam de nenhum espetáculo desse gênero na cidade. É muito provável que os Ases do Samba não se apresentaram em Caxias do Sul no ano de 1932. A rota Porto Alegre-Cachoeira do Sul-Pelotas e Porto Alegre-São Leopoldo é mais lógica. Subir a serra até Caxias, numa viagem de trem que levava oito horas, não parece razoável no roteiro de Chico Alves. Talvez Almirante e Mario Reis, que contaram a história, tenham confundido os nomes das cidades, chamando Cachoeira de Caxias.

turma do deixa-disso. Aplacou o ódio de Chico e apaziguou a destemperança da dupla de desajustados. Em Pelotas, Noel apareceu de terno listrado de flanela e boina marrom. Chico quase perdeu o controle, mas Mario solucionou o problema jogando Noel para o fundo do palco. O grupo acabou fazendo sucesso, principalmente com as paródias e graças do clownesco Noel. No final, apesar do sucesso, Chico reclamou ao comparsa: "Sabe, seu Mario, já estou começando a achar que ele faz essas coisas de propósito, só para esbandalhar com os meus nervos".[12]

Em 24 de maio, os Ases regressaram à capital gaúcha para o recital *Noite Brasileira*. Nonô e Noel voltaram a aprontar. Mas, dessa vez, Chico disse a Mario que iria regular o dinheiro dos dois, para que não gastassem em bobagens. Além disso, foi pedir aos companheiros de farra de Noel para não abusarem do sambista, que tinha a saúde fraca e o estavam matando. Chico não foi ouvido, como conta em suas memórias relatadas ao jornalista David Nasser: "Sem me ligar, passaram a fazer as noitadas em lugares fechados. Descobri a toca e outra vez adverti Noel: farras, mulheres, bebidas não podiam se entrosar com as nossas responsabilidades artísticas, e fiz a ameaça de desligá-lo do conjunto. Ele melhorou um pouco".[13] Noel e Nonô se resignaram e continuaram a turnê, não sem destilar rancor contra o chefe.

Chico era contra a boêmia e os excessos. Pior, adorava fazer a imagem de santarrão. Em suas memórias, curiosamente intituladas *Minha vida*, Francisco Alves fez questão de narrar um episódio sintomático de seu comportamento. Certo dia, "Mario Reis, Noel Rosa e Nonô entraram de repente no meu quarto e me encontraram em oração. Acharam muita graça e comentaram: 'Como é que um boêmio, um artista, rezava como uma criança?'".[14] Ele abria um abismo em relação a seus companheiros, mesmo com Mario, que se dizia ateu e não recusava um drinque.

Os Ases se apresentaram em 5 de junho no Cine Glória em Florianópolis, em quatro sessões (14, 16, 19 e 21 horas) e, na noite de 13 de junho, no Teatro Palácio de Curitiba. Nos dois locais, foram saudados com uma geada de aplausos típica do Sul, em geral desacostumado ao samba, à exceção das cidades portuárias Porto Alegre e Pelotas, mais cosmopolitas e com maior contingente de população negra e mestiça. Na volta ao

---

[12] João Máximo e Carlos Didier, *op. cit*, p. 224.

[13] David Nasser, *Chico Viola, op. cit.*, pp. 111-2.

[14] Francisco Alves, *Minha vida*, Rio de Janeiro, Brasil Contemporâneo, 1936.

Rio, Nonô e Noel compuseram o samba "Vitória", para mexer com Francisco Alves. Entre seus versos, há os seguintes: "Tua voz se alguém percebe/ Bem humilde lhe recebe/ Tua entrada ninguém veda,/ Gozas de maior ventura/ Mas quem vive em grande altura/ Leva sempre grande queda". O samba foi gravado por Sylvio Caldas, em 13 de julho. E adivinhe quem estava no coro? Chico Viola, dando a volta por cima dos rancorosos empregados. Sua vingança era um beijo. "A letra era acintosa, mas fingi não perceber e me ofereci para gravar em dupla com Sylvio Caldas", contou Chico. "Este ficou radiante e, gozando a cara espantada do Noel, meti meu vozeirão na cera, cantando os versos que me espinafravam. Nada disto, senhores, deixou rastos e continuei o mesmo amigo de Noel."[15] Chico não permitia nem que rompessem com ele.

Lá do seu jeito discreto, Mario também não aprovava as atitudes do Príncipe dos Cantores. E ele estava de volta ao Rio, a planejar viagens com Mario e os Ases pelo Nordeste. Foi quando a Revolução Constitucionalista de São Paulo deflagrou, em 9 de julho, e os planos foram suspensos.

Uma nova frente de lucro se abria na época, com a liberação da publicidade nas emissoras de rádio. Carregado pelo amigo, Mario foi contratado pela Rádio Philips, PRA-X, para integrar o *casting* do *Programa Casé*, ao lado de Carmen Miranda, Gastão Formenti, Noel Rosa, Sylvio Caldas e Almirante. Mario se divertia no rádio. O estúdio era nas proximidades da Praça Mauá (Rua Sacadura Cabral, nº 43). Ali, Casé havia começado seu programa em 14 de fevereiro. Por causa da conflagração paulista, conforme conta Almirante, os programas eram acompanhados por um censor do DOP, o temível Departamento Oficial de Publicidade de Getúlio, precursor do Departamento de Imprensa e Propaganda (DIP) do governo.[16] A Philips tinha o seu, chamado Brandão, que se postava no estúdio, devidamente armado. Mario não dava bola para a política; cantando em dueto com Chico ou sozinho, o "esteta" podia explorar o microfone de maneira mais criativa. Podia ser um *crooner*, um improvisador de sussurros. Ainda assim, a atividade radiofônica não preenchia suas ex-

[15] David Nasser, *Chico Viola, op. cit.*, p. 112.

[16] Almirante, *No tempo de Noel Rosa*, Rio de Janeiro, Francisco Alves, 2ª ed., p. 96. O DIP foi criado pelo decreto 1915, de 27 de dezembro de 1939, e extinto em 25 de maio de 1945. Três outros órgãos o precederam, com funções semelhantes: DOP (Departamento Oficial de Publicidade), de 2 de junho de 1931 (vinculado ao Ministério da Justiça e dos Negócios), Departamento de Propaganda e Difusão Cultural (DPDC), de 10 de junho de 1934 (decreto-lei 24.651), e, no início de 1938, o Departamento Nacional de Propaganda (DNP).

pectativas. Era mais uma oportunidade de ficar perto de seus ídolos. Porque Mario gostava mesmo era de admirar o que os outros faziam; brincava com o contra-regra do programa — Noel Rosa —, sempre com um gracejo na boca, aplaudia belos desempenhos, entusiasmava-se com a qualidade poética de algumas composições e também queria se achar o máximo no instante que cantasse. Alguém levantava a mão em discordância? Ninguém. Nem Brandão, que tinha respeito aos advogados — mesmo aqueles que, ligados à Bangu, não gozavam de prestígio junto ao chefe da República, Getúlio Vargas, na época. Quando Mario cantava no programa de Ademar Casé, reinava um silêncio devocional. Afinal, a melhor dupla do Brasil estava no ar: Dr. Mario e o microfone.

A fuzarqueira expedição sulista serviu para que ele se aproximasse de Noel e passasse a admirá-lo profundamente. Noel alimentava um sentimento recíproco, pois não escondia que seu estilo de cantar havia sido vazado no do doutor. Foi a deixa também para que Chico propusesse que Noel substituísse Nilton no trio Bambas do Estácio. Era uma maneira de cooptar o excelente compositor para suas parcerias. Noel aceitou e o grupo recebeu diversas denominações nas gravações: Bambas do Estácio, Turma da Vila, Gente Boa. E o repertório de Mario e Chico ganhou jóias, como "A Razão Dá-se a Quem Tem", samba dos novos Bambas do Estácio, gravado em 2 de julho de 1932.

Na série *Broadway Cocktail*, que Chico ajudou a produzir a partir de julho no Cine Broadway, ele era chamado de "Rei do Samba" e Noel, "Bernard Shaw do Samba", por sua verve crítica em "seus sambas humorísticos". Mario não participou da série.

Noel cumpria o que o chefão mandava e a dependência cresceu no segundo semestre. Além de pagar-lhe 500 mil-réis por samba, ainda dava um jeito para que Noel abrisse um crédito para a compra de carros. Porque Chico fazia rolo com automóveis, que trazia de São Paulo. Assim, endividava o parceiro, produzindo-lhe cada vez mais dependência. Noel ficava sem dinheiro e precisava mendigá-lo a Chico. Certo dia, ele e Cartola esperaram o cantor diante do chafariz do Largo do Maracanã para pedir dinheiro. Segundo lembranças de Cartola, numa reportagem de 1973, o cantor respondeu: "Só dou dinheiro se cada um fizer um samba, agora".[17] Chico levou-os a um café ali no chafariz, os dois pegaram papel e lápis e, segundo Almirante, minutos depois exibiram os sambas inéditos.[18] Co-

---

[17] Almirante, *No tempo de Noel Rosa*, op. cit., pp. 117-8.

[18] Abel Cardoso Junior, *Francisco Alves: as mil canções do Rei da Voz*, op. cit., p. 245.

mo resultado, nasceram dois clássicos: "Qual Foi o Mal Que Eu Te fiz?" (Cartola), cuja segunda-parte é de Noel, gravado por Chico e Orquestra Odeon (a música está no lado B do disco Odeon 10995) em 30 de dezembro de 1932 e lançado em maio de 1933; e "Estamos Esperando" (Noel), gravado por Chico e Mario, com Gente Boa, em 17 de novembro de 1932, e lançado em fevereiro de 1933. No lado B deste, outra pepita de Noel, "Tudo Que Você Diz", gravada em 19 de dezembro. São registros em que os músicos do Gente Boa exibem um balanço instrumental camerístico: solos de trombone e trompete, um ritmo discreto e o piano. Nonô segurava o jogo dos timbres e a cadência. Sem ensaiar, costumava improvisar na hora, em lindas passagens que aproximaram a música brasileira da criatividade do *jazz* na época; pena que seu piano se encarregasse apenas do fundo.

Mario parecia cultivar uma espécie de perfeccionismo estético que desembocava no ético. Sabia das transações e não queria mais fazer parte daquilo. Quando recebeu o convite de Pixinguinha, diretor-musical da RCA-Victor, a assinar contrato com a gravadora americana, não hesitou em sair da Odeon, leia-se, do domínio de Francisco Alves. No dia 23 de novembro de 1932, ele assinou um contrato que o obrigava a gravar, em quatro meses, seis músicas: "Aí... Hein!", "Boa Bola", "A Tua Vida É um Segredo", as três de Lamartine Babo (sendo as duas primeiras em parceria com Paulo Valença), "Fui Louco" (Bide e Noel) e "Pobre Criança" (João Miranda) e "Tarde na Serra" (Lamartine Babo), gravação feita em 5 de junho de 1933, com Carmen, Mario e Diabos do Céu. O contrato era o padrão: pagava-se 400 réis por disco vendido e o valor da rescisão era de 250 mil-réis. Para quem havia recebido da Casa Edison 6 contos de réis de uma só tacada, aquilo era uma ninharia. Mario não se importou com os termos draconianos do documento, que estipulava que "o artista obriga-se, terminado este contrato, a não gravar para pessoa alguma, firma ou associação, as músicas que durante a vigência gravou para a RCA-Victor". Também dava "o direito, em todo e qualquer tempo e em todas as partes do mundo, fabricar, licenciar a fabricação ou vender discos das músicas por ele executadas, incluindo o direito de não as usar". À gravadora pertencia a propriedade exclusiva das matrizes e o "direito de usar, publicamente, o seu nome e a sua fotografia para todos os fins de propaganda comercial".[19]

---

[19] "Contrato de Serviços Artísticos Mediante Regalias." Documento assinado por Mario Reis em 22 de novembro de 1932. Pertencente ao arquivo da RCA-Victor.

Já na RCA-Victor, Mario Reis gravou com Carmen Miranda e os Diabos do Céu, em junho de 1933, o samba "Tarde na Serra", do grande Lamartine Babo.

Uma das últimas músicas gravadas pela dupla Mario Reis e Francisco Alves, ainda em 1932, foi este samba "Primeiro Amor", de Ernani Silva. Chico permaneceu na Odeon e Mario foi para a RCA-Victor.

Pelo menos, não havia exclusividade. Era um negócio de apenas quatro meses, uma espécie de contrato de experiência, a ser renovado ou não. Aquilo embaralhou a agenda do cantor, que foi servo de dois amos por algum tempo, gravando para duas companhias. Entre o fim de novembro e meados de dezembro, tratou de gravar as seis músicas para a Victor, acompanhado pelo Grupo da Guarda Velha: "Aí... Hein!", "Boa Bola", "Linda Morena", "A Tua Vida É um Segredo", "Fui Louco", com acompanhamento dos Diabos do Céu, e "Tarde na Serra", com Carmen.

Prova de que parte de seu repertório continha enigmas autobiográficos é o samba "A Tua Vida É um Segredo", lançado em fevereiro de 1933. Nos versos de Lamartine, a melancolia da constatação da inutilidade da existência lembrava o niilismo de "Nosso Futuro", de Zé Carioca (o próprio Mario sob pseudônimo). Os dois discutiram e filosofaram antes de Lamartine destilar os versos cheios de lacunas, representando o vazio da vida humana e a ausência de originalidade nela. Ora, isto é um extrato da alma de Mario Reis:

> "A tua vida
> É um livro amarelado
> Lembranças do passado
> Folhas soltas da saudade...
> A tua vida...
> Romance igual ao meu...
> Igual a muitos outros
> Que o destino escreveu!
>
> A tua vida
> Foi sonho... e foi... ventura
> Foi lágrima caída...
> No caminho da amargura!
> São nossas vidas
> Romances sempre iguais
> Três atos de mentira... cai o pano... e nada mais!

Com as relações estremecidas pela troca súbita de gravadora, Mario e Chico entraram no estúdio da Odeon para, poucos dias depois, em 22 e 29 de dezembro, gravar mais quatro músicas com Chico e acompanhamento da Orquestra Odeon: a marcha "Formosa" (Nássara-J. Rui) e o samba "Primeiro Amor" (Ernani Silva), a marcha "Mas Como... Outra Vez?!" (Francisco Alves-Noel Rosa) e o samba "Fita Amarela" (Noel Rosa). Esta foi a última música que gravaram juntos.

Os dois se estranharam e não era para menos. Chico acreditava na fidelidade canina a seus propósitos e sair de seus negócios significava quase uma morte artística. O impulsivo Doutor Mario, porém, tinha as costas quentes e ninguém ousava mexer em uma abotoadura de ouro que gostava de usar. A coluna musical de *A Hora*, mantida por Orestes Barbosa, punha lenha na fogueira, estampando fofocas e supostas trocas de farpas entre os dois. Sem dar ouvidos à maledicência, os dois ajeitaram a situação de um modo mais ou menos civilizado. Mesmo assim, até o fim da vida, os dois se encontraram e se cumprimentaram, mas se ironizaram mutuamente.

Nas suas memórias, Chico descreveu o velho companheiro assim: "Aquela voz calma, tranqüila, doce, sossegada correu anos Brasil afora. Mario Reis cantava para um grande público, dando às suas interpretações um jeito especial e agradável. Era inimitável, talvez por que não imitava ninguém. Sempre achei que um artista, para vencer, deve criar uma forma nova, ou então, esperar o criador do estilo que escolheu desaparecer... Fizemos, eu e Mario, grandes e inesquecíveis sucessos, gravando juntos sambas de Noel e outros compositores. Depois, ele optou pela carreira pública e chegou a oficial de gabinete do prefeito. Voltou uma vez, por ocasião de 'Joujoux e Balangandãs', fez mais algumas gravações, novos sucessos, entre os quais 'Iaiá Boneca'. E tornou a regressar à penumbra, onde voluntariamente se esconde. Mario, desde que o conheço, mostrou-se sempre indiferente à popularidade, sacrificando tudo pelo seu bem-estar. É calmo e sossegado como a sua voz. Quer viver tranqüilamente, vendo a vida passar sem barulho, sem tropeços".[20]

Mario sempre usou de suaves ironias ao falar de Chico: "Se o Chico soubesse exatamente a importância da sua voz, teria sido um dos cantores populares mais famosos em todo o mundo. Mas só dava importância a coisas que não eram importantes para ele. Por exemplo: automóvel. O Chico era metido a corredor. Aliás, coitado, acabou morrendo num desastre de carro".[21] O biscoito fino da ironia de Mario aparece aqui. Ele se referia aos negócios de Chico com automóveis, que arruinaram tanta gente, inclusive Noel. Se perguntado diretamente, porém, desconversava:

---

[20] Francisco Alves, *Minha vida...*, Rio de Janeiro, J. R. de Oliveira & Cia., edição revista, melhorada e ampliada, 1942, p. 123.

[21] Sérgio Cabral, "Uma Tarde com Mario Reis (II)", *op. cit.*, 24 de abril de 1974.

"Não houve desavença. O que houve é que eu fui contratado pela RCA-Victor e o Chico ficou na Odeon. Isto pode ter acabado com a dupla, mas não com a amizade".[22] Afinal, era um cavalheiro.

Para Francisco Alves, Mario nunca precisou lutar para viver, como ele; não passava de um diletante boa-vida. Já Mario Reis encarava o velho sócio como, no mínimo, frívolo e dotado de poucos watts de inteligência. Não podiam ficar juntos a vida toda...

Com o rompimento da dupla depois de três anos, Mario pôde tomar iniciativa própria e cumprir as suas vontades. Ainda em janeiro e abril de 1933, Mario gravou três sambas de Noel para a sua antiga casa: "Vai Haver Barulho no Chatô" (parceria com Walfrido Silva), com a Orquestra Odeon; "Quando o Samba Acabou" e "Capricho de Rapaz Solteiro", com a Orquestra Copacabana. As duas últimas foram lançadas em maio de 1933.

"Vai Haver Barulho no Chatô" tem uma história pitoresca. Mario precisava cumprir o final do contrato com a Odeon e tinha hora marcada para a gravação de um samba, no Phenix, no início da tarde de 13 de janeiro de 1933. O samba estava programado para ser companheiro de chapa do samba "Divina Dama" (Cartola), que já havia sido registrado por Francisco Alves havia dez dias. Mario tinha a primeira parte de um samba do baterista Walfrido Silva, que, na época, integrava o Grupo da Guarda Velha, de Pixinguinha, e soprara seu quase-samba a Mario durante as gravações de "Linda Morena" e "A Tua Vida É um Segredo", das quais havia participado. "Só havia a primeira parte", contou Mario em 1971 a Silio Boccanera. "Já atrasado, peguei o carro e fui para a casa do Noel, em Vila Isabel. Ele estava dormindo. Entrei naquele quarto de terra batida, onde dormia o homem, e expliquei o meu problema. Sem se levantar, Noel diz: 'Canta aí a primeira parte, Dr. Mario'. Cantei: 'Vai haver barulho no chatô/ Porque minha morena falsa me enganou/ Se eu ficar detido/ Por favor, vá me soltar/ Tenho o coração ferido/ Quero me desabafar'. Com os olhos quase fechando de sono, Noel continua: 'Muitas vezes eu evito/ Bate-boca em nosso lar/ Pois não quero ir pro distrito/ Por questão particular'. 'Gostou, Dr. Mario?', disse ele. Fez mais alguns versos e caiu duro de sono novamente. Dormiu de novo, rapaz, na hora. Era um craque!"[23]

---

[22] "Mario Reis Deixou o Samba pelo Bridge, *in O Globo*, Rio de Janeiro, 1964.

[23] Silio Boccanera, "Mario Reis: a Escolha da Volta", *in* Caderno B, *Jornal do Brasil*, 6 de agosto de 1971, p. 1.

Admirava Noel acima de todos os compositores vivos da época e queria gravá-lo. No mesmo ano, deu uma fugidinha à Columbia para gravar, em data indeterminada, mais quatro músicas do autor: "Vejo Amanhecer" e "Filosofia", com acompanhamento de Pixinguinha e sua orquestra, e "Esquina da Vida" (parceria com Francisco de Queiroz Mattoso) e "Meu Barracão", com um pianista não-identificado no selo. Mas se tratava do amigo de turnê pelo Sul, Nonô.

Cada uma dessas gravações representa um universo sonoro novo e perfeito elaborado pela voz do cantor, mais sutil, mais sussurrante e incisiva no dizer o samba do que nunca. São músicas carregadas das situações melancólicas concatenadas em elipses, no quase não-dizer de Noel. Elas são interpretadas pela exuberância de Nonô nos improvisos, feitos à base de blocos de acordes e arpejos suingados, em contraste com a contenção extrema do cantor. A combinação fornecia a todas elas uma elegância especial, um toque de modernismo *Art Déco*.

A gravação de "Esquina da Vida" assinala um dos pontos altos da história da música brasileira. A fatura, perfeita, não se deixa engessar nos três minutos do disco. A música saltava do aparelho, como um modelo. Tratava aparentemente de rancor amoroso, a dor-de-cotovelo. Mas são os primeiros versos que importam para o objetivo de Mario: dar uma indireta, fazer uma *private joke*:

"É na esquina da vida
Que assisto à descida
De quem subiu
Faço o confronto
Entre o malandro pronto
E o otário
Que nasceu pra milionário".

Mais uma vez, tomava para si a música de outro autor para pontuar sua biografia. É um samba profético[24]. De algum modo, o cantor já imaginava a desmontagem da carreira e a descida de volta ao anonimato. E previa a decadência dos astros de sua geração. Mario destilava seu desencanto com o negócio da música. Iria começar a aboniná-lo de coração. Mas a música, esta não abandonaria até morrer.

---

[24] A composição vem no selo do disco assinalada como "samba", mas é executada em andamento de samba-canção, mais lento.

Mario Reis ao microfone da Rádio Mayrink Veiga (*circa* 1933), observado por admiradoras no outro lado do "aquário" do estúdio.

10.
DE GALÃ A EXCÊNTRICO

Edição da revista *Carioca*, de 1936, mostrava entrevista com uma quiromante-grafóloga, encarregada de ler a mão dos artistas do "nosso broadcasting". A palma da mão dos músicos era estampada em foto, com a assinatura e a leitura da adivinha abaixo. A mão gorda e de dedos curtos de Mario Reis rendeu a seguinte leitura: "A linha da vida está atravessada pela linha da sorte, mostrando o caminho certo que escolheu: Inteligência criativa. Sensual e afetuoso. Gastador. A sua letra diz bem claramente: 'Eu tenho personalidade! Eu sei o que quero.' E sabe mesmo".[1]

É, sabia. O plano de retirada estava esboçado. Mario queria deixar a carreira ainda em 1933, a roda viva da música popular o fez continuar. A conselho de Guilherme da Silveira, prestou concurso para Fiscal do Jogo da Prefeitura, passou e começou a trabalhar num serviço aparentemente leve, que lhe permitia continuar gravando e equilibrar o orçamento. Era o primeiro passo para a estabilidade profissional, já que as ações da Bangu, a fonte principal de renda da família, estavam em baixa na época, como, de resto, a economia inteira. Mario sempre dependeu da Bangu. O adendo grave é que a vendagem de discos rendia cada vez menos. Só a rádio acenava com um novo tipo de relação de trabalho e uma fama de muito maior alcance. Também as primeiras experiências locais de cinema falado envolviam cantores e músicos. Mario estava inseguro, pois ainda não tinha conquistado a independência econômica. Figurava como grã-fino, embora dependesse da ajuda da mãe.

De 1933 a 1935, ele jogaria as últimas cartadas no *show business*. Não queria mais saber de compra de samba e das armações dos Bambas do Estácio. E, como Noel agora fazia parte da família musical de Chico, havia perdido um fornecedor seguro de composições. Podia contar com ele apenas eventualmente, pois o "Bernard Shaw" brasileiro dependia do "Príncipe dos Cantores".

A linha artística da RCA-Victor tendia para o samba mais marcado por percussão e para as marchas de carnaval e meio de ano. O maestro

[1] *Carioca*, nº 12, 11 de janeiro de 1936, p. 48.

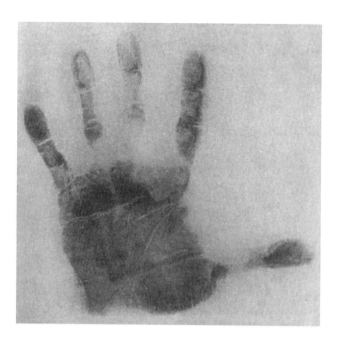

Impressão da palma da mão de Mario Reis na revista *Carioca* (1936).

Partitura do samba "Força de Malandro", de Hervê Cordovil e Jayme Tolomi, lançado por Mario Reis.

Pixinguinha não tinha nem um centésimo da formação de Simon Bountman ou Eduardo Souto. Sua orquestração não exibia a mesma precisão dos grandes chefes-de-orquestra em atividade no Rio. Mas plasmava em seus grupos — Diabos do Céu e Guarda Velha — um modo mais brasileiro, mais "militar" que sinfônico, e harmonicamente mais frouxo que os concorrentes. Além do quê, os músicos cometiam erros que o Czar Bountman não deixaria passar na Pan American. Pixinguinha atuava como um cordial general de banda. Seus grupos soavam mais reais, sua música vinha diretamente dos choros e das festas populares.

Um dos compositores a serviço da gravadora também ostentava um quinhão de popularidade: Lamartine Babo. Mario não teve dificuldade de se associar aos dois colegas, pois seu estilo combinava com o humor ligeiro de Lalá e a descontração rítmica de Pixinguinha. A outra alegria foi poder cantar em dueto com Carmen Miranda em seis músicas durante o ano; quatro das quais eram de Lamartine: a marcha "Chegou a Hora da Fogueira", o samba "Tarde na Serra", o cateretê "As Cinco Estações do Ano" — também com Almirante, Lamartine e o Grupo do Canhoto — e a marcha "Isto É Lá Com Santo Antônio". Walfrido Silva, o baterista, escreveu a música de outro dueto, "Me Respeite... Ouviu?...", uma irônica discussão de casal em ritmo de samba-padrão, marcado pelos tambores e baquetas enfáticas de Walfrido (que, em gravações, não usava pratos; aliás, os pratos demoraram a ser ouvidos em discos de música brasileira; começaram a aparecer com as orquestrações de Radamés Gnattali, na década de 40); André Filho colaborou com seu samba "Alô... Alô?..." Carmen levava jeito para ofuscar o companheiro nos duetos. Mas Mario se saía bem; bastava escancarar um de seus sorrisos cheios de sustenidos e bemóis.

Em algumas músicas, o cantor podia dizer o samba como antigamente, em "Eu Queria um Retratinho de Você" (Lamartine e Noel) e "Força de Malandro" (Hervê Cordovil-Jayme Tolomi da Rocha), um retrato idealizado em melodia refinada da figura do contraventor do Estácio, feito pelo estreante Hervê Cordovil, pianista mineiro muito solicitado na noite carioca. A liberdade do intérprete se fazia sentir na escolha do repertório que lhe parecia mais apropriado para seu estilo.

Liberdade vigiada. O DOP não queria mais ouvir exaltações ao jogo e à malandragem. Estava censurando o tema, que era, na verdade, o manancial básico dos sambistas e de Mario. Assim, "Força de Malandro", lançado em 1933, assinala a última vez em que Mario se referiu ao personagem em sua carreira "oficial". A censura getulista apertou mais em

Carmen ao lado de Mario Reis em 1933: gravando juntos na RCA-Victor.

1934. Em julho, Mario cantava, em "Vou Ver Se Posso" (Heitor dos Prazeres): "Não é negócio ser malandro e dá azar/ Eu vou deixar essa vida de vadio/ Ser malandro hoje é malhar em ferro frio". E fez até uma ironia a ela na saborosa marcha "Cortada na Censura" (João de Barro-Taranto-Maércio), lançada em novembro de 1934. O coro cantava (Aracy de Almeida fazia parte dele): "Eu queria dizer-te um segredo/ Era uma bola segura/ Mas tu chamaste a polícia, meu bem / E a minha bola foi cortada na censura". E Mario respondia, com toda a sua ironia simpática: "Bancando a moralista/ No século XX não se faz boa figura/ Muda esta tua atitude, meu bem/ Senão eu corto a tua pose na censura". Dali para frente, por imposição do Estado, só haveria poucos beijos, trabalhadores honestos e milionários cordiais — pelo menos em música.

O que o distinguia dos outros cantores era o controle sobre a própria arte, que demonstrava de sessão a sessão. Em meio à barulheira das transformações por que passava a vida musical brasileira de seu tempo, ele filtrava o melhor que existia nela para criar interpretações que deveriam permanecer como obras de arte. Na tempestuosa linha de sambas do Estácio, conseguiu destilar o que ele tinha de mais poético. Em Noel, foi buscar os sambas mais filosóficos, aqueles que continham universalidade suficiente para calhar as suas idéias íntimas. Só assim as externava, por meio de uma prótese, como que a se proteger do mundo exterior. Assim, ia sintetizando seu canto, da confusão e do primitivismo que era a indústria musical da época.

Seu melhor amigo era o ouvido, infalível, capaz de reconhecer as canções que ficariam — e ficar não significava para ele fazer sucesso, mas permanecer em algum limbo, para serem um dia resgatadas. Pesquisava o samba com a intuição de quem deixaria uma obra e não apenas um catálogo de gravações.

Artista do disco, ele se sentia um tanto embaraçado no rádio. Mas aceitou o convite do *speaker* César Ladeira para integrar o *casting* da Rádio Mayrink Veiga. César foi contratado como diretor da emissora e tinha começado seu trabalho em 1º de setembro de 1933. Poucas semanas depois, ele chamava os grandes nomes da música brasileira para tomar parte do espetáculo, que, como tudo na época, era transmitido ao vivo. Mario, claro, não podia faltar. E César começou a criar os *slogans* que deram ainda mais fama para os astros. Como Mario, o *speaker* paulista se especializou na tarefa adâmica de dar nome às coisas e artistas. Para começar, tirou Francisco Alves da condição de "Príncipe dos Cantores" para coroá-lo como "O Rei da Voz". Noel, passou de "Bernard Shaw" a "Poeta da men Miranda, que a partir de 1933 era chamada por epítetos inócuos como "A Ditadora Risonha do Samba", virou "A Pequena Notável" no final de 1933. Sua irmã, Aurora, recebeu um *slogan* ainda melhor: "A Outra Pequena Notável". "O Tal" era Moreira da Silva. Sylvio Caldas, "O Caboclinho Querido". Nonô atendia, sabe-se lá por quê, pelo *slogan* de "Paderewski do Samba", já que nada de seu piano *stride* lembrava os arpejos do exibicionista virtuose polonês. E Mario? Estava na cara que Ladeira ia acertar na mosca branca com "O Bacharel do Samba"... O que mais agradava Mario era o ambiente asséptico e tecnológico do estúdio de rádio, uma novidade técnica, o tipo de coisa que gostava de experimentar de perto. O microfone da emissora erguia-se sobre um móvel art déco que lembrava um pedestal. O bocal do aparelho era de metal e colocado numa posição baixa, o que obrigava os cantores a se apoiarem no móvel para cantar. A atmosfera era de sarau lítero-musical, embora as admiradoras já aparecerem para espiar seus ídolos pelo "aquário", a vitrina que separava os músicos e o microfone do mundo exterior.

As rádios estavam desbancando aos poucos as gravadoras como ponto de encontro dos sambistas. E o Café Nice ganhou o *status* de ponto de encontro da classe. Situado próximo às emissoras de rádio e não muito longe das gravadoras, a casa era um local estratégico. Foi no Nice que Alcebíades Barcellos (Bide) e Armando Vieira Marçal, dois sambistas do Estácio, foram oferecer para Jonjoca (sempre ele) um samba intitulado "Agora É Cinza". Arrependimento não mata, e Jonjoca pôde reconhecer, em 1999, que errou ao refugar o belo samba. Ele tinha perdido sua segunda e derradeira oportunidade de ser guindado à fama.[2] A dupla de compositores sabia da qualidade da música e, com outro samba na pasta, foi à Mayrink Veiga para se encontrar com Francisco Alves e Mario Reis. Havia um samba para cada um, era só escolher. Como as relações entre os dois eram delicadas, Mario deu primazia ao ex-companheiro de gravadora. "Pode escolher o que você gostar mais. O que sobrar eu gravo", disse Mario. Chico escolheu "Vivo Sonhando". "O samba era lindo", reconheceu Mario. "Mas não fez o menor sucesso. Assim, fiquei com o que sobrou. E sabe qual era?"

Gravado em outubro e lançado em dezembro de 1933, o samba "Agora É Cinza" foi o grande estouro do carnaval do ano seguinte. Mario gravou-o acompanhado pelos Diabos do Céu em 25 de outubro de 1933. O

---

[2] Luís Antônio Giron, "Jonjoca, o Duplo de Mario Reis", *op. cit.*, 15 de janeiro de 1999, p. 11.

Mario Reis lançou em 1933 uma das primeiras composições de Custódio Mesquita, "Doutor em Samba", no complemento do disco que tinha "Agora É Cinza", de Bide e Marçal.

Custódio Mesquita, Aurora e Carmen Miranda, em Santos, voltando de Buenos Aires (1936), no navio *Cap Arcona*.

complemento do disco trazia "Doutor em Samba", um das primeiras composições de Custódio Mesquita em gravação. Mais uma vez, a música biografava o intérprete, só que uma leve ironia, colocando-o na posição contrária; a do sambista que quer o anel de doutor: "Sou doutor em samba/ Quero ter o meu anel/ Tenho esse direito/ Como qualquer bacharel". Mario encenava o confronto do artista popular *versus* o acadêmico. E se punha na condição de um sambista como qualquer outro, com pretensões à grandeza.

Ainda em novembro, Lamartine lhe tinha dado uma marcha para o carnaval seguinte, "Ride... Palhaço...", que Mario adorou e quis gravar. Só que faltava o complemento. "Um dia", contou Mario a Sérgio Cabral, naquela série de entrevistas não-autorizadas, "encontrei num bar o próprio Lamartine e o Noel Rosa. Falei com eles: 'Vocês vão fazer uma música para mim hoje mesmo. Vamos jantar lá em casa'".[3] Era o estilo do doutor, cujas recepções faziam lenda no Rio da época. Segundo relato aos biógrafos de Noel Rosa, Mario ligou para sua casa para que a empregada colocasse champanha no gelo, mas mudou de idéia em seguida. Recomendou que, em vez de vinho, gelasse uma dúzia de cervejas da marca Cascatinha.

Mario levou-os de carro, mandou servir o jantar, com direito a aperitivo, pratos finos, cervejas e café. O cantor não bebeu e convidou-os à sala de visitas. "Ficamos os três juntos, compondo um samba. A primeira parte saiu em dez minutos: 'O dia vem chegando/ Vou rezar minha oração/ A igreja é a floresta/ E o sino é violão/ Por que você me nega/ A esmola de um olhar?/ O sol nasceu pra todos/ Também quero aproveitar'." A primeira-parte, segundo Mario, tinha saído com facilidade. "Quando acabamos, falei com os dois: 'Agora vocês têm cinco minutos para fazer uma segunda-parte. Não, façam o seguinte: cada um compõe a sua parte. Eu gravo as duas'." Com sua gentileza e sensibilidade habituais, o anfitrião saiu da sala para deixar os dois mais à vontade. "Quando voltei, cinco minutos depois, estavam com suas partes prontas. Eram dois craques excepcionais! Lamartine me mostrou a parte dele em primeiro lugar: 'Deus, quando inventou o mundo/ Fez o sol e fez a lua/ Fez o homem e a mulher/ Fez o amor em um segundo/ Sou o sol, você é a lua/ Seja lá o que Deus quiser'."

Adorou. "Não é lindo? Pensei logo: Noel desta vez não vai dar para a saída com Lamartine. Mas pedi pro Noel: 'Canta aí a sua parte'. E ele

---

[3] Sérgio Cabral, "Uma Tarde com Mario Reis", *op. cit.*, 24 de abril de 1974.

Outra do animado repertório de Mario Reis e Carmen Miranda é o samba, do baterista Walfrido Silva, "Me Respeite... Ouviu?".

O baterista e compositor Walfrido Silva (1904-1972), acompanhou diversas gravações da Victor.

cantou: 'E você é a triste lua/ Que ilumina a minha rua/ Onde mora minha dor/ Mas uma lua diferente/ Que é do sol independente/ Com luz própria e com calor'. Não era um craque, o Noel? O cara botou cosmografia no samba, rapaz! E aquele verso que fala da 'minha rua onde mora a minha dor'? Já viu coisa mais bonita? Nem Manuel Bandeira, Carlos Drummond de Andrade ou Vinicius de Moraes fizeram um verso tão bonito! E a rapidez com que o samba foi feito? Quinze minutos! Fizemos os três juntos mas jamais vou dizer uma coisa dessas. Não gosto de colocar meu nome."

Nunca quis colocar e, por isso, se valeu de "Zé Carioca". Ou, então, simplesmente, não assinou nome algum. Desejava se eternizar como cantor, apenas isso. E gravou "O Sol Nasceu pra Todos", em 8 de novembro, com o samba constando do selo do disco como de autoria única de Lamartine.

O doutor em samba não parou por aí. Para o carnaval, atendeu ao pedido do diretor da RCA-Victor, Mr. Evans, e gravou duas "marchas pernambucanas" (frevos) para serem lançadas exclusivamente no Recife, uma delas de Lourenço Barbosa, o Capiba, intitulada "É de Amargar". "Frevo" era quase o antônimo de "Mario Reis". Mas o cantor não esquentou o cérebro e gravou os frevos, como quem redige uma petição. Acrescentaram pouco à sua carreira, embora "É de Amargar" tenha feito sucesso no carnaval. E a música se tornaria um clássico do frevo. Ainda bem que, de sua lista de gravações carnavalescas, constavam duas marchas que ficariam famosas: "Uma Andorinha Não Faz Verão" (Lamartine Babo-João de Barro), e "Moreninha Tropical" (João de Barro), ambas com os Diabos do Céu.

Graças à voz de Mario, as músicas de Lamartine e a dupla João de Barro e Alberto Ribeiro ganharam um formato definitivo para suas marchinhas. Lalá e Braguinha se orgulhavam porque Mario era ídolo deles e os dois não deixavam de tentar cantar como ele quando cometeram seus discos. A amizade entre eles se estreitou e, ao longo de 1934, Mario lançou uma série de músicas de êxito, como "Rasguei a Minha Fantasia", marcha de Lamartine, gravada no fim de novembro e lançada em janeiro de 1935. Gravou "Cortada na Censura" (João de Barro-Taranto-Maércio), lançada em novembro de 1934, uma gozação com o DPDC do governo Getúlio Vargas. Gravou os sambas "Parei Contigo", de Lamartine, "Nosso Romance" (Bide-Marçal) e "Se Eu Fosse Pintor" (Bide-Alberto Ribeiro).

Mario fez um sucesso espantoso no carnaval de 1935 com "Rasguei a Minha Fantasia". Mas não parecia se afetar com isso. Foi o ano que André Filho lançou, na voz de Aurora Miranda, a marcha "Cidade Maravilhosa", baseada num *intermezzo* instrumental da ópera "Turandot", de

Partitura de "Rasguei a Minha Fantasia", sucesso do carnaval de 1935.

Apoteose do filme *Estudantes*: Aloysio de Oliveira, Mesquitinha, Carmen, Mario e Barbosa Júnior.

Puccini (o autor fez uma ponta na gravação, nos vocais). João de Barro e Alberto Ribeiro fizeram furor com a marcha "Deixa a Lua Sossegada".

Pela primeira vez, as músicas de carnaval sobreviviam ao "tríduo momesco", como dizia o crítico Mário Nunes, e apareciam relançadas em um filme, intulado *Alô, Alô, Brasil!*, produzido pela Waldow e Cinédia. O compositor João de Barro (mais tarde, Braguinha) assinava a direção do filme ao lado de Wallace Downey e Alberto Ribeiro, além de escrever o roteiro. Seu projeto era simples: lançar as músicas do carnaval de 1935 com o filme para substituir os festivais ao vivo, mas o carnaval daquele ano aconteceu muito cedo e houve atraso na finalização do filme, que só pode ser mostrado à crítica em 28 de janeiro, às vésperas da folia. "Em vez de deslocar todo um elenco de músicos para um teatro e, assim, lançar as músicas, no esquema do Chico Alves, eu quis filmar os artistas para que eles já mostrassem tudo num filme, para facilitar o transporte e a divulgação das músicas", explicou Braguinha em 1998. "Foi um sucesso, apesar de ser projetado depois do carnaval. Já ia tudo empacotado, fácil, fácil, para os espectadores. Era o pessoal do rádio projetado na tela prateada."

Era mesmo. Até o locutor César Ladeira foi convidado a fazer seu próprio papel. Coube a Braguinha a tarefa de convidar os cantores Mario, Almirante, Carmen e Aurora Miranda, Francisco Alves e Elisa Coelho para participar. "Não houve dificuldade alguma, pois éramos todos amigos, nos encontrávamos todos os dias. O meio musical tinha um tamanho minúsculo. O Mario, mais retraído, era um rapaz fino e bonito e eu achava que devia chamá-lo, pelo tipo de galã que era. Terminei por convencê-lo." Mario hesitou; o enredo era de uma assombrosa platitude, mas era só uma música, e Carmen estava por perto. Além disso, tinha uma certa curiosidade intelectual pelo assunto: queria ver como funcionava o processo de junção de película e som. Tratava-se do sistema Movietone, então consagrado tecnologicamente no mundo todo.

As filmagens aconteceram no fim de 1934. De acordo com Aurora Miranda, as músicas eram gravadas com um ensaio apenas, feito pelo rigoroso Simon Bountman. "A gente não levava aquilo como trabalho", disse Aurora, em 1998. "Era uma grande brincadeira entre amigos." O elenco também incluía Lamartine, Almirante, Bando da Lua, Dircinha Batista (cantora infantil) e Arnaldo Pescuma. A parte cômica ficava por conta de Mesquitinha, Barbosa Júnior, Manoelino Teixeira e Afonso Stuart.

A história seguia o esquema das revistas musicais, tão em voga na época: um maníaco pelo rádio (Mesquitinha) persegue sua Dulcinéia, em meio a gagues, piadas e, principalmente, números musicais. O primeiro *sketch* ficou por conta de Aurora, que o desempenhou em "Cidade Maravilhosa". Acompanhado pela Orquestra Simon Bountman, Mario Reis cantou a marcha "Rasguei a Minha Fantasia", a penúltima música apresentada no filme, logo depois de "Foi ela", com Francisco Alves. Carmen Miranda ficou com o número apoteótico de fecho, "Primavera no Rio" (João de Barro).

Alô, Alô, Brasil! estreou no Cine Alhambra, no Rio, em 4 de fevereiro de 1935 e nos Cines Odeon e São Bento de São Paulo em 11 de junho. A fita alcançou um bom êxito. O filme durava 78 minutos, algo que o público não estava acostumado a ver em cinema brasileiro. Não se restringiu, portanto, ao carnaval.

A *Gazeta de Notícias* informava que a fita "causou enchentes" por trazer o cinema falado brasileiro, com os maiores ídolos do país. No texto, fez alarde e decretou: "Sim, tem-se a impressão matemática de que foi esse filme que plantou o cinema caboclo, que o fundou, que o iniciou como realidade artística industrial. O público do República — que ainda há dias, no carnaval, deu aqui uns bailes divinos — não sabia o que fazia para aplaudir direito, como é possível num cinema fino, aos artistas jecas da fita gostosa. Havia pessoas que guinchavam, sufocadas pela verve de Barbosa Júnior. Uma mocinha apaixonou-se pelo Mario Reis. Tornou-se imprópria para menores, e a mãe dela sapecou-lhe o beliscão da virtude papada, que esmurra as filhas sapecas".

Não foi diferente a reação do crítico Alfredo Sade. Apesar de seu nome ameaçador, Sade não caiu de pau no filme. Gostou e muito, conforme o texto dele publicado no jornal *A Batalha*. Sade informava sobre a noite de estréia, no teatro República, que ficava no Quarteirão Serrador (Cinelândia). "O que de início surpreende nesse celulóide brasileiro é a perfeição e a nitidez do som, o qual, principalmente nas cenas de interiores, rivaliza com o das melhores produções estrangeiras", escreveu Sade. "Nas cenas de exteriores não é a mesma perfeição de som." Sade se entusiasmou com o desempenho dos músicos: "Entre os astros e estrelas do filme, é lícito destacar, em primeiro plano, sem desdouro para os demais, Mario Reis. A sua primeira aparição na tela traz a certeza de que surgiu o primeiro, verdadeiro galã do cinema brasileiro. Naturalidade completa. Gesticulação *comme il faut*. Simpático e fotogênico, sua presença, no filme, é amabilíssima".[4]

---

[4] Alfredo Sade, "Alô, Alô, Brasil!", *in* Alice Gonzaga, *50 Anos de Cinédia*, Rio de Janeiro, Record, 1987, pp. 44-55.

Carmen Miranda e Mario Reis, no Cine Imperial de Porto Alegre, em 1935.

No retorno de Porto Alegre, Cecília Miranda recebe sua irmã Carmen e Mario (de chapéu), que concede entrevistas (1935).

Mesmo sendo o mais vaidoso homem na face da Terra desde o Belo Brummel e Raul Roulien, Mario deve ter se engasgado no chá que tomava no café da manhã, ao ler os jornais daquele 7 de fevereiro. Ele acompanhava a crítica e chegara a visitar a redação da *Phono-Arte*. Mas nunca imaginou ser comparado agora ao grande Roulien, o galã carioca hollywoodiano, que trabalhava na época ao lado de John Barrymore, John Ford e Dolores Del Rio e, segundo ele próprio, ajudava a juntar jovens talentos, como em *Voando para o Rio* (*Flying Down to Rio*, 1933), com Ginger Rogers e Fred Astaire, seus coadjuvantes.[5]

Ainda de *robe de chambre*, Mario se preparou para receber os telefonemas consagradores. Os amigos o colocavam no topo do mundo. Ele achou graça de se sentir como um novo Roulien. O telefonema mais espantoso foi o de João de Barro, dias depois. Convidava-o para participar de uma nova produção. "Mas, desta vez, Doutor Mario, você vai representar, vai ser o galã!" Ele levou um susto, tentou dizer não, argumentando que sua agenda estava cheia com gravações, além do que havia a fiscalização das casas noturnas... "Mario, você vai contracenar com a Carmen! Ela vai ser a mocinha e você ganha ela no final!", enfatizou Braguinha, com jeito divertido e voz aguda. O apelo foi irresistível. Mario continuava fascinado pela "Pequena Notável", embora soubesse que ela tinha namorado um remador do Flamengo, também chamado Mario[6].

Braga e Mario marcaram encontro num café. João de Barro contou-lhe o argumento, algo bastante fácil para ele interpretar. O filme se intitulava *Folia de Estudantes* e se baseava nos musicais de estudantes, um gênero cada vez mais apreciado nos Estados Unidos. Bastava Mario ser bonito e cantar duas marchinhas que Braguinha havia composto especialmente para ele: "Linda Mimi" e "Linda Ninon".

Os compromissos do cantor incluíam, ainda, a gravação de dois discos. Em abril, registrou, com os Diabos do Céu, os sambas "Este Samba Foi Feito pra Você" (Assis Valente-Humberto Porto), interpretado com algum relevo por Mario, mais como *crooner* que cantor, e "Amei Demais", no estilo do samba com a batida característica de Walfrido Silva, que fornecia a base na bateria obstinada e cheia de jogos de tambor (sem prato), com letra de Roberto Martins. Tudo levava a voz do cantor ser tragada

---

[5] Raul Roulien, *A verdadeira Hollywood*, Freitas Bastos Livraria Editora, Rio de Janeiro, 1933.

[6] Mario Cunha namorou Carmen de 1926 a 1932. Participou da Olimpíada de 1932, em Los Angeles, e o namoro terminou justamente por causa da Olimpíada...

Mario Reis entre Stênio Osório e Aloysio de Oliveira, ambos do Bando da Lua, no filme *Estudantes*, 1935.

Aurora Miranda canta a marcha junina "Onde Está Seu Carneirinho?", de Custódio Mesquita, também em *Estudantes* (1935).

pelo arranjo quase *jungle* de Pixinguinha. No mês seguinte, durante as filmagens, ele teve fôlego de gravar a marcha "Pistolões" (Lamartine Babo) e o "samba-rumba" "Roda de Fogo" (Lamartine Babo-Alcyr Pires Vermelho). Este, de fato, é uma rumba, só que tocada pela Orquestra Diabos do Céu. Em vez das claves, os pauzinhos típicos do gênero, Walfrido elabora o ritmo nos tambores. Uma tuba faz uma baixaria de choro, os clarinetes dialogam com o trombone. E Mario faz o ofício de estribilhista, não o vocalista de relevo. Era música para dançar, com coro e orquestra. E bizarra, sem ter muito a ver com o estilo fundado pelo cantor. "Pistolões", uma marcha junina, observava o mesmo esquema. Mario estava apagado — e não gostava nada de figurar como coadjuvante.

Tomou fôlego de novo e, pela segunda vez, ele estava diante das câmeras. Agora tinha que entabular diálogos, e falar alto porque o microfone ficava num ponto escondido do *set* de filmagem. O filme se desenrola a partir da figura feminina principal: Mimi, uma "pequena do rádio", interpretada por Carmen, é disputada por vários estudantes universitários gabirus (como se chamavam os pretendentes a namoro na época), que vivem a assediá-la à porta da emissora. Na disputa, destacam-se Ramalhete (o estudante conservador, vivido por Mesquitinha) e Flores (Barbosa Júnior). Mas Mimi gosta do estudante vivido por Mario Reis. Ele mora com outros colegas na "República dos Inocentes". Estudantes autênticos do Rio e São Paulo participaram fazendo figuração, bem ao estilo das *college comedies* americanas. Entre os colegas de república de Mario, estavam Aloysio de Oliveira e Vadeco, ambos do Bando da Lua. O Bando em peso participava do filme e atuava com o mesmo rigor com que promovia as famosas batalhas de confete no Flamengo, que deram origem ao grupo vocal-instrumental. Muitas falas eram puro improviso. "O meu era um papelzinho de nada. Ninguém atuava bem, mas era a época em que gostavam dos talentos naturais", lembrou Vadeco. "E Mario não fazia exatamente o papel de Mario [era também o nome do personagem do filme], empertigado, fino, educado, um *gentleman*. Ele tinha de usar nas filmagens blusão e lenço de garotão, um cordeiro em pele de lobo. Era um sujeito maravilhoso, com uma inteligência muito acima da dos outros." No final, Mario arrebata Mimi, não sem antes trocar insultos e socos com os rivais burlescos e bigodudos, vividos por Mesquitinha e Barbosa Júnior. A apoteose se dá numa festa de formatura que mais parecia uma *féerie* de revista do Walter Pinto[7].

---

[7] As cópias do original do filme estão perdidas. A Cinédia possui fotos das filmagens de *Estudantes*.

Mario também foi responsável pelo maior êxito do filme: a marcha "Linda Mimi" (João de Barro), além do samba "Linda Ninon" (João de Barro-Cantídio de Mello). Outros números musicais foram "Sonho de Papel" (marcha, de Alberto Ribeiro), "E Bateu-se a Chapa" (samba de Assis Valente), ambas por Carmen Miranda; "Onde Está Seu Carneirinho?" (marcha de Custódio Mesquita), por Aurora Miranda; "Ele ou Eu" (fox-canção de Alberto Ribeiro), por Silvinha Melo e Irmãos Tapajós; "Lalá" (marcha de João de Barro-Alberto Ribeiro), pelo Bando da Lua; "Assim como o Rio" (toada, de Almirante), por Almirante. Havia também vários números de fox, o gênero da moda, pelas irmãs Dulce e Jeanette Wheyting.[8]

Aurora gostou do par formado pela irmã e Mario. "Ela tinha uma facilidade incrível de se comunicar diante das câmeras. E sabe que Mario não ficava atrás? Ele atuava com a naturalidade de quem estava acostumado ao palco."

No fim da produção, o diretor Wallace Downey alterou o nome da fita para *Estudantes*. Houve uma prévia para a imprensa. Em 5 de julho, três dias antes de a fita começar carreira, o colunista de cinema de *A Noite* já previa o desastre. Curiosamente, o galã foi preservado. No alto da página, o jornal estampa a foto de Mario, de *summer* e gravata borboleta. Abaixo, o texto-legenda dizia: "A melhor coisa que há no filme brasileiro *Estudantes*, que o Alhambra vai lançar, é a parte musical. Mario Reis, figura de relevo do microfone, canta muito bem a canção 'Mimi', obra de delicada inspiração e poética, de autoria de João de Barro".

Ele estreou no cine Alhambra em 8 de julho de 1935, substituindo *As Pupilas do Sr. Reitor*, produção portuguesa estrelada por Maria Mattos. O filme brasileiro permaneceu em cartaz por duas semanas, quixotescamente concorrendo com outros filmes que estavam em cartaz na ocasião, como *Uma Noite Encantadora*, com Ramon Novarro e Evelyn Laye, no Palacio Theatro, e *O Lírio Dourado*, com Claudette Colbert e Fred McMurray, no Glória. John Gilbert estrelava *O Capitão Odeia o Mar*, no Pathé. Havia outra opção: os quinze *rounds* da luta de boxe entre Braddock e Baer pelo título mundial de peso-pesado. Em São Paulo, *Estudantes* teve sua estréia no Cine São Bento e na Sala Vermelha do Odeon, em 14 de julho de 1935.

O público não deu bola para a concorrência e lotou o Alhambra. O fracasso foi de crítica. Ela não gostou do filme. Para P. de L., de *O Globo*, *Estudantes* representou um passo atrás em relação a *Alô, Alô, Brasil!* na

---

[8] Salvyano Cavalcanti de Paiva, *História ilustrada do cinema brasileiro*, Rio de Janeiro, Francisco Alves, 1989, pp. 20-5.

Capas das partituras de dois sucessos lançados pelo longa-metragem da Cinédia.

Astros do filme *Estudantes* no jornal O *Estado de S. Paulo* (1935)

história do filme musical no Brasil. A única alma boa a elogiar a produção foi Sade, de *A Batalha*. Para ele, o filme reafirmava o progresso do cinema na direção do estilo de Hollwyood. "Com a mesma boa fotografia e o mesmo magnífico som de seu primeiro filme, apresenta um argumento, um cenário, uma interpretação, completando tudo numa comédia musicada bem brasileira, destinada a um agrado absoluto e a estabelecer um novo recorde."[9]

Três dias depois da estréia do filme, Mario entrava em estúdio para gravar dois sambas com a orquestra de Pixinguinha, ambos com autoria do boxeador e valentão Kid Pepe: "Adeus Saudade" e "Sonho de Jardineiro". O disco só seria lançado em dezembro.

Que energia! A Cinédia fazia o cantor participar de eventos de divulgação do filme. Mario e Carmen apareciam em fotografias de divulgação como par amoroso. À maneira hollywoodiana, os dois não desmentiam os boatos de que estavam namorando. "Carmen nunca teve nada com ele", garantiu Vadeco em 1999. A realidade é que, nessa época, o casal era visto na noite carioca, em salões e restaurantes, e viajava junto. Numa tarde fria de 23 de julho, os dois desembarcavam em Porto Alegre, como atrações da irradiação inaugural da PRH-2, a Rádio Farroupilha. Como deuses do *broadcasting* carioca, eles desceram as escadas do hidroavião que levava o estranho nome de Curupira (coisas de uma época em que reversores não causavam problemas de decolagem), da empresa Condor. Eram 15 horas e uma multidão os esperava no aeroporto privado da Condor, inclusive escritores, artistas locais e funcionários da nova emissora. A fotografia de Mario e Carmen saiu em todos os jornais da capital gaúcha. Carmen com um elegante vestido e uma estola de pele, carregando uma frasqueira; Mario, de chapéu branco com uma faixa escura e terno escuro, impecável como sempre, levando um jornal na mão. Era um acontecimento, porque a chegada de artistas famosos, ainda por cima em avião especialmente fretado para o evento, provocava enorme entusiasmo na provinciana Porto Alegre. A inauguração da Rádio Farroupilha estava para acontecer às 20 horas no dia seguinte. "Depois de receberem cumprimentos e posarem para os fotógrafos, Carmen Miranda e Mario Reis dirigiram-se ao Grande Hotel, onde ficaram hospedados."[10] O mesmo hotel em que Mario havia se hospedado com Chico, havia três anos.

---

[9] Alfredo Sade, "Estudantes", *in* Alice Gonzaga, *50 Anos de Cinédia*, Rio de Janeiro, Record, 1987, p. 46.

[10] "Os Que Viajam Pelos Ares", *in Correio do Povo*, Porto Alegre, 24 de julho de 1935, p. 5.

A emissora, instalada na rua Duque de Caxias, 1.304, no centro da capital gaúcha, era equipada com transmissores de última geração, importados de Buenos Aires. A potência era a maior do Brasil na época: 25 quilowatts. Seus proprietários eram Luiz e Antônio Flores da Cunha, filhos do governador do estado, preocupado em fazer barulho nas comemorações do Centenário da Revolução Farroupilha. Além da transmissão direta, em canal internacional exclusivo, a rádio instalou na noite de quarta-feira, 24 de julho, dois alto-falantes em frente ao prédio. Com o *slogan* "A Voz Potente do Brasil", a rádio iniciou as transmissões na presença do governador, general Flores da Cunha. Ele fez um discurso pedindo a união do Brasil. "Amai-vos uns aos outros!", concluiu. Depois da execução do Hino Rio-Grandense pela orquestra da rádio, falaram os cônsules e, finalmente, aconteceu o programa artístico tão esperado. Começou com Carmen e Mario, que "especialmente contratados, no Rio, interpretaram, com o brilhantismo de sempre, as últimas novidades da nossa música popular".[11] Carmen, vestida de longo preto decotado e chapéu, cantou o samba "Coração", entre outros sucessos. Mario, com seu "*smoking* reverencial", pôs a mão no bolso para cantar "Mimi", como mostra a fotografia no *Correio do Povo*.

Carmen e Mario esticaram a viagem até a quinta-feira da semana seguinte. Os dois conheciam Porto Alegre de excursões anteriores e aproveitaram para descansar e ficar juntos. Passearam, foram a restaurantes e a recepções da sociedade local. Já eram celebridades. Os fãs assediavam o casal na rua, os chefes de redação os convidavam para visitar os jornais. No sábado, dia 28, fizeram uma visita ao *Correio do Povo* e aparecem sentados lado a lado no sofá de couro da sala de honra do diário gaúcho, cercados do *staff* da empresa. Ali, Carmen anunciou que ia atender ao apelo dos admiradores e faria, na quarta-feira, um dia antes de ir embora, uma "Noite Brasileira", no Cine Imperial. O jornal afirmava que "para maior brilhantismo dessa noitada, Carmen cantará com o auxílio de Mario Reis, o cantor e *gentleman* do Rio que o Brasil também tanto admira. Será assim, uma magnífica 'serata' que o nosso melhor público guardará como uma de suas grandes e inesquecíveis recordações".[12] Prometeram voltar em setembro, para as comemorações do Centenário Farroupilha.

De domingo a quarta, o casal passou o tempo se divertindo na noite

---

[11] "A PRH-2 em Sua Primeira Transmissão Oficial para Todos os Céos da America", *in Correio do Povo*, Porto Alegre, 25 de julho de 1935, p. 3.

[12] "Noite Brasileira", *in Correio do Povo*, Porto Alegre, 24 de julho de 1935, p. 1.

gaúcha. Mario revelou a Carmen que estava deixando a Victor e voltando à Odeon e comentou sobre o seu desejo de parar com aquela vida de fotografias, entrevistas, visitas a redações. Não se satisfazia com o estilo mais popularesco da Victor. Sua voz desaparecia na festa de cores de Pixinguinha. Mas também não parecia animado com a idéia de voltar à velha gravadora, muito diferente de quando a deixara. Há quem diga que Mario chegou a comentar que pediu a mão de Carmen naquele inverno do Sul. Carmen recusou, o que teria deixado Mario traumatizado para a vida toda. Parece exagero, pois ele não era de cultivar emoções fortes. E nunca manifestou desejo de casar. Aos familiares mais íntimos, dizia que não queria compromisso sério, o que o impediria, também, de manter um certo padrão de vida.

Depois de mais um espetáculo consagrador, os dois voltaram ao Rio. Os compromissos esperavam por Mario. Quando chegou, em 1º de agosto, a Victor estava lançando o disco com as duas músicas cantadas por Mario no filme. Tratava-se da mesma gravação usada no filme, onde o cantor dublava o disco. Havia sido feita em 26 de junho, na fase final de montagem do filme. Outro sucesso.

Mario já estava escalado para cantar na produção seguinte da Cinédia, *Alô, Alô, Carnaval!*, cujas filmagens começariam em 14 de outubro. Precisava agora gravar pelo menos uma dezena de discos na Odeon e não encontrava ocasião para mais nada do que gostava mesmo de fazer: jogar tênis, conversar com os amigos, ir aos jogos do América.

Nesse meio tempo, sua mãe adoeceu, teve de ser internada numa clínica psiquiátrica. Ele e Jonjoca decidiram, então, se mudar da rua Afonso Pena, cada um para seu canto. Jonjoca iria se casar e Mario podia realizar um velho sonho: viver sozinho e solteiro, num apartamento da Zona Sul. Enquanto gravava para a Odeon, tratou de alugar um luxuoso apartamento na rua Viveiros de Castro, nº 116, apartamento 22. Não queria mais atender o telefone nem dar entrevistas. Seu comportamento se tornou mais nervoso, agitado. Os problemas familiares o afetaram e, talvez, a recusa amorosa.

Mas esse tipo de inquietação não passava nos discos. Sua voz como que ressuscitou dia 17 de setembro, data das primeiras gravações para a Odeon, "Meu Consolo", um belo e melancólico samba da dupla Walfrido Silva e Gadé, e "Foi Assim Que Morreu o Nosso Amor", um samba de Paulo de Frontin. Novamente, Mario trabalhava com Simon Bountman e a Orquestra Odeon. O estilo do cantor se harmonizava muito mais com o jogo discreto dos timbres e a percussão velada, à européia, de Bountman do que com a barulheira pixinguinhana, adorável porém inculta. Foi assim desde o início de sua carreira, e seria assim nos nove discos que gravaria para a Odeon. Bountman era um orquestrador que fazia mixagens em tempo real de gravação, equilibrando seus instrumentos e submetendo-os aos caprichos da voz de Mario. As tubas, por exemplo, não surgiam na baixaria como num coreto da Festa da Penha. Eram organizadas com o piano e os contrabaixos. O cantor, por sua vez, estava mais consciente dos recursos do estúdio e gostava de dar palpites, coisa impensável nos anos 30, quando todas as tarefas eram muito divididas e hierarquizadas num estúdio de gravação. E Mario se importava com hierarquia?

Queria pôr a sua voz em destaque, com a orquestra tecendo um delicado pano de fundo. Embora admirasse Pixinguinha, o maestro fazia arranjos que não combinavam com seu modo de cantar. Na última fase da Odeon, já não obedecia ordem nem padrão. Fazia o que queria e ai de quem viesse dizer alguma coisa. Seu comportamento em estúdio passou a ser irritadiço. Autocrítico, achava que não havia produzido mais nada de interessante desde os tempos dos Bambas do Estácio. Certo, havia Lamartine, com "Rasguei a Minha Fantasia" e João de Barro, com "Linda Mimi". E ele tinha revelado Walfrido Silva, em cinco sambas clássicos e donos de particularidades não encontradas em outros autores, quem sabe um apelo rítmico diferente, uma fluência melódica sem marcas do maxixe ou do Estácio. Em setembro, gravou de Walfrido a marcha triste "Na Hora H", digna das melhores representantes de Lalá e Braguinha, e o samba "Vai Ter", com sua cadência sincopada e lenta, ao gosto dos grupos vocais que logo surgiriam na trilha do Bando da Lua. Mario estava à vontade quando cantava entre pares e tinha à disposição compositores igualmente camaradas.

Em 14 de outubro foi dada a largada das filmagens de *O Grande Cassino*, título mais tarde alterado para *Alô, Alô, Carnaval!* O argumento era de João de Barro e Alberto Ribeiro. A direção, Adhemar Gonzaga. Os comediantes Pinto Filho, Barbosa Júnior, Oscarito e Jaime Costa se encarregam das gagues, revezadas com 23 números musicais com os melhores cantores do *broadcasting* nacional, como se dizia. O entrecho mostra dois revistógrafos (Barbosa Júnior e Pinto Filho) que tentam convencer um empresário (Jayme Costa) a patrocinar a revista *Banana-da-terra*. A produção era luxuosa para os padrões cinematográficos brasileiros da época, com som a cargo de Moacyr Fenelon e cenografia de Ruy Costa. Antônio Medeiros, Victor Ciacchi e Edgard Brasil eram os fotógrafos. Sempre trajado a rigor, Mario Reis cantou três marchas: "Cadê Mimi?", de

O impecável Mario Reis em cena de *Alô, Alô, Carnaval*.

João de Barro e Alberto Ribeiro, "Teatro da Vida" (A. Vítor) e "Fra Diávolo no Carnaval" (Carlos A. Martinez-Alberto Ribeiro-João de Barro).

Em 1990, Joel de Almeida lembrava que ele e Gaúcho se limitaram a ficar sentados à frente de um balcão de bar, cantando como se posassem para um fotógrafo lambe-lambe. "Era um filme para divulgar o pessoal do rádio, cujo rosto e os movimentos não eram conhecidos do público", disse Joel. E Mario Reis, segundo ele, recebia tratamento especial quando gravava. "Ele não pertencia ao meio de fato, então todos o tratavam com extremo respeito. Ele era uma espécie de entidade mitológica para todos nós."[13]

Mario achava tudo natural e cantou com sua espontaneidade calculada as músicas programadas. A produção era a mais ambiciosa até então. Segundo Braguinha, não foi difícil filmar. "A câmera ficava parada e a gente deixava os artistas fazerem o que sabiam. E como sabiam!"[14] Vadeco também recordava de um clima de camaradagem, "sem discussões, pois todo mundo era amigo".

Mesmo assim, durante a rodagem do filme, aconteceram alguns arranca-rabos. A música "Palpite Infeliz", de Noel Rosa, estava programada para constar entre os números de autoria do Filósofo do Samba. O próprio compositor inventou o quadro, com Aracy de Almeida, sua intérprete favorita, cantando a música, vestida de lavadeira, pendurando roupas no varal. Em depoimento concedido em 1987, a cantora contou que não gostou da idéia porque ia ser a única atriz mal-vestida do filme e iam zombar dela. "Aquilo não era coisa que servisse para minha imagem de intérprete. Queriam me botar como uma maltrapilha. Eu rodei a baiana, peguei meus troços e fui embora. O Chico Viola ainda tentou me segurar mas não houve jeito. Eu fiquei com raiva daquele troço. Sem querer, o Noel me sacaneou."[15]

A pré-estréia se deu no Cine Alhambra, Rio, em 15 de janeiro de 1936, e estreou no mesmo cinema em 20 de janeiro. Em São Paulo, iniciou carreira em 3 de fevereiro de 1936.

As reportagens da época dão conta de que o público vibrou e cantou durante os 70 minutos do filme-revista. A repercussão foi grande e o filme faturou milhões de réis na época. É constrangedor informar que, dos

---

[13] Depoimento de Joel de Almeida, 1990.

[14] Depoimento de Braguinha, 1998.

[15] Depoimento de Aracy de Almeida, 1987.

Um Mario *Art Déco* no folheto de divulgação de *Alô Alô Carnaval*.

Contratos da Cinédia assinados por Mario Reis.

três musicais pioneiros no Brasil, *Alô, Alô, Carnaval!* foi o único preservado. Os filmes originais e as cópias dos outros dois foram perdidos.

As imagens de Mario Reis que foram preservadas mostra um rapaz jovial, descontraído diante da câmera. Canta "Cadê Mimi" com uma elegância de *crooner*. E no número "Fra Diávolo no Carnaval" lidera um animado bloco carnavalesco. Mario simpatizava, claro, com os Tenentes do Diabo, os baetas, cuja cor era o vermelho — a do seu querido América.

Apagados os refletores, Doutor Mario mudava de humor. Consultando o relógio e dizendo palavrões, saía do *set* de filmagem, em São Cristóvão, e seguia com seu carro para o Centro, onde tinha obrigações com a Prefeitura e com a Odeon. Não quis participar das promoções do filme, manteve-se longe de entrevistas e se recusou a ser fotografado. A atitude esquiva soava totalmente estranha num meio extrovertido, em que todos se conheciam. Mas havia em 1936 uma frase que ecoava ainda em 2001. Os seus amigos e colegas sobreviventes pareciam dizer em coro, como na época: "O Mario Reis não se mistura".

De qualquer modo, cumpria seus últimos compromissos com a música. Lançou Mário Lago como compositor em novembro, em meio às filmagens, na música em parceria com Custódio Mesquita: "Menina Eu Sei de Uma Coisa". Mário Lago apresentou a marcha a seu xará, que gostou, apesar de considerar a letra excessivamente maliciosa. "Mario Reis era muito moralista", disse. "Ele não convivia com o meio, só de vez em quando. Ele era um cara muito distinto. Não me parecia gay", afirmou Mário Lago em depoimento em 1998. "Mas gostou e gravou a nossa música." O que contou na escolha foi Custódio. "Afinal, ele pertencia à mesma turma, que andava sempre junta: Aurora, Carmen, Mario, Chico Alves e Custódio. Era o quinteto dos grandes." A música tinha realmente malícia. A letra diz assim: "Menina eu sei de uma coisa/ Que pode a sua vida encrencar/ Se você não quer fazer camaradagem/ Me desculpe, mas eu vou espalhar/ Eu sei que você se assustará/ Porque é uma coisa pra lá de lá/ Menina, vá tomando jeito/ Que é impróprio pra menores/ O que eu sei a seu respeito".

Para fazer a marchinha, Lago contou que se baseou num episódio real: "Um dia, eu e o Custódio estávamos no restaurante do Hotel Glória quando vimos uma mocinha de uns 19 anos, da alta sociedade, filha de um político famoso, sentada à mesa com um sujeito bem mais velho que ela. Eu e o Custódio nos entreolhamos: aquilo era um programa e a menina estava ganhando um extra naquela noite. O assunto serviu de mote para a música. Foi minha estréia, e a interpretação de Mario fez dela um evento inesquecível".[16]

A música saiu em disco em janeiro de 1936. Mas não fez sucesso no carnaval. "Cadê Mimi", lançada no mesmo mês, foi seu último grande sucesso. Mas não venceu o carnaval de 1936. "Pierrô Apaixonado" (Noel Rosa-Heitor dos Prazeres) desbancou as derradeiras pretensões do cantor de brilhar na folia. De acordo com Adhemar Gonzaga, em história que gostava de repetir, Mario desistiu de cantar ao vivo "Cadê Mimi" logo depois do lançamento do filme. Segundo o cineasta, o motivo da desistência de interpretar a marcha foi a reação do público. Mario, durante um espetáculo, cantou "Cadê Mimi" diante de uma platéia agitada e gozadora. Toda vez que Mario cantava o estribilho: "Cadê Mimi?", o público respondia: "Foi fazer xixi!". Mario ficou furibundo e só voltou a cantar a música no LP de 1965, e isso com o público bem longe...[17] Ansioso para terminar seus deveres junto à Odeon, Mario bateu um recorde e, num dia só, 3 de janeiro, gravou quatro músicas para o carnaval. Cantou diante do microfone em seqüência, sem errar, porque ele dizia que "não desperdiçava cera". São elas as marchas "Você É Quem Brilha" (Nássara-Alberto Ribeiro), e "A Tal", de um tal de João de Tal (pseudônimo de Lamartine Babo), "É Você Que Eu Ando Procurando" (Oswaldo Santiago-Carminha Baltazar) e o samba "Você Merece Muito Mais", de Ismael, uma canção em tom menor, bela como a primeira fornada do Estácio. Mario não conseguiu emplacar nenhuma das músicas.

Suas últimas gravações se destinavam também ao carnaval: o samba "Este Meio Não Serve" (Donga e Noel) e a marcha "Tira... Tira...". Músicas, aliás, insossas e recheadas de segundo sentido. Não eram dignas de Mario. Mas ele não teve outro remédio senão cantá-las — ou, melhor, estribilhá-las; na segunda, para dar uma idéia da bobagem, o coro mistura português e francês para conclamar uma menina de família a se despir em público, como no Mardi Gras de New Orleans. As duas composições eram de Donga, cujo nome era muito maior que seu talento para compor. Mas era o mesmo que havia acompanhado Mario ao violão em sua gravação de estréia, em 1928. No seu espírito cartesiano, a trajetória se completava. Caía o dia 10 de janeiro de 1936; Mario Reis dava adeus à carreira sem que ninguém tivesse ainda se dado conta do fato. E seu "tes-

---

[16] Depoimento de Mário Lago, 1998.

[17] Depoimento de Alice Gonzaga, novembro de 2000.

Heloísa Helena e Mario Reis posam para uma foto durante as filmagens de *Alô, Alô, Carnaval*.

Marcha gravada por Mario em janeiro de 1936 na sua penúltima sessão para a Odeon.

tamento estético" foi cantar uma letra nada cartesiana, deste quilate: "Babadinho, babadinho/ Mas que velho bobalhão/ Este moço está babado/ Tem na boca um coração/ Eu não quero me meter/ Eu não quero mais falar/ Eu não gosto de embrulho/ Vamos todos imitar" ("Tira... Tira..."). A Idade Clássica do grande dizedor do samba terminava com quadrinhas sem pé nem cabeça.

O fracasso carnavalesco de suas seis músicas lançadas para a ocasião o deixou chateado e contou ainda mais para a decisão de ir parando e saindo discretamente de cena. Foi uma abdicação à maneira da de Dom Pedro I, que renunciara à coroa brasileira embarcando na calada da noite em uma fragata inglesa, deixando uma carta que era algo parecido com "gente, tô indo!". Mario nem isso. Passado o carnaval, ninguém mais conseguia econtrá-lo nos bares e cafés, nos teatros, nos salões. Mantinha o endereço em segredo. Não atendia telefone.

Desde "Cadê Mimi", muitos sambas e marchas da última fase de Mario abordavam o tema da fuga da pessoa amada e da procura por ela na multidão. O assunto se repetia em "Na hora H" ("Na hora H do meu amor você fugiu de mim"), "A Tal", "É Você Que Eu Ando Procurando" e em muitos outros. Daí a associar a letra à desaparição de Mario, era um pulo. Os jornalistas, com a crueldade habitual, começaram a chamá-lo de "Mimi", porque fazia dengo para atendê-los e vivia desaparecendo, feito a marcha de Braguinha. O apelido pegou e se espalhou pelo Café Nice. A corrosiva gargalhada em bom estilo carioca chegava aos tímpanos sensíveis de Doutor Mario. Não aparecia mais e os colegas perguntavam: "Cadê Mimi?". Isso o levava a se esconder cada vez mais de tudo e de todos, talvez motivado por uma depressão. Sua mãe estava com problemas mentais. O sucesso já lhe tinha dado o cartão vermelho. Para a imprensa musical carioca, o galã tinha se convertido em excêntrico, um papel inadequado ao seu fino *physique du rôle*. Era muito anticlímax para "o homem mais vaidoso do mundo".

Mario Reis em meados da década de 1930.

11.
PAROU POR QUÊ?

Assim como a personalidade bizarra de Mario Reis demorou a se desenvolver, também o público levou tempo para se dar conta de que o Bacharel do Samba havia batido em retirada do disco e dos espetáculos. Seus fãs caíram na realidade por volta de maio de 1936, quando já não se ouvia mais sua voz nos discos e no rádio. A imprensa começou a especular sobre o abandono do cantor no esplendor da glória, aos 28 anos. Está certo que ele não havia feito sucesso no último carnaval. Mas seria motivo suficiente para desistir da guerra? De Mimi, passou a ser visto como um personagem ainda mais estranho, por ter desistido precocemente da carreira.

Dois motivos convergiram: o estético e o material. O samba estava vivendo dias de baixa vendagem, por causa da valsa, da seresta e das versões. A voz empostada retornava aos alto-falantes, agora reciclada por influência de Bing Crosby e outros *crooners* hollywodianos.

Mario não gostava de nenhum desses gêneros, nem os tinha gravado. Via os novos cantores surgirem, com outro tipo de visão de mundo. Orlando Silva, por exemplo, começava a fazer sucesso com uma linda voz e um estilo de cantar mais moderno, mais apropriado ao romantismo e às profundidades de sentimento. E o samba voltara ao morro. Os sambistas de relativo sucesso, como Moreira da Silva e Cyro Monteiro, faziam um estilo malandro radical, na escola de Luiz Barbosa. Cantavam com breques e bossas, ou seja, com um jeito especial e malicioso de roubar a melodia de seu contexto formal. Paravam, alteravam, comentavam, tagarelavam. Mario era adepto de um molho mais discreto e da quase improvável conversão de um samba em jóia.

"Não tente descobrir nenhum motivo especial para explicar por que parei de cantar", alertou ao repórter José Márcio Mendonça, em 1971, quando concedeu algumas entrevistas para divulgar seu show de despedida, no Golden Room do Copacabana Palace, em setembro. "Não tente porque não existe nenhum mistério. Eu achei que não tinha mais nada de especial, mais nada de novo para fazer em termos de música, e parei. Não queria me repetir, não gosto de me repetir. E só voltei quando quis, quando senti necessidade de gravar, atendendo aos amigos. Por que parei? Porque quis. Achei que era a época."[1]

Para Silio Boccanera, repórter de 23 anos que estreava no Caderno B do *Jornal do Brasil* em 1971, com a incumbência de escrever uma reportagem sobre o novo LP do cantor, ele disse: "'Achei que já tinha feito tudo o que podia' — esclarece, procurando se justificar depois de muitos anos, num argumento pouco convincente em circunstâncias normais, mas compreensível num homem de vontades, iniciativas repentinas e aparentemente tão injustificável quanto a sua volta atual".[2]

Em resumo, ele se definia como um sujeito cheio de vontades, discreto, sossegado, que queria tranqüilidade longe da imprensa e dos fotógrafos. E que já tinha dito tudo em música. Marca de um tempo, ele precisava se retirar para não se transformar em redundância. Seu mito provém do corte exato com que calou a própria voz, no início de uma linha descendente que o levaria a virar paródia de si próprio. "Larguei a minha carreira, não foi bem uma carreira, mas um momento, em pleno apogeu", disse, em 1964.[3]

Descrevia sua arte em termos muito simples: "Sentia que aquele prolongamento de som que os cantores davam prejudicava o balanço natural da música. Encurtando o som das frases, a letra cabia dentro dos compassos e ficava flutuando. Eu podia mexer com toda a estrutura da música sem precisar alterar nada (...) Acho que as palavras devem ser pronunciadas da forma mais natural possível, como se estivesse conversando. Qualquer mudança acaba alterando o que o letrista quis dizer com seus versos".[4]

Ora, sua descoberta era uma regra muito simples e sem relação com o volume de voz ou a intercessão de um captador de sons: Mario fazia da melodia uma serviçal da letra — o mesmo programa, aliás, que deu origem à ópera, com a Camerata Bardi, em 1590, na Itália (depois a ópera virou *bel canto* e abusou). Desse modo, o canto se tornaria natural veículo da palavra. É uma chave tão simples que qualquer pessoa pode tentar por si própria, com voz fraca ou não. Mario criou um modelo de can-

---

[1] José Márcio Mendonça, "O Sucesso Chegou Quando Mario Reis Gravou Seu Quarto Disco (o Primeiro Foi Feito Sem Querer, Por Acaso)", *op. cit.*, 7 de agosto de 1971, p. 1.

[2] Silio Boccanera, "Mario Reis: a Escolha da Volta", *in* Caderno B, *Jornal do Brasil*, 6 de agosto de 1971, p. 1.

[3] "Mario Reis Deixou o Samba pelo Bridge", *in* O Globo, Rio de Janeiro, 1964.

[4] Tárik de Souza, "O Mais Carioca dos Cantores", *op. cit.*, 6 de outubro de 1981, p. 1.

to, provando ser possível frasear seguindo o ritmo do carioquês — seco, dado a fricções e chiados que podiam ser domados, a síncopes e a uma entonação descontraída que deviam resultar em arte. Ele cantava com presença de espírito. O que mais se nota em suas gravações é que sua voz era inteligente. Não porque dissesse algo especialmente espirituoso, mas, sim, por dar a sensação de que era movida por um cérebro superior, capaz de soprar ironia onde ela não existia, melancolia onde esta parecia murcha, metafísica num bordel do Estácio. Mario parou porque, dali para diante, o caminho estava pavimentado e vieram três, quatro, uma legião de pretensos mários.

Concorreram para que ele deixasse a carreira duas razões que, nas entrevistas, não mencionava muito, mas que estão expressas em uma delas, dada a O Globo, em 1964.[5] Escreve o repórter que a morte de seus amigos Carmen Miranda, Lamartine Babo, Ary Barroso e Francisco Alves determinaram um afastamento ainda maior do já distante astro: "Não acredito" — argumentou — "que uma turma como essa possa ser reunida novamente. Toda uma grande época passou e eu também". Um outro motivo desse fim abrupto na carreira de cantor foi que "naquela época não dava para viver de música e tive que procurar outra coisa". Contou igualmente a pressão social. Sua família queria vê-lo num trabalho estável, em atividade condizente com sua classe social.

Não aconteceu cerimônia nem espetáculo de adeus, nada. Mario regressou à vida de fino, de onde nunca de fato havia se afastado; e se retirou da artística, na qual, aliás, nunca deixaria de permanecer. Não havia mistério algum. Era uma vida e outra vida; a música e a "sociedade". Elas sempre correram juntas, mas, às vezes, colidiam, na repulsão uma da outra. Seu adeus à música era um até-logo. No futuro, ele faria cinco voltas bissextas e marcantes ao cenário musical. Só quando lhe deu vontade, porque, a partir de 1936, não precisava mais da música para sobreviver.

Enquanto experimentou seus oito anos de glória artística, nunca deixou de consultar Dr. Guilherme e sair com seus primos. Também não se afastou do irmão nem do contato social. É que, a partir do final de 1930, a família Silveira estava sob suspeita do governo, com os bens bloqueados por Getúlio e a Bangu amargava a mais grave crise desde sua fundação, em 1889. Mario dependia da música, apesar da pose de menino rico.

Em 1936, Guilherme da Silveira estava conseguindo reerguer aos poucos a Bangu, mas precisava dos dois filhos como aliados. Joaquim e Sil-

---

[5] "Mario Reis Deixou o Samba pelo Bridge", *op. cit.*, 1964.

O cônego Olympio Mello, prefeito do Rio de Janeiro, em recepção da família Silveira. Mario Reis é o quarto à esquerda, com uma taça na mão.

veirinha eram já engenheiros formados e bem empregados quando o pai os chamou para trabalhar na fábrica. Silveirinha chegou em março, deixando a chefia de gabinete da Prefeitura de São Paulo, cargo que mal havia assumido. Joaquim estava trabalhando na Prefeitura. Quando o pai o convocou, em julho, ele realizava serviços de levantamento, por sinal na região de Bangu. Ele assumiu o setor comercial, como vendedor de tecidos, com um salário baixo. Guilherme foi cuidar do Departamento Territorial da empresa. Sua missão era encontrar uma maneira de organizar e tomar posse dos terrenos da empresa, que estavam sendo invadidos ilegalmente. Sede de uma antiga fazenda, Bangu era o pequeno reino da família Silveira, um microcosmo do Brasil, que Dr. Guilherme tentava administrar da forma mais democrática possível. Mas com Getúlio, seu inimigo político, as coisas não eram fáceis. Foram importadas novas máquinas e implementada uma política de redução dos preços dos produtos. Mas não era o suficiente.

Dr. Guilherme precisava consolidar a situação da empresa junto ao governo. Por uma coincidência curiosa, Getúlio havia nomeado, no início do ano, o cônego Olympio de Mello para a Prefeitura do Rio de Janeiro, em lugar de Pedro Ernesto, que foi mandado para a prisão, por suspeita de colaboracionismo com os protagonistas da Intentona Comunista de 1935. Logo que assumiu o cargo, o pequeno Mussolini de batina tratou de empreender uma campanha contra seu antecessor, enquanto este ainda amargava no xadrez. Diz a família que os Silveiras moveram suas influências junto ao governo (eram poucas, mas, pelo jeito, eficazes) para que o religioso fosse "eleito" prefeito. Olympio de Mello era "cria" da Bangu. Havia nascido e crescido lá, à sombra da fábrica, rezava missas no solar dos Silveiras, na praça da Sé, e era amigo de ir almoçar aos domingos com a família. Suas crenças fascistas calhavam aos ideais de Getúlio e poderia ajudar na recuperação da Bangu, cujo perfil era liberal e, sobretudo, pró-República Velha. Acompanhado do irmão Jonjoca, Mario Reis sempre dava um pulo por lá nos finais de semana, para os verdadeiros banquetes servidos à beira da piscina da mansão do tio. Costumava beber muito e conversar mais ainda, trocando idéias e piadas com os primos.

Mario já tinha assumido uma postura diferente. Fiscal do Jogo, com as ações da Bangu subindo aos poucos, ele estava morando bem, sozinho, na área mais luxuosa de Copacabana. Morava a dois quarteirões da praia pela primeira vez na vida. Andava de calção de banho e, de volta ao estilo de vida saudável, adotou o hábito de passear pela praia, correndo, fazendo flexões e, por fim, um banho de mar. Cantava enquanto passeava, velhos sucessos, ou músicas que ninguém sabia nem iria saber. No fim de fevereiro, Mario voltou para seu apartamento, no segundo andar do prédio, e percebeu que havia sido roubado em 2 contos de réis. Em 21 de fevereiro, o *Correio da Manhã* estampou a notícia com o sugestivo título "Adeus à 'Música'!". Subtítulo: "Mario Reis, o Bacharel do Samba, roubado em dois contos de réis. Um *film* que é uma advertência". Abaixo, a foto de Mario em *Estudantes*. Dizia a reportagem: "Ele criou 'Jura', 'Gosto Que Me Enrosco' e 'No Grande Teatro da Vida'. Pois foi no grande teatro da vida que a sorte não lhe sorriu, como nos microfones e nas gravações: Mario Reis sofreu uma decepção grande ao regressar do banho de mar". O repórter o chama de "introdutor diplomático do samba nos salões da elite carioca", o que o credenciava, naturalmente, a morar num apartamento elegante de Copacabana, "no âmago das platéias que o consagraram". Após fornecer ao leitor o endereço completo do cantor, contou o episódio: "Ontem, rapaz de bons costumes, cerca das 18 horas, saiu para um salutar banho salgado. Uma hora e meia de distensão muscular e banhos de sal bastavam. Assim, cerca de 19h30, regressou ele. Qual não foi a sua decepção ao constatar que sua carteira havia desaparecido e, com ela, dois contos de réis!". A reportagem segue em tom de gracejo: "O fato era tanto mais lamentável quanto, em gíria de ladrões, carteira é conhecida por 'música', donde concluir-se, a princípio, que Mario Reis havia sido furtado em alguma melodia...". Mario deu queixa na delegacia do 2º distrito. O investigador Leônidas o acompanhou ao prédio e apurou que a vizinha havia se esquecido de fechar a porta de acesso ao apartamento. "E, como estivesse entre artistas, advertiu com um sucesso de Raul Roulien em Hollywood: 'Não deixes a porta aberta...'". O repórter faz trocadilho com o título do filme estrelado por Raul Roulien *Não Deixes a Porta Aberta* (*No Dejes La Puerta Abierta*), lançado em 1933. Com produção da Fox, tinha como diretor Lewis Seiler e, no elenco, Rosita Moreno (não confundir com a de *West Side Story*) e Manuel Noriega (sem parentesco com o ditador panamenho). Foi um grande sucesso na América Latina. A matéria termina assim: "Enquanto o investigador Leônidas esquadrinhava recantos e fazia interrogatórios, do banheiro, Mario Reis cantava, aborrecido: 'Pirata da areia/ De Copacabana'".[6]

Piada ou não, os jornalistas adoravam brincar até com os reveses do cantor que havia se auto-exonerado da arte, pintando-o na situação de

---

[6] "Adeus à 'Música'!", in *Correio da Manhã*, 21 de fevereiro de 1936.

tenor de banheiro. Mario não estava nem aí. Lia os jornais e dava risada enquanto sorvia o seu chá da manhã.

Seu negócio era levar a vida em paz e, de preferência, com certo luxo. Num dos domingos de março ou abril, o padre Olympio, que simpatizava com Mario, foi ao solar de Bangu. Vendo o jovem ex-cantor, convidou-o a ser oficial de gabinete. Mario arregalou os olhos, achou a idéia um tanto absurda, mesmo porque estava com alguns uísques a mais.

Mas a ponderação que o tio lhe fez em particular pesou definitivamente para que aceitasse o cargo. Ele havia sugerido o nome do sobrinho para o cargo, com vistas a uma amiga do jovem: Alzira Vargas, filha de Getúlio e dona Darcy, a primeira-dama. A Bangu precisava se robustecer dentro do governo para obter a legalização dos terrenos invadidos e conseguir empréstimos para a ampliação de seu parque industrial. Apesar de homem ligado à fábrica, o padre era lento e não gozava de inteira confiança. Poderia atrasar o processo. Nada melhor que Mario, advogado formado, que já trabalhara ao lado do Dr. Guilherme no Banco do Brasil e tinha experiência em Direito Comercial, a vigiar de perto o prefeito, como seu oficial de gabinete. Além disso, o cônego, sempre com sua batina preta e chapéu de abas largas, era comunicativo como um robalo no aquário. A simpatia e agitação permanente de Mario poderiam ajudar muito nas situações sociais e nas negociações mais delicadas. Isso fortaleceria ainda mais a fábrica. Na Bolsa de Valores do Rio, Jonjoca, que já era corretor, monitoraria para a família o rumo das ações. E foi assim que o esteta do samba tomou posse na Prefeitura do Rio, como oficial de gabinete do prefeito, em abril de 1936.

Os jornais acentuaram o fato de Mario ser um "artista do *broadcasting*". E, como tal, assumia o cargo em uma prefeitura nomeada, que gozava da antipatia de toda a população. O crítico e musicólogo Mozart de Araújo, amigo de Mario, publicou uma crônica a respeito da nomeação de Mario. O título perguntava: "Mario Reis, Sambista ou Bacharel?". "Os jornais noticiam a nomeação de Mario Reis para oficial de gabinete do prefeito do Distrito Federal", iniciou Mozart. "E acrescentam: 'À guisa de identificá-lo melhor: Mario Reis, o querido sambista do nosso *broadcasting*'." Mozart discorreu sobre a popularidade do cantor como intérprete de sambas. "Daí o fato de o cantor absorver, no conhecimento do público, o bacharel. Entretanto, é de ajuizar-se que o nomeado foi este e não aquele. Acho o fato lamentável. Sobretudo porque julgo perfeitamente boba a tentativa de se querer sobrepor o bacharel ao sambista." E dispara: "Mario Reis é uma vítima do bacharelismo brasileiro. Foi o samba que lhe marcou a personalidade. Foi no samba e pelo samba que o seu nome se tornou nacional. É ao sambista que o povo admira e quer bem". O paradoxo sambista *versus* doutor foi bem explorado pelo crítico. "Mario Reis se popularizou sem se vulgarizar", afirmou. "É um segredo que poucos possuem. Entre nós são raros: Procópio, Mario Reis... O resto se banaliza na ânsia de se mostrar, no delírio do exibicionismo barato..." Segundo Mozart, é um privilégio tornar-se sambista destacado na terra do samba, algo destinado a "grandes personagens", de "temperamentos marcantes". "Se o anel lhe foi indispensável quando advogado do Banco do Brasil, agora é perfeitamente dispensável. E neste caso é o sambista mesmo o nomeado. É Mario Reis, o querido sambista do nosso *broadcasting*, como dizem os jornais. E o próprio Mario, estou certo, deve se sentir orgulhoso disto. Dignifica a Música Popular, de que é interprete legítimo e dará a todos, de uma vez, a convicção de que Mario Reis não estudou Direito para cantar samba. Mas estudou samba para cantar direito..."[7]

Mario desdenhava até esse tipo de convite simpático à fuzarca novamente. Ele havia parado por completo qualquer atividade musical. Não ia mais ao Nice, não passava na Odeon e nem ligava para os amigos antigos. Não se misturava e causava um pouco de ressentimento no meio artístico. Mas era coisa leve porque, tão logo quisesse, todo mundo iria querê-lo de novo.

Suas gestões com o cônego começaram a render resultados para a Bangu. Os dois conseguiram que Getúlio em pessoa visitasse as dependências da fábrica. O evento se deu na segunda-feira, 27 de julho. A conselho do cônego e de Mario, os operários carregaram faixas de boas-vindas ao presidente da República, além de flâmulas e gigantescas bandeiras com a efígie de Getúlio Vargas, confeccionadas em tecido da própria Bangu. Acompanhado pelos Silveiras, Mario e o padre, Getúlio cumprimentou o tecelão, passeou pelo interior da fábrica, caminhou com sua comitiva pelas ruas do "mundo encantado" da Fábrica Progresso do Brasil S. A., e conheceu o novo calçamento do "florescente subúrbio". No final, Olympio de Mello ofereceu ao presidente da República um banquete no prédio do recém-inaugurado Bangu-Club, que seria destinado ao lazer dos operários.

Foi uma vitória, festejada por todos na fábrica. Cada vez mais elétrico, Mario se entusiasmava com os eventos e promovia a ida de Olym-

---

[7] Mozart de Araújo, "Mario Reis, Sambista ou Bacharel?", in *Carioca*, Rio de Janeiro, 2 de maio de 1935, n° 28, p. 41.

Visita do presidente da República Getúlio Vargas a Bangu: campanha de "redenção" da empresa, em reportagem de *A Noite Ilustrada*.

pio de Mello ao subúrbio pelo menos uma vez por mês. Era o padre que ia beijar o anel de seu tio.

Na Prefeitura, Mario se acostumou facilmente com a rotina. Ele fazia o papel de anteparo do cônego. Atendia os chatos, despachava-os, conversava com Deus e o mundo pelo telefone, andando de um lado para o outro, com seu jeito cada vez mais nervoso. Quem o visse na Prefeitura não reconheceria o sorridente e calmo doutor em samba. Com sua personalidade detalhista e obsessiva, ele se preocupava demais com os compromissos e decisões do cônego. A certa altura, percebeu que o prefeito não era o robalo pintado de dourado pelo tio. Tratava agora Bangu como seu curral eleitoral, criava uma ponte de troca de favores entre o Centro e o subúrbio e empreendia campanhas contra adversários políticos. Dali a alguns meses, doutor Guilherme seria obrigado a ir à Prefeitura para beijar o anel do padre.

Na biografia de Ary Barroso, Sérgio Cabral comenta que Olympio era "um político de tão pouco prestígio entre os democratas que, se o cantor soubesse exatamente do papel que seu chefe cumpria, talvez não aceitasse chefiar o seu gabinete". E prossegue: "Entre as patifarias cometidas por Olympio de Mello, a mais terrível foi a campanha feita contra o seu antecessor, Pedro Ernesto, tentando atingir até a sua honra, quando o acusado não podia se defender pois se encontrava preso, apesar de sofrer de câncer, sob a alegação de estar envolvido na chamada 'intentona comunista' de 1935".[8]

Em política, Mario tendia para o conservadorismo e nada tinha de ingênuo, pois sabia ser um crítico cáustico quando lhe convinha. Talvez não se desse conta das bandalheiras, mas tudo o que via contava ao tio. Mantinha-se firme na função e ia se acostumando ao contato com o recreio dos políticos e gente importante que o rodeava, cheia de amabilidades. Começou a fazer bom relacionamento com o governo Vargas, por meio de Alzira, e estreitou amizade com a primeira-dama, dona Darcy Vargas.

Ao mesmo tempo, se habilitou a freqüentar o Jockey Club, cuja sede, um prédio neoclássico razoalmente distinto, ficava na avenida Rio Branco, não longe de seu gabinete e permanecia aberta 24 horas. Para lá ia todas as tardinhas, permanecendo até tarde da noite, numa sala de jogos. Ele começava a fazer parte da "turma do Jockey". Um grupo de sujeitos que nunca iam às corridas e, muitas vezes, jamais haviam chegado perto

---

[8] Sérgio Cabral, *No tempo de Ary Barroso*, Rio de Janeiro, Lumiar, 1990, p. 181.

de um cavalo. A turma gostava de jogar exclusivamente bridge. Virou uma paixão de Mario, que se considerava imbatível no jogo.

Mario fazia o gênero autoconfiante e agressivo no carteado. Foi no bridge que ele desenvolveu a habilidade de dar apelidos. Já tinha o hábito de dizer um palavrão em cima do outro, como uma rajada de insultos que terminavam por provocar risadas. O grupo do bridge era formado por figuras importantes, como Arthur Bernardes Filho e o velho senador Azeredo. O Jockey era um refúgio da República Velha, da qual, de certa maneira, Mario não deixava de fazer parte. O carteado era uma válvula de escape do pessoal censurado ou deposto por Getúlio. Ninguém podia falar nada contra o governo, mas os insultos do bridge valiam como substituto.

Jogado a quatro, o bridge se baseia em trunfos. E o trunfo maior é o naipe de ouros. Mario não admitia perder. Se ganhasse, se gabava até nenhum dos três companheiros suportar mais. Jogava falando o tempo todo, numa sanha de vencer quase demente. Um certo dia, sobraram no jogo, frente a frente, Mario e a eminente figura do senador Antônio Francisco de Azeredo: destaque como constituinte em 1891, senador pelo Mato Grosso de 1897 a 1930, e vice-presidente do Senado a partir de 1915. Era o momento do duelo, do trunfo. Mario jogou na mesa o ás de copas, mas o senador meteu 2 de ouros e ganhou a vaza. Mario foi ficando nervoso; com os dentes arreganhados, jogou o ás de espadas. O senador veio com 3 de ouros e cortou. Mario desferiu um olhar furioso para o senador: "Rei de copas", sorriu para o velho político, com a aparência de quem ia vencer. Azeredo, impassível, lançou um 5 de ouros à mesa. Só sobrava a Mario um dois de paus... Com fúria, ele atirou a carta e gritou: "Esta aqui, ó, senador, você vai cortar com a bunda!".[9] E saiu da sala, teatralmente, às gargalhadas.

Mario era de lua e estava ficando cada vez mais. Desenvolveu manias as mais variadas. Nas festas de fim de ano e de aniversário, não queria receber presentes para não ter que dar. Como fazia aniversário entre as festas de fim de ano, aproveitava para comemorar tudo junto e deixar o aniversário em segundo plano. "Ele detestava fazer aniversário e dizer a idade", comentou em 2000 Maria Cândida da Silveira, mulher de Joaquim. As festas aconteciam no vasto apartamento do casal, na rua Rui Barbosa, no Flamengo, com vista para a Enseada de Botafogo e o Pão de Açúcar. Ali se reuniam os Silveiras, Mario e Jonjoca. Como todos tinham o mesmo temperamento espirituoso, as conversas viravam festivais de di-

---

[9] Depoimento de Afrânio de Mello Franco Nabuco, 2000.

tos, lembranças, frases de efeito, epigramas. O jovem Silveira Sampaio sabia ser digno representante da raça: discutia com o primo mais velho, saía-se bem das ironias e aprendeu a imitá-lo como ninguém. Às vezes, Mario dava uma canja, cantando os sambas que ninguém conhecia, que primeiro só ele e Noel sabiam e, agora, só ele... Era um espanto para todo mundo. Sua memória era prodigiosa e, aos poucos, foi se tornando uma espécie de obra de referência do Rio de Janeiro. Mais tarde, se tornaria a memória viva da cidade, sabia tudo de cor e salteado.

Em 5 de maio de 1937, Mario foi avisado por um amigo de Jockey que Noel Rosa havia morrido na noite anterior, em conseqüência de tuberculose. Correu à Vila Isabel para acompanhar o velório e o enterro do amigo, no Cemitério São Francisco Xavier. Mario acompanhou tudo. Ary Barroso fez um discurso inflamado, confessando-se rival cordial do Poeta da Vila. Foi um enterro concorrido, com a presença de artistas do "nosso broadcasting" como Patrício Teixeira, Orlando Silva, Nuno Roland, Marília Batista, Lamartine Babo, Joel e Gaúcho, Nássara, Orestes Barbosa e Aracy de Almeida.[10] Mario achou estranha a ausência de Francisco Alves, que tanto devia a Noel e a quem tanto explorou. Chico odiava enterros.

A vida parecia normal, apesar do cônego Olympio. Em 1938, Mario e os Silveiras conseguiram devolver o cônego à pia batismal da Sé de Bangu. O padre traquinas começou a querer dominar o mundo encantado da família, especulando com loteamentos. Sua deposição teve comemoração. No seu lugar, em 1938, entrou Henrique Dodsworth, que confirmou Mario na chefia de gabinete. Os problemas da Bangu aos poucos eram resolvidos: os terrenos em litígio foram reintegrados ao patrimônio da empresa e, com a anuência de Getúlio, empréstimos foram contraídos. As ações subiam e, com elas, o nível de vida da família. Mario comprou um imóvel na rua Ronald de Carvalho, n° 45, apartamento 5, também em Copacabana, e se mudou para lá. Vivia sozinho e se recusava a pensar em casamento. "Um sujeito orgulhoso como eu? Casar? Não ia dar certo. Sou cheio de vontades!", comentava com Candinha, que se casaria com Joaquim em 1943. "Eu não ia conseguir manter uma esposa com dignidade. Não sei dividir minha vida com ninguém."

Mario não pensava em cantar. Mais envolvido do que nunca com a Bangu, em julho ele se tornou diretor geral de esportes do clube local. Ele revelou ao jornal *A Noite* seus planos para desenvolver as atividades do clube. Na entrevista, Mario era chamado de "zeloso diretor". E expôs seus

---

[10] "O Violão Que Emudeceu", *A Noite*, Rio de Janeiro, 6 de maio de 1937, p. 1.

planos: organizar torneios internos para fortalecer as categorias juvenil e profissional de futebol, consolidar o departamento de tênis na agremiação e começar a fazer o mesmo com o basquete e o vôlei. Prometia a construção da piscina para incentivar a natação. Tudo isso, explicou com fala de político, só seria possível se os sócios colaborassem na campanha do "mais um", "a fim de que a contribuição dos sócios aumente e os melhoramentos que pretendemos introduzir em nossa praça de esportes se tornem uma realidade, brevemente".[11] Não queria outra vida: ser um dirigente de esportes, um advogado, um doutor em terra de sambistas.

Costumava ir ao escritorio do irmão, na Bolsa, para dar uma espiada no mercado. E falar, pelos cotovelos, que era o que mais gostava de fazer. Ele também tinha sido nomeado Agente da Dívida da Prefeitura. Gostou da idéia, porque podia voltar à sua especialidade: Direito Tributário. Seu salário era tão grande que havia colegas que reclamavam. Mario trabalhava pouco, mas sabia fazer amizades de peso. E elas tinham um preço. O advogado não imaginava que seria obrigado a voltar a cantar justamente por causa de sua vida em alta sociedade. Em julho de 1939, dona Darcy convocou a sociedade para participar de um ato beneficente para levantar fundos para a construção de duas entidades: a Cidade das Meninas e a Casa do Pequeno Jornaleiro.

Quase todos os distintos membros da sociedade carioca estavam sendo conclamados a integrar o elenco de uma *féerie* em dois atos com texto de Henrique Pongetti, intitulada *Joujoux e Balangandans*. Seria um espetáculo amador, com canto, música e dança, a estrear no fim de julho no Teatro Municipal. Dona Darcy convidou pessoalmente alguns profissionais, como os maestros Radamés Gnattali e Romeu Ghipsman, que já estavam ensaiando uma orquestra com 80 elementos procedentes das rádios Nacional e Mayrink Veiga. Dona Darcy falou pessoalmente a Mario. Convidou-o como figura principal do evento, pois a ele estava reservado o número final. Explicou-lhe a importância social da iniciativa e de como seria bom contar com ele, um intérprete que todos admiravam e havia tanto tempo estava fora do ar. Alzirinha insistiu. Doutor Mario engoliu em seco, e disse que sim. Havia se despedido três anos atrás, sem alarde, mas com imensa repercussão, tinha fugido de todos, e agora... Sentiu-se um arroz de festa. Mas, nos tempos duríssimos do Estado Novo, não havia como dizer não ao governo Vargas. Carmen Miranda cantava rumba nos States. Dona Darcy era a nova "Ditadora do Samba".

[11] "O Bangu Construirá uma Piscina", *in A Noite*, 15 de julho de 1938.

Flagrantes da *féerie Joujoux e Balangandans* no Teatro Municipal do Rio, pela revista *Ilustração Brasileira*, de setembro de 1939.

12.
DARCY E BALANGANDÃS

A Primeira Dama conseguiu comover o *grand monde*. Ela reuniu um elenco de 280 pessoas de fino trato e já tinha marcado a estréia no Teatro Municipal do Rio para 28 de julho de 1939. A direção artística ficou a cargo de Alexandre Azevedo, com coreografias de Luiz Octavio e cenários de Gilberto Trompowsky e assistentes. Radamés Gnattali dirigia a parte musical. Seriam 28 músicas de autores famosos, algumas criadas especialmente para o acontecimento. Os compositores convocados eram Lamartine Babo, João de Barro e Ary Barroso. O estreante Dorival Caymmi também ia apresentar uma canção inédita[1].

Henrique Pongetti trabalhou nas idéias da sra. Celina Heck Machado e Léa Azeredo da Silveira, esta neta do senador Azeredo e professora de canto formada. As duas socialites buscaram inspiração nas operetas que gostavam de assistir. Elas inventaram uma historieta amorosa, em meio a bailados, números vocais e instrumentais. Consideravam um achado juntar dois termos, o francês "joujoux" e o brasileiro "balangandã" no título, porque eles significavam a mesma coisa nas duas línguas: jóia. E "balangandã" era uma palavra da moda, introduzida um ano antes por Carmen Miranda no filme *Banana da Terra*, onde cantava "O Que É Que a Baiana Tem?", do novato Dorival Caymmi. Para não entediar o público, Celina e Léa estabeleceram que as cenas de senzala e favela deveriam ser entremeadas por episódios parisienses ("Quartier Latin") e nova-iorquinos (o fox sapateado "Gury", por Hélio Manhattan), numa mistura gostosa de miséria lírica e muito luxo[2]. A orquestra do americanizado Radamés Gnattali atacava de "Blues of Hawaii". O importante era que todos em palco fossem podres de ricos.

[1] Dorival Caymmi comentou em 2000: "Foi o primeiro grande espetáculo ao vivo de que participei. Uma festa bonita. Mario Reis era o grande cartaz". Caymmi interpretou "Makuchila" e "O Mar".

[2] A edição de "Joujoux e Balangandãs" para piano traz a seguinte informação: "Inspiração das Senhoras Léa Azeredo e Ilda Boavista em colaboração com o escritor Henrique Pongetti". Mais adiante, a dedicatória: "À Senhora Darcy Vargas, fundadora devotada da Cidade das Meninas. Homenagem do autor e dos intérpretes".

Já tinham confirmado presença no elenco Jorginho Guinle, amigo de Mario, o príncipe Dom João de Orleans e Bragança, Oswaldo Aranha Filho, Getúlio Vargas Filho e a filha de Azeredo da Silveira, Bernardete. As *socialites* Nininha Leitão da Cunha, Diana Sabóia de Lima e Marta Hortência Nascimento Silva já estavam até com seus trajes de vedetes prontos.

Doutor Mario conhecia o elenco e achou que toda aquela agitação resultaria no Armagedon da *high society* em compasso de samba, anunciado desde a Intentona Comunista. A grã-finagem carioca ia requebrar e cantar sambas como se estivesse na Praça Tiradentes de vinte anos antes. Pior, com direito até à figura da *commère*, que saíra de cartaz em 1926, com a queda da burleta, comédia musical de costumes. A "commère" apresentava o espetáculo e fazia o elo de ligação entre os quadros. Era um papel de extrema responsabilidade. Pois foi destinado à senhora Lourdes Rosenburgo, que nunca havia subido a um palco na vida. Aliás, só Mario e os músicos conheciam bem aquele tablado oco, cheio de alçapões, chapas de madeira, luzes, tela e cordas. Aliás, outro cantor grã-fino sabia tudo de palco: o paulista Cândido Botelho.

Mario se sentia um pouco responsável pelo fato. E não tinha sido ele o *gentleman* que introduzira o samba ao madamismo da República? Sua *rentrée* corria o risco de virar fiasco. Resolveu meter o bedelho no repertório para, pelo menos, deixar sua reputação intacta.

Antes de qualquer coisa, ele telefonou para o velho amigo Lamartine, que estava compondo músicas para o espetáculo. Mas o cantor precisava de uma canção que desse um sentido a seu retorno. Combinou de apanhar Lalá na Rádio Nacional para conversarem. Mario explicou seus apuros ao amigo. Encostou o automóvel perto do Posto 3, em Copacabana, e pediu a Lamartine que compusesse algo para ele. Ali mesmo, Lalá e Mario trataram de dar corda na imaginação. Mario colaborou com a letra e deu palpites em relação à melodia. Ele se sentia destreinado e precisava se adequar à falta de treinamento. Estava com medo de aparecer no palco sem a velha forma vocal. Por isso, cantarolou com Lalá e esboçou a música. Ele jamais assumiria, *noblesse oblige*, a co-autoria da música, que passou à história como sendo só de Lamartine. É certo que Lamartine finalizou a composição e a apresentou ao cantor em apenas dez dias. Mas, outra vez, era um samba autobiográfico:

"Voltei a cantar
porque senti saudade

A Noite Ilustrada estampa sua cobertura do espetáculo:
Mario e Mariah cantam "Joujoux e Balangandans".

> do tempo em que eu andava na cidade,
> com sustenidos e bemóis
> desenhados na minha voz...
> E... a saudade rola... rola...
> Como um disco de vitrola
> Começo a recordar
> Cantando em tom maior
> E acabo no tom menor
> Oh! meu samba, velho amigo!
> novamente estou... contigo...
> Tua vida me transtorna!
> Bom filho à casa torna...
> De ti...
> Nunca me esqueci.

Mario adorou o samba e o decorou na mesma hora. Na mesma hora, Lamartine lhe mostrou a "marcha-cançoneta" que levava o título do espetáculo. Mario aprovou. Lalá disse que seria maravilhoso se ele cantasse, pois seria um dos pontos altos da *féerie*. Mario gostou desta parte e aquiesceu. Só ficou em dúvida sobre a parceira, pois se tratava de um diálogo de um casal de namorados:

> "Ele: Joujou... Joujou...
> Ela: O que é, meu Balangandã?
> Ele: Aqui estou eu...
> Ela: Aí... estás tu...
> Ele: Minha Joujou...
> Ela: Meu Balangandã...
> Ele: Nós dois...
> Ela: Depois?
> Ele: O sol do amor! Que manhã!
> Ela: De braços dados...
> Ele: Dois namorados...
> Ela: Já sei!
> Ele: Joujou...
> Ela: Balangandã...
>
> Ele: Seja em Paris...
> Ela: Ou nos Brasis...

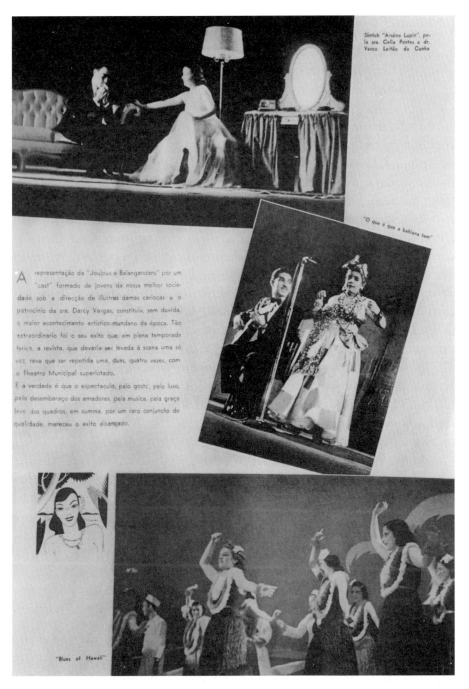

Uma grande festa de arte e mundanismo, segundo o entusiasmado artigo da *Ilustração Brasileira*; na foto do meio, o jovem Dorival Caymmi ao violão.

Ele: Mesmo distantes...
Ela: Somos constantes...
Ele: Tudo nos une...
Ela: Que coisa rara!...
Ele e Ela: No amor... nada nos separa!"

Tinha de ser uma moça com voz, mas quase todas, pelo que Mario conhecia delas, tinham voz de taquara rachada. Optou-se por Maria Clara de Araújo, Clarinha. A voz era de taquara, mas, pelo menos, não desafinava e exibia graça no palco. Mario saberia conduzir bem a dondoca. E tinha até um nome artístico: Mariah.

Ele estava elétrico e mal conseguia tomar conta da dívida pública. Durante os ensaios, uma das primeiras coisas que fez foi espiar o ateliê de costura. Nervoso, pediu para o figurinista mostrar o modelo da fantasia que teria de usar em "Joujoux e Balangandans". Não conteve o espanto ao ver que ela consistia em um terno branco mais largo que o traje de um clóvis do Realengo. Para arrematar o tipo, seria obrigado a colocar um lenço de seda colorido em torno do pescoço, meio lembrando os apaches da Belle Époque. Um horror como aquele não se via desde o baile dos Zuavos em 1924, com Sinhô e seu macacão. Quase repetiu Aracy de Almeida no banzé que havia promovido em *Alô, Alô, Carnaval!*, que se recusou a cantar "Palpite Infeliz" vestida de lavadeira... Mas se considerava um homem racional, contou até dez e tratou de monitorar a confecção do traje, até que chegasse a uma dimensão razoável. Não ia vestir qualquer coisa.

Mario não se importava tanto em cantar quanto em receber uma caçoada formidável quando voltasse ao Jockey no dia seguinte ao espetáculo; mesmo porque dona Léa Azeredo da Silveira, era uma das escudeiras de dona Darcy no empreendimento, e Léa não seguraria a língua e contaria ao senador todos os detalhes dos camarins. O samba de Walfrido Silva devia lhe batucar na lembrança: "Eu não sou palhaço pra ninguém zombar".

Para evitar problemas com Clarinha/Mariah e fazê-la ensaiar bastante, entrou em contato com a Columbia e se propôs a gravar a marcha-tema do espetáculo. Ele se encarregou de treinar a moça, que estava tão insegura que emitia trêmulos dignos de uma ovelha na tosa. Mario conseguiu domar o medo de Clarinha e levou-a ao estúdio para gravar a marchinha, dois dias antes da estréia da *féerie*. A dupla foi acompanhada por coro, Kolman e a Orquestra do Cassino da Urca. O maestro era Ignacio Kolman, o saxofonista da Pan American, que tantas vezes havia gravado com Mario em seu período áureo. Sua orquestração era jocosa e funcional, com direito a um coro de assobios. O resultado razoável da gravação aliviou o cantor e, principalmente, a moça, que jurou que, enfim, estava preparada para enfrentar o espetáculo.

A noite de 28 de julho de 1939 foi uma apoteose social. A Rádio Nacional transmitiu o espetáculo ao vivo para todo o Brasil, com narrações de J. G. de Araújo Jorge e Celso Guimarães. O teatro estava "à cunha". Entre os espectadores encontravam-se o presidente Getúlio Vargas, ministros, diplomatas estrangeiros, o Estado-Maior do Exército — e o patrão de Mario, o prefeito Henrique Dodsworth.

Para Mario, enfim, não restava senão fazer sucesso a fórceps. Sem aparentar nervosismo algum, ele apresentou "Voltei a Cantar", acompanhado pela grande orquestra de Radamés. Foi aplaudido com entusiasmo, ao que ele se curvou, com um sorriso. Caymmi subiu ao palco com seu violão para acompanhar Lucila Noronha Barrozo do Amaral em "O Mar" e cantar "O Que É Que a Baiana Tem?". "O Mar" estreou naquela noite e só iria ser gravada mais tarde por Caymmi, em disco lançado em novembro de 1940 (Columbia, 55247). A *commère* Rosenburgo anunciava os quadros, que se sucediam como numa revista: a abertura orquestral "Blues of Hawaii", uma cena de "Arsène Lupin" pela sra. Célia Pontes e Dr. Vasco Leitão da Cunha; "A Viúva Alegre", pela sra. Nonette de Castro. Mariah e Mario foram ovacionados antes mesmo de cantar a marchinha-título. Cantaram com distinção e humor e saíram consagrados. O triunfo só não foi total porque o tenor quatrocentão Cândido Botelho deu de cantar, naquela noite, uma música desconhecida até então, e que só havia sido apresentada às "camadas populares" numa revista do Teatro Recreio havia seis semanas: o "samba estilizado" "Aquarela do Brasil", de Ary Barroso.[3] O arranjo de Radamés, copiado das *big bands* americanas da moda, dava aos metais a função de ritmar o samba e — como fazia Xavier Cugat com a rumba — tinha um quê de política de boa-vizinhança. Getúlio Vargas exultou. Ali estava o prefixo musical de sua administração. E faria tudo, a partir de então, para divulgá-lo. Internacionalmente. Nem Walt Disney resistiu a ele.

---

[3] A vedete Aracy Cortes, vestida de baiana verde-amarela, apresentara o samba "Aquarela Brasileira" como apoteose da revista *Entra na Faixa*. Ary Barroso escolhera Francisco Alves e Radamés e sua Orquestra para gravá-la. Saiu em disco como "Aquarella do Brasil — Scena Brasileira" nas duas faces do disco Odeon 11768. A gravação aconteceu em 18 de agosto de 1939. O disco foi lançado em outubro. Ver Abel Cardoso Junior, *Francisco Alves: as mil canções do Rei da Voz*, op. cit., pp. 371-2.

Partitura e selo do disco com o samba especialmente escrito por Lamartine Babo gravado por Mario em agosto de 1939.

A volta em 1939: gravação de sambas e número com a *socialite* Mariah, em nota na revista *Carioca*.

A imprensa saudou a noite em termos compreensivelmente exagerados. Afinal o DIP estava de olho em cima de todas as reportagens. A revista *Ilustração Brasileira*, intitulou o espetáculo de "uma grande festa de arte e mundanismo" e se derreteu em elogios: "E a verdade é que o espetáculo, pelo gosto, pelo desembaraço dos amadores, pela música, pela graça leve dos quadros, em suma, por um raro conjunto de qualidade, mereceu o êxito alcançado".[4] Foi um sucesso tão grande que Darcy Vargas foi obrigada a fazer uma apresentação popular, dia 30, e três reprises, dias 4, 11 e 16 de agosto.

Dia 19, saiu na *Carioca* um comentário de Júlio Pires sobre a volta de Mario: "Mario Reis mostrou que ainda é o cantor da cidade. Aquele do 'Rasguei a minha fantasia, o meu palhaço, cheio de laço e balão'... Foi 'Joujoux e Balangandans', a *feriée* [sic] de Léa de Azeredo e Henrique Pongetti, que trouxe Mario Reis. Com duas composições de Lamartine Babo, o criador de 'Cadê Mimi', voltou a ser ouvido. Ninguém quer outra vida! O vendeiro que 'torce' pelo Bangu já mandou comprar o disco do doutor Mario. E na casa de Dona Eustachia, 'a saudade rola!... rola!... como num disco de vitrola...'. Mario Reis voltou a cantar!".[5]

Ele não tinha motivo de reclamar nem cultivava inveja do sucesso alheio no musical. Ficou feliz com a repercussão da sua volta e até entrou em estúdio para gravar o lado B do disco da Columbia, com "Voltei a Cantar". Mas não lhe passou em branco a atitude de Ary de fazer questão de que Cândido Botelho lançasse "Aquarela do Brasil" e Francisco Alves a gravasse. Por que Ary não havia mostrado a música para ele? Ele não se lembrava, mas Ary nunca o havia perdoado por ter recusado um samba que ele lhe tinha oferecido, havia oito anos. Intitulava-se "Faceira", um clássico que Mario não teve ouvidos para notar na ocasião. Aquilo enfureceu Ary a ponto de ficar de mal com o cantor por vários meses e falar mal dele nos bares, dizendo que o cantor tinha dado uma evasiva para não gravar a música. Coube a Sylvio Caldas registrá-la, lançando-a em julho de 1931 (Victor, 33446). Só então Mario se lembrou de que não gravava músicas de Ary havia séculos. A última, "Outro Amor", tinha sido lançada em 1930. Aí está: ele menosprezou "Faceira", perdeu o clássico e não teve oportunidade de lançar "Aquarela do Brasil".

Sem deixar transparecer qualquer rancor antigo, Ary tomou a inicia-

---

[4] "Uma Grande Festa de Arte e Mundanismo", *in Ilustração Brasileira*, setembro de 1939, nº 53, p. 32.

[5] "Voltei a Cantar", *in Carioca*, Rio de Janeiro, 19 de agosto de 1939, pp. 39-40.

Partitura e selo do disco do espetáculo *Joujoux e Balangandans*: retorno apoteótico.

Capa da partitura do samba de Ary Barroso gravado por Mario em 1939.

tiva de propor que Mario gravasse duas composições suas para o carnaval de 1940: o samba "Deixa Esta Mulher Sofrer" e a marcha "Iaiá Boneca". Foi a reconciliação dos dois. Mario caprichou na interpretação para não transparecer que sua voz mudara com o passar dos anos. Não, não mudara, e as duas músicas ditas por ele ganharam *status* de canções definitivas. "Iaiá Boneca" faria um bom sucesso no carnaval, como marcha nostálgica. Mario cantou-a como se fizesse "música histórica com instrumentos originais". A marchinha parecia saída diretamente do carnaval de 1934. Ele era capaz de trazer de volta o passado com um assombroso princípio de realidade. Defendeu "Iaiá Boneca" no concurso de música carnavalesca da Rádio Tupi. Aracy de Almeida foi quem arrebatou a multidão, com a marcha "O Passarinho do Relógio", de Haroldo Lobo e Milton de Oliveira. Mario, porém, não fez feio.

Seu nome retornava aos jornais como celebridade artística. Arlindo Meira, da revista *Carioca*, apresentou uma reportagem sobre as preferências gastronômicas dos artistas de rádio nos restaurantes da cidade para, assim, estudar as personalidades dos astros do microfone "pela simples escolha de um acepipe". Era o chamado "inquérito".[6] O repórter surpreendia os artistas à mesa e tascava as perguntas. César Ladeira revelou que "comia de tudo". Aracy de Almeida "morde os lábios por um prato de arroz". Mario foi flagrado num restaurante não-identificado. Segundo o repórter ele foi "o grande acontecimento radiofônico do ano". "O famoso companheiro de Francisco Alves fez afinal a vontade dos seus fãs, trazendo de novo para a cidade a originalidade da sua voz descansada e risonha". Gostou da enquete, conversou muito com o repórter, contou casos engraçados e afinal confessou: "Um prato de salsichas com arroz é sempre bem-vindo! Mesmo quando se come em companhia de um sujeito cacete, que não cessa de discutir se as ditas são de porco ou são de boi...".

Entusiasmado com a aceitação de sua voz, gravou, em 8 de dezembro, mais um disco, com a marcha "Vírgula", de Alberto Ribeiro e Frazão, e o samba "Você Me Maltrata" (Xavier de Souza-Marques Jr.-Roberto Roberti). A marchinha de Frazão era frívola, mas propunha uma brincadeira com o ditado das palavras e da pontuação, algo que agradava o formalista cantor. O samba exibia alguma qualidade melódica, só que não dizia respeito ao estilo de Mario. Mas agradou. Dois dias depois da gravação, ele foi cantar num programa ao vivo da Rádio Nacional, transmi-

---

[6] Arlindo Meira, "Os Bons Amigos de Brillat-Savarin", *in Carioca*, Rio de Janeiro, 25 de novembro de 1939, pp. 33-4.

Mario Reis, Dalva de Oliveira (sentados) e Ary Barroso em programa da Rádio Tupi de 1939: o microfone a distância.

tido às 13h30, ao lado do companheiro Francisco Alves e do cantor francês Jean Sablon. O evento foi oferecido por Madame Graça, "a criadora dos famosos produtos de beleza Óleo de Violetas, Creme de Cera Virgem, Bálsamo Branco, Loção Acne, Adstringente Especial".[7] Outra vez, um sucesso de audiência. A voz da cidade parecia estar de volta.

Nada disso. Os três discos que pôs no mercado deram a ilusão de que sua voz ainda estivesse presente no início de 1940, mas o meteoro, àquela altura, já estava bem longe, pensando no bom da vida. No dia 4 de maio, deu-se um fato que mudaria sua vida mais que as gravações, mais que Darcy e os admiradores que insistiam por sua volta. No dia 4 de maio, Mario era aprovado como sócio do Country Club, de Ipanema, a mais exclusiva das agremiações cariocas, reservada apenas a representantes da nata da alta sociedade. A comissão que encaminhou seu pedido lhe conferiu a bola branca, uma tradição da agremiação. Fascinado pelo *jet set*, o advogado se sentia finalmente acolhido pelos grandes nomes. Até então, era um pequeno aristocrata da Zona Norte, com ligações fortes no subúrbio de Bangu. Agora ele integrava a *crème* social da metrópole do Brasil. Se antes ele já se escondia, a partir de sua aceitação no clube, ele encontrou um refúgio confortável, onde podia falar com quem interessava e passar o dia de calção na piscina, sem que um chato o importunasse. Foi uma das maiores alegrias de sua vida. Talvez a maior. Dali por diante, o Country viraria o seu paraíso particular. Naquele círculo fechado de celebridades, ele faria seus recitais com duração de quase uma noite inteira, contaria seus casos, diria palavrões e praticaria seu esporte favorito: lembrar o passado. Quanto mais distante e desconhecido dos outros, melhor.

---

[7] Anúncio em *O Globo*, 10 de dezembro de 1939.

Mario Reis e a amiga Beatriz em viagem de trem pela Europa.

13.
GARBO NO COPA

O menino rico órfão, o *sportsman* de olhos cor de mel, o cantor revolucionário, o doutor em samba, o galã impecável, o solteirão contador de casos, o idoso tagarela e inquieto. A aparência de Mario se altera de acordo com os testemunhos das pessoas que o conheceram em épocas diferentes. Na verdade, uma imagem resultou na outra, na rolagem da vida. Nenhuma delas se consolidou direito na memória de quem o conheceu. Ele não gostava de se repetir e nem de que o etiquetassem em definitivo. Já lhe bastavam as variedades de perfil provocadas pela inevitável linha do tempo.

Quando o cronista social Jacinto de Thormes (Maneco Müller) iniciou a carreira, em 1944, Mario já pertencia à velha guarda da sociedade carioca, a um Rio que desaparecia. Ele estava com apenas 37 anos, mas o consideravam um personagem avoengo, uma espécie de guia do folclore urbano carioca. Talvez este traço tenha se marcado ainda mais na passagem do tempo: seu impenitente espírito carioca. Uma carioquice que quase não se encontra mais no Rio de Janeiro.

"Mario era um *causeur* inimitável", lembrava Müller, em 2000. "Um sujeito popular. Todo mundo gostava dele por causa de sua conversa viva e inteligente e sua memória espantosa. Tinha um poder admirável de contar histórias". Mas, ao contrário do folclore em torno de sua figura, ele já não freqüentava as festas e acontecimentos sociais. "Não ia às festas, mas conhecia todo mundo." Müller o encontrava no Country, o seu QG. No bar do Country, os amigos pediam para que ele cantasse a toda hora. Ao que Mario respondia, muito silveiramente, "Não me amola!". Müller lembrava-se de que, no final da década de 40, Mario não bebia muito, mas, quando o fazia, se tornava "um conversador de não parar".

A Bangu havia saído da crise. E, com a queda de Getúlio Vargas, a situação ficou ainda melhor. Em 1946, Guilherme da Silveira foi nomeado Ministro da Indústria e do Comércio pelo presidente da República Eurico Gaspar Dutra, e a empresa era dirigida por Joaquim e Silveirinha. A Bangu ficava cada vez mais chique e Mario, por tabela, mais rico e desnecessitado do trabalho.

Apesar disso, mantinha-se inabalavelmente solteiro. Participava dos eventos sociais da empresa e continuava sua vida clubística de Jockey e Country: eram duas turmas bem diferentes que ele gostava de manter. No Jockey, ele se encontrava com a guarda ainda mais velha que o fazia viajar ao passado, aos tempos de Sinhô e Arthur Bernardes. No Country, contemplava as novas gerações, encontrava os amigos e namorava, muito, segundo eles.

Desde o final da década de 40, estava morando num novo endereço: rua Ronald de Carvalho, nº 45, apartamento 5, Copacabana. Ali ia acumulando coisas: discos, roupas, livros, tudo numa ordem inabalável. Havia se tornado um bibliófilo; colecionava edições raras, que iam enchendo seu apartamento até quase ficar inabitável. Não tinha tempo de ler tudo aquilo, porque também colecionava casos amorosos. Eram muitos por um motivo simples: as namoradas desistiam logo dele. Em termos de relacionamento amoroso, ele invertia a afirmação de seu amigo Orestes Barbosa, feita em 1933, segundo a qual Mario não escandaliza, mas impressiona. Ele concordava com ela: "Realmente, quem me vê não se escandaliza, mas, se conversa comigo, sai impressionado". Neste "quem", as mulheres não estavam incluídas. Elas o viam, ficavam impressionadas, mas saíam escandalizadas. Isso porque, apesar da aparência de *gentleman* cordato e racional, Mario colecionava também excentricidades. Não dava presentes, adulação com ele era difícil e só fazia o que lhe dava na telha. Tirar fotografia? Nem pensar. O jogo de bridge era sagrado e ninguém, nem a Rita Hayworth, seria capaz de interrompê-lo. Agia como o centro do mundo, existia para si mesmo e para seus prazeres, com um orgulho intelectual às vezes insuportável. "Não caso porque nem eu me agüento, quanto mais uma mulher morando comigo", brincava.

Deixou de comprar carros novos no final da década de 40. Preferia dirigir um Ford antigo, de cor negra, para a diversão da juventude dourada do Country, quando o via chegar com o cupê.

"Todo o dinheiro ele colocava nas ações da Bangu", disse dona Candinha da Silveira. "Se a fábrica ia bem, ele ficava bem."

Como bom conservador, a família era para ele um dado importante. E sua família era Silveira. Gostava de ser chamado de Mario da Silveira. Sempre dava um jeito de ir jantar no apartamento de Candinha. "Ele gostava de bater papo sobre todo tipo de assunto", recordava-se ela. "Falava de futebol e fazia com que todo mundo fosse aos jogos, torcia adoidado, adorava. E sua memória para o assunto era incrível." Ela se lembra que Mario alimentava muitas "paixões de cabeça" por suas amigas;

Da esquerda para a direita: Joaquim Monteiro de Carvalho, Candinha Silveira, Príncipe (amigo de Joaquim), Eva Monteiro de Carvalho, Joaquim da Silveira, Beth Gracié e Mario Reis (Madri, 1948).

Passeio na Espanha:
o guia (da esquerda para a direita),
Candinha, Joaquim da Silveira,
Elizabeth Gracié e Mario Reis.

Candinha vivia rodeada de modelos e lindas moças das melhores famílias. E Mario se encantava ora por uma, ora por outra: "Convida ela, convida ela pra vir jantar aqui com você, Candinha, convida ela", dizia.

Ele elegia uma e mantinha seu "caso" platônico por meses: Leda Souza, Dedê Aranha, Gilka Serzedelo Machado ou qualquer outra jovem. Candinha convidava a distinta, mas Mario não tomava iniciativa, ficava de repente quieto, se acovardava. Isso quando se apaixonava. Normalmente, não era tímido. Candinha: "Ele gostava de algumas pessoas. Com essas, abria a alma, cantava a noite inteira e não queria ir embora. Se estava numa festa, ele é quem deveria brilhar, com seu canto e sua inteligência". Tirava do bolso do paletó os sambas inéditos de Noel, Ismael e Sinhô, músicas que nunca tinham sido gravadas. "É uma pena que eu não tenha gravado os saraus que ele dava aqui", lamentou-se Candinha. "É que a gente não imaginava que aquilo um dia ia acabar. Era todo dia um show com músicas lindas, que não estavam nem nos discos deles nem nos de ninguém."

Quando os primos falavam em casamento para ele, dizia: "Não inventa, não inventa, não inventa!". Mario não queria intimidade com ninguém. "Ele não tinha condições de casar. Era muito estranho, muito solitário."

Acordava cedo e dormia por volta das 21h30. Seus hábitos eram rigorosos. Comia com Joaquim e Candinha e se despedia. Se ficasse, queria ensinar a anfitriã a jogar bridge. Nunca conseguiu. Mario não acreditava em nada, exceto em seu tio. E se habituou a consultar o oráculo diariamente, na nova residência do velho, no Edifício Menescal. Dr. Guilherme da Silveira, além de uma espécie de tutor, sempre tomou conta da saúde de Mario. Em meio aos pedidos de conselho, ele reclamava dos achaques. O tio quase nunca o medicava, por achar que Mario possuía uma saúde de ferro, devido à forma física que fazia questão de manter, com exercícios diários.

Mantinha certa distância do irmão, Jonjoca, não porque não gostasse dele, mas porque não se identificava com a sua ganância. Tinha um temperamento mais artístico e gostava da despreocupação financeira dos primos.

Candinha via em Mario um sujeito meio perdido no mundo, que buscava nela e em Joaquim a família que nunca teve. Quando o casal resolveu fazer sua primeira viagem à Europa, Mario se candidatou a ir junto. Pagaria a sua parte, mas queria viajar com Candinha e Joaquim. Ele se sentia inseguro em viajar sozinho porque não sabia línguas. Só falava português e, curiosamente, seu ouvido para música era ruim para aprender idiomas.

Os três embarcaram na primeira classe do navio Andes em meados de 1948. Iam desembarcar em Marselha, tomar um trem ou alugar um carro e viajar: Côte d'Azur, Provença, Inglaterra, Suíça, Itália, Espanha e Bélgica. As viagens daquela época duravam muito. A do trio levou seis meses.

Como a viagem do Cais Pharoux ao porto de Marselha durava 15 dias, Mario planejou se divertir jogando bridge com o casal e fazendo noitadas alegres no restaurante da embarcação. Havia um conjunto de músicos empregados no navio, que apresentavam números durante as refeições e, depois, animavam os bailes. Quem disse que Mario iria resistir? Ele fez diversos recitais no navio, ensaiando com os músicos seu repertório todo especial e se apresentando para o casal. Eram recitais elegantes, nos quais o cantor não se esquecia do reverendo *smoking*. Queria mesmo era se exibir para Candinha e Joaquim, mas os passageiros vibravam; alguns o conheciam da época em que era cantor de rádio e pediam autógrafos. "Mario não podia passar anônimo em lugar algum", comentou Candinha. Ela não se lembra de todo o repertório que ele apresentou no navio, mas boa parte dele era com seus sucessos ou músicas conhecidas de Noel e Sinhô. Os tais sambas secretos, estes ele só cantava para a família. E não se arriscou a interpretar alguma versão. Mario Reis nunca cantou ou gravou nada que não fosse exclusivo ou de seu círculo fechado de fornecedores sonoros.

A excursão foi muito engraçada, segundo Candinha, porque, quando o casal acordava bem cedo para fazer os passeios, Mario já estava no saguão do hotel, impaciente. "Olha, já vi tudo, já vi tudo", dizia, com impaciência. "Eu passeei por todo canto desta cidade. Não tem nada pra ver. Vamos embora daqui, vamos embora, eu já vi tudo." Joaquim e Candinha riam e saíam os dois para conhecer o que Mario já havia percorrido. À noite, na hora do jantar em algum restaurante fino, eles relatavam os locais a que tinham ido, contavam esta ou aquela particularidade. E, mesmo que se dissessem encantados com o que haviam visto, Mario respondia, com ar triunfal: "Eu não disse? Eu não disse? Não tem nada pra ver aqui, é tudo igual, vamos embora!".

Seria um pesadelo, se o casal não se divertisse com o companheiro de viagem. A cena se repetiu em todos os lugares: Cannes, Antibes, Madri, Zurique, Veneza, Roma, Florença, Bruxelas, Londres, Paris. "Eu não disse?"

O casal Silveira, Beth Gracié e Mario Reis, na Espanha, em 1948.

Nas fotos, em geral, ele aparecia sempre em posição de sentido, muito sério. Mas o casal não o levava a sério de modo algum. À medida que a viagem transcorria, iam se encontrando com pessoas conhecidas ou indicadas por amigos: nobres, empresários, estilistas. Em Paris, Candinha se interessou em ver os desfiles e trouxe a idéia ao Brasil. Mario dava a impressão de não aproveitar a viagem ainda que se encontrasse com pessoas interessantes: velhos conhecidos e amigos de ocasião. O deslocamento no espaço para conhecer a Europa lhe deu a clara noção de que seu universo deveria ser restrito a sua cidade natal. Quando voltou da viagem, já tinha decidido que nunca mais iria pisar num navio ou num avião. E nunca mais pisou.

Em 1951, inspirada na viagem à Europa, Candinha teve a idéia de promover os tecidos da Bangu com desfiles de moda. Foram os eventos pioneiros desse gênero no Brasil. O primeiro aconteceu no Copacabana Palace e lançava a moda do algodão 100% nacional. Foi um sucesso. No ano seguinte, o estilista francês Jacques Fath, contratado pela Bangu, organizou uma festa para apresentar o algodão brasileiro na França. O acontecimento se deu no Castelo de Corbeville, do qual Fath era proprietário. A Orquestra Tabajara tocou naquela noite, tendo Elizeth Cardoso como *crooner*. Dona Darcy Vargas e outros dignitários brasílicos, como Assis Chateaubriand, estavam presentes.

Mario foi convidado para viajar à França, mas não quis ir. O bichinho do samba estava roendo sua alma de novo. A convite de Braguinha, diretor-artístico da gravadora Continental (chamava-se Columbia, mas mudou de nome em 1943, ao ser nacionalizada), Mario participou do projeto de gravar um álbum com três discos com músicas de Sinhô. Os arranjos, a cargo de Vero e sua Orquestra (Vero era o pseudônimo do maestro Radamés Gnattali), modernizavam a harmonia quadradona de Sinhô e aceleravam o andamento original dos sambas. Mario era um "músico histórico", um "arqueólogo musical" *avant la lettre* e considerou os arranjos pouco adequados para o estilo de Sinhô. Mas o pacote vinha pronto e ele não se manifestou. Por ele, mandava tirar Simon Bountman da aposentadoria. Caprichou na gravação e bateu seu próprio recorde ao registrar em um só dia, 22 de agosto de 1951, as seis músicas do álbum: "Jura", "Sabiá", "Fala Meu Louro", "Gosto Que Me Enrosco", "Ora Vejam Só" e "A Favela Vai Abaixo". As duas últimas eram novidade no seu repertório, pois haviam sido lançadas por Francisco Alves. Os arranjos orquestrais uniformizaram as músicas num mesmo tipo de andamento vivo, instrumentação baseada nos metais e nas harmonias modernas, à maneira americana — traço principal de Radamés. Apesar de cantar bem como sempre, Mario não ficou satisfeito com a ligeireza dada a "Sabiá", originalmente um samba lento, nem com a desdramatização de "A Favela Vai Abaixo", pois se tratava de um samba lírico e triste. Estava moderno e rápido demais. Só que, para não magoar Braguinha e Gnattali, resolveu elogiar as gravações.

O álbum da Continental marcou a segunda volta de Mario à cena e teve repercussão na imprensa. No dia 28 de agosto, a *Revista do Rádio* flagrou o cantor na sede da gravadora.[1] "Fomos encontrar Mario Reis nos escritórios da Continental Discos. Balzaqueano, vestido como um cavalheiro, lembrava pouco o Mario Reis de outros tempos", descrevia a reportagem. "Mas quando a vitrola trouxe até nós os sons de sua gravação 'A Favela Vai Abaixo', sentimos que ali estava, de fato, o legítimo, o autêntico Mario Reis."

Bem, nas fotos mostradas na matéria de página dupla, Mario está igualzinho ao de outros tempos, sorridente e até cercado de garotas bonitas, contratadas pela gravadora para dar um toque contemporâneo ao cantor. O repórter não devia ter a mínima idéia de como era Mario Reis aos 20 anos. "Esta coleção de músicas de Sinhô, disse-nos ele, foi gravada da maneira que Sinhô haveria de gostar!..." Outra frase do cantor durante a entrevista: "Eles podem falar o que quiserem. Mas Sinhô foi quem deu forma ao samba... Como Noel foi o poeta, Sinhô foi o músico do samba".

No princípio dos anos 50 aconteceu uma onda de *revival* dos compositores antigos. Aracy de Almeida e Marília Batista se encarregaram do acervo de Noel Rosa. Mario Reis passou a ser o curador do de Sinhô. Mas a moda durou pouco e as regravações de músicas "antigas" foram escasseando. O álbum de Mario caiu no esquecimento e se tornou tão velho quanto seus discos mais antigos.

A gravadora Continental o convidou para lançar duas músicas para o carnaval de 1952: a marcha "Flor Tropical" (Ary Barroso) e o samba "Saudade do Samba", composto especialmente para ele por Fernando Lobo. A marcha fez sucesso e selava a amizade entre o cantor e Ary. O sambão em compasso quaternário de Fernando Lobo, enfeitado de toques de pistons, era mais uma encomenda de Mario, pois continha novamente informações autobiográficas e o toque pessoal do compositor oculto. Era uma música breve e eficiente como uma epígrafe:

---

[1] "Voltou Mario Reis Revivendo Sinhô!", *in Revista do Rádio*, Rio de Janeiro, 28 de agosto de 1951, nº 103, pp. 26-7.

O retorno no flagrante da *Revista do Rádio* (1951).

Dalva de Oliveira, Mario, Linda Baptista, o pianista Bené Nunes, o cantor Blecaute e o radialista Renato Murce em 1951 na casa de Joaquim da Silveira: saraus com samba nunca ouvidos.

"Senhores da escola de samba cheguei
Senhores compositores voltei
Nascido no Rio e criado em Vila Isabel
Fui aluno de Sinhô, companheiro de Noel

Foi a saudade do meu samba
Que me fez voltar à minha gente
Foi a lembrança do passado
Que me fez cantar pra meu povo novamente"

Mario não estava voltando. Bem que tentou, mas dessa vez, seu regresso foi de cometa: durou dois meses e não teve maiores conseqüências na história da música. Mas o que ele cantava em 1951 soava extremamente moderno, pela maneira como fraseava, pela voz sem empostação. Os intérpretes daquele tempo pareciam não haver aprendido nada com ele; cantavam com uma batata na boca e pensavam que eram cubanos, com boleros que denominavam de samba-canção. Não havia espaço para o samba, muito menos para o samba dito com refinamento. Mario foi nadar no Country para se esquecer do assunto. Mas era lembrado de sua vida de artista todo o tempo. Em 27 de setembro de 1952, Francisco Alves morria aos 54 anos, num acidente de automóvel na via Dutra, colhido por um caminhão que vinha na contramão. O Brasil ficou em choque e Mario, abalado, acompanhou o seu enterro monumental, organizado pelo vereador João de Freitas Ferreira, o antigo cantor Jonjoca. Foi o primeiro enterro com palmas realizado no Brasil. E Mario Reis aplaudiu com a multidão.

Seu trabalho na Prefeitura o absorveu nos anos seguintes, além do Country, do Jockey e dos jantares com os Silveiras, onde podia namorar uma *socialite* vez por outra. Em 1957, tomou a decisão de se mudar para o Copacabana Palace Hotel, o mais luxuoso da cidade. Aquilo lembrava atitudes de astros de Holywood ou Cole Porter, que morava numa suíte do Waldorf Astoria. A imprensa voltou a identificá-lo com Greta Garbo.

Puro exagero. O que Mario queria era o serviço impecável do hotel, sem precisar se preocupar com faxina, lavanderia e arrumação de quarto. Mario foi também o precursor do *flat*. Ele vendeu o apartamento da rua Ronald de Carvalho e comprou outro, menor, de dois quartos, na Leopoldo Miguez, também em Copacabana, para guardar suas coisas: roupas, objetos pessoais e principalmente sua biblioteca. Foi morar num apartamento do anexo do hotel, mudando-se meses depois para o quarto n° 140,

A volta noticiada em 1951 na *Revista do Rádio*.

Publicidade do álbum de 1951 de Mario Reis cantando músicas de seu primeiro mestre: Sinhô.

que ficava (e ainda estava lá, em 2000), no primeiro andar do hotel, à direita de quem toma o elevador. Era um apartamento *standard*, com uma cama de solteiro, uma cômoda, armário embutido, banheiro com box e janela dando para a quadra de tênis. Bem ao lado do quarto, ficava a lavanderia do hotel. A família Guinle, proprietária do hotel, fez um preço especial para o célebre hóspede. E não se tratava de um fato anormal; o hotel possuía, na época, diversos hóspedes fixos, como ainda os tinha no fim do século XX. O Copa tinha tudo o que ele queria: praia em frente, piscina, serviço, facilidade de acesso por ônibus ou táxi para o Jockey e o Country.

Ele se deixava seduzir pela repetitividade do cotidiano e nada melhor que um hotel para abolir a noção de tempo infinito. Com a reiteração dos eventos, ele não sentia os anos passarem. Para ele tudo corria como se a história não fosse jamais marcá-lo. Já pertencia a um passado tão distante da música brasileira, que se sentia agradavelmente fossilizado. Não pretendia mais inovar nada. Aos raros repórteres que ainda conseguiam encontrá-lo, por acaso, na porta do hotel, declarava: "Toda uma época passou; eu também".[2]

Mario, enfim, tinha conseguido parar a roda da sua história quando, em 1958, apareceu a Bossa Nova, com João Gilberto, Tom Jobim, Sylvia Telles e outros, como Vinicius de Moraes e Aloysio de Oliveira (ex-Bando da Lua), que eram seus amigos de muitos anos. E a geração supernova da música popular brasileira começou a citar seu nome como referência. E a repetir como programa muitos pontos que Mario havia defendido em sua juventude: o canto sem vibrato, doce, falado, sintético, capaz de dizer a letra na melodia, e cantavam quase sem voz, sem a protuberância de um timbre. Eram não-vozes, pecado de que tinha sido acusado tantas e tantas vezes...

O que agradava mais ainda a Mario era a rejeição da tristeza e da melancolia tão chatas nos samboleros dos anos 50. O samba-programa do movimento, aliás, "Chega de Saudade", tinha o título muito parecido com um samba que Mario havia lançado em 1935, "Adeus Saudade" (Kid Pepe-Raul Rezende). Mesmo antes, em 1933, ele gravara de Noel o samba "Meu Barracão", que dizia assim: "Não há quem possa/ Me fazer perder a bossa/ Só a saudade do barracão". Cantava com bossa, com um certo quê de descontração malandra, antes que a maior parte dos integrantes da Bossa Nova tivesse nascido.

A crítica recepcionou o cantor João Gilberto como "o novo Mario

---

[2] "Mario Reis Deixou o Samba pelo Bridge", *in* O Globo, 1964.

Reis". Nenhum dos dois gostou da comparação, mas, *mutatis mutandi*, tinha uma certa coerência. "Pode ser que a voz seja semelhante à minha, mas é pura coincidência", declarou, em 1971. "Afinal, parei de cantar em 1939 e João Gilberto só começou vinte anos depois."[3]

De repente, o introdutor do *Art Déco* no samba recebia um inesperado *slogan*: "Precursor da Bossa Nova". Virou moderno mais uma vez, da noite para o dia. E desde então tem sido apontado como um visionário. Isso pode soar exagerado, mas, em música, o tempo bate diferente e o canto de Mario Reis continha uma estética, agora reconhecida como fundamental para a cadeia evolutiva da música nacional. A importância dele para a Bossa Nova esteve mais em afirmar uma consciência da linguagem e a elaboração de um programa estético para transformar o samba.

Tanto a Bossa Nova como Mario Reis constituíram estéticas de interpretação do samba. Mario Reis foi uma referência programática para a Bossa Nova. Em termos de estilo musical, a Bossa Nova colocou seu primado não no fraseado do samba, mas na articulação rítmica de voz e do acompanhamento, principalmente do violão, encarregado de produzir blocos de acordes alterados; a Bossa Nova destilou a famosa batida, que, pela voz de João Gilberto, mantinha uma permanente defasagem em relação ao acompanhamento, feito de ritmo repetitivo e acordes blocados, em constante variação; neste esquema, o canto era só um dos elementos, que não tinham autonomia fora do contexto instrumental. Já Mario Reis elaborou sua linguagem no fio do canto, na submissão da melodia à letra, via fraseado coloquial e respiração precisa. Isso fornecia uma síncope diferente ao samba, mantendo-se sempre como um canto olímpico, independente dos acompanhamentos. A Bossa Nova era vertical; a bossa de Mario Reis, horizontal. Uma linguagem é irredutível à outra. Por isso, Mario nunca viu um parentesco muito direto entre ele e João Gilberto. No máximo, seria um tio-avô do inventor da Bossa Nova; um tio-avô que elaborou uma "fala" para o samba. Ele não gostou de sofrer comparações com João Gilberto. Na entrevista a Silio Boccanera, por exemplo, disse que João Gilberto era muito novo para tê-lo escutado. "E você leu o que o *Pasquim* escreveu sobre meu novo disco? Que, 'pelo jeito, o Mario Reis vai se tornar sucessor do João Gilberto!'".

Ainda assim, incentivado pelos jovens, Mario gravou três LPs — em 1960, 1965 e 1971 —, sem nem tentar se aproximar do estilo bossa-

---

[3] Silio Boccanera, "Mario Reis: a Escolha da Volta", *op. cit.*, 6 de agosto de 1971, p. 1.

Mario Reis e Aloysio de Oliveira: de volta à Odeon em 1960, onde gravaria seu primeiro LP.

novista. O esteta só fez o que sempre soube fazer. Na essência, foram discos rigorosamente idênticos uns aos outros. Continham uma releitura dos seus antigos sucessos (e nisso ele agia como um músico erudito, reinterpretando à exaustão peças do passado) e alguma canção exclusiva, especialmente composta para o produto.

Em 1960, Aloysio de Oliveira conseguiu convencê-lo a voltar à Odeon, da qual era diretor-artístico, para gravar seu primeiro LP. *Mario Reis Canta Suas Criações em Hi-Fi* foi o primeiro disco estereofônico de sua vida. Mario cuidou da produção, com seu proverbial perfeccionismo. Escolheu o repertório, com músicas antigas como "Palavra Doce" (inédita de Mario Travassos de Araújo), "Mulato Bamba", "A Tua Vida É um Segredo" e "Rasguei a Minha Fantasia". Por intermédio de Vinicius, pediu a Antonio Carlos Jobim que compusesse um samba especialmente para ele. Levado por Vinicius, Mario foi à casa do compositor no mais tarde célebre apartamento da rua Nascimento e Silva, nº 107, de Tom, e, com ele, "combinou" os sambas, expondo suas idéias. Tom considerava Mario um precursor de João Gilberto, e era no aspecto vocal que Tom valorizava João. Dizia que Bossa Nova era um ritmo antigo das escolas de samba do Rio e da Bahia. E, se havia no passado um timbre que antecipou o de João, este era o de Mario Reis. Não foi sacrifício para o então mais gravado compositor do país compor para ele. Escreveu, em parceria com Vinicius "O Grande Amor" e, sozinho, "Isso Eu Não Faço Não", sambas no estilo bossanovista que celebravam seu precursor, incorporando elementos antigos. Outro inédito do LP foi "Palavra Doce", de Mario Travassos de Araújo, compositor e pianista que andava mais esquecido que o cantor, falecido em 1950.

O cantor providenciou até a encomenda do texto da contracapa, que foi escrito pelo crítico Lúcio Rangel. "No cantor Mario Reis tudo é bom gosto e sobriedade", escreveu. Com razão. E as duas características foram preservadas graças aos arranjos do maestro paulista Lindolpho Gaya (1921-1987). Ele tinha sido responsável pelos arranjos do LP *Amor de Gente Moça* (1959), de Sylvinha Telles, um dos marcos inaugurais da Bossa Nova. Seu estilo combinava com o de Mario: mantinha as harmonias originais, trabalhava os timbres, domava a percussão e punha a voz em relevo. O LP foi gravado em menos de um mês, com a Orquestra de Oswaldo Borba (Gaya não estava presente).

Seu horror aos repórteres ia aumentando de ano a ano. Hércio Expedito Filho era repórter da TV Rio em 1960 e precisava fazer uma matéria com Mario Reis a propósito de seu retorno ao disco e, quem sabe,

Long-play de
Mario Reis de 1960.

Mario na foto para
promover seu primeiro LP.

pegá-lo gravando no estúdio. Postou-se com a equipe da TV à porta do Jockey Club para flagrar o cantor e obter algumas palavras. Conhecia o cantor só por fotos, mas conseguiu reconhecê-lo, vestido de terno cinza, a sair apressado do clube por volta das 17 horas. Hércio saiu correndo para alcançar o cantor: "Doutor Mario! Desculpe incomodá-lo na caminhada. Eu sei que o senhor não gosta de reportagem, mas a gente queria só alguma...". Assustado, Mario se esgueirou com um pulo para o lado: "Porra, o que é isso?". Hércio acalmou-o, ele concordou, mas antes precisava ir a uma farmácia, na rua Senador Dantas, para comprar uma Alka Seltzer. Hércio acompanhou o cantor. "Ele não tinha nada a ver com o que cantava", disse Hércio em depoimento em 1999. "Tudo o que era calmo e sossegado em sua voz se transformava na vida real em nervosismo e impaciência. Dizia palavrão em cima de palavrão e falava pelos cotovelos." Hércio era seguido pelo câmera e o assistente, de longe. Mario foi andando a passos rápidos e obrigou os três a ir a pé do Centro ao Copacabana Palace. Lá, finalmente, saiu a reportagem, na qual, jurou Hércio, Mario fez uma série de confidências. "Entre elas, confessou que nunca havia passado do sopé de um morro", lembrou o antigo repórter. "Acompanhamos o Mario até a casa de Tom Jobim, onde dizia que estava indo para compor com Tom uma música para seu novo disco."

Ao sair, *Mario Reis Canta Suas Criações em Hi-Fi* foi bem elogiado pela crítica. Conforme comentou Lúcio Rangel, o LP foi o acontecimento artístico de 1960. Mario Reis, segundo ele, voltou "melhor que nunca, com a voz mais cheia, com sensibilidade mais apurada, absoluta na interpretação do velho Sinhô, excelente nos sambas de Ary Barrroso e Lamartine Babo. E Mario vem com três sambas inéditos — 'Palavra Doce', de Mario Travassos de Araújo, a meu ver o ponto alto em um disco cheio de pontos altos, 'Isso Eu Não Faço Não', de Antônio Carlos Jobim, e 'O Grande Amor', do mesmo talentoso compositor, com versos de Vinicius de Moraes, a dupla que me orgulho de ter inventado e que é hoje a mais gravada do Brasil".

O LP mostra que Mario havia mudado de tenor para barítono, sem prejuízo da sua arte. Ele estava fumando e isso lhe toldou um pouco o timbre e puxou a tessitura para o grave. Mesmo assim, o resultado foi tão bom quanto suas chapas dos anos 20.

Mario ficou contente com o resultado, mas, novamente, se recolheu ao serviço na Prefeitura e aos clubes. Só não gostou de sua foto colorida na capa. "Botar um velho numa capa de disco é mau gosto", comentou.

Retornou ao disco em 1965, a convite de Aloysio, para homenagear

Mario é entrevistado pela revista *Manchete* em 1965 por ocasião do lançamento de seu penúltimo LP.

Capa do long-play de 1965: *Ao Meu Rio*.

o IV Centenário de sua cidade. O LP se intitulou *Ao Meu Rio* (Elenco). Dessa vez, ele se recusou a ser fotografado e Aloysio teve que encomendar um retrato desenhado do artista. Gaya arranjou e conduziu a orquestra. Das doze faixas do disco, sobressaíam-se "Agora É Cinza", "Quando o Samba Acabou" e músicas que ele nunca havia gravado, como "Pelo Telefone" e "Gavião Calçudo" (Pixinguinha). Como escreveu Irineu Garcia na contracapa, tratava-se de "um disco imortal", a cargo do "último grande intérprete da época de Noel Rosa".

Não obteve repercussão alguma porque a classe artística passou a identificá-lo como direitista, o grã-fino do Copa, amigo dos poderosos. Enquanto sonhava com retornos e seguia entoando "Cadê Mimi", sofria a exclusão por parte dos artistas, cada vez mais interessados em radicalizar. Na época dos festivais de MPB, Mario Reis se encontrava fora de circulação. Nem precisava fazer os fricotes de antigamente. Ninguém queria saber dele. O esteticismo reisiano estava fora de questão.

Meio perdido na cidade, ele ocupava seu tempo andando a pé do Copa ao Jockey. Numa dessas ocasiões, em 1968, encontrou na calçada da avenida Atlântica o tabelião Oswaldo Teixeira, seu amigo. "Estou indo à loja do Jonjoca", comentou o tabelião. "Não o teu irmão, mas o cantor, meu primo. Você não quer dar um pulinho lá? Afinal, vocês são tão parecidos e nunca se viram..." Mario, que tinha bronca de Jonjoca nos anos 30 e certo pavor em encontrar o seu duplo, hesitou um pouco, mas acabou achando a idéia divertida porque ele ia dar um susto no velho imitador de voz. Só numa coisa Jonjoca tinha se antecipado a Mario: no abandono da carreira. Largou-a em 1934 para ser radialista e vereador. Retomou, então, seu nome de batismo, João de Freitas Ferreira. Foram assinaturas dele os dois maiores enterros da história do Brasil: o de Francisco Alves, em 1952, e o de Carmen Miranda, em 1955. Como vice-presidente da Câmara, Jonjoca organizou os enterros com toda a pompa e circunstância que achava necessárias para celebrar a memória de seus velhos amigos. Nos anos 60, Jonjoca abriu uma loja de presentes finos, a Bonne Chance, na rua Ataulfo de Paiva no Leblon. E foi numa tarde modorrenta que o lojista viu adentrar seu estabelecimento, de repente, Mario Reis em pessoa. E vinha com o sorriso de mil dentes e os olhos semifechados: "Ô, Jonjoca!". O duplo pulou para trás: "Mas você aqui na minha loja, Mario Reis?". "Pois é, o Osvaldo me trouxe, eu vim aqui pra te abraçar..." O sorriso de Jonjoca se abriu ainda mais e, lacrimejante, disse: "Depois de tantos anos!". Abraçaram-se. Jonjoca tinha impressão de um evento tardio em sua vida, pois havia tentado se encontrar com o cantor em muitas ocasiões, sem sucesso. Conversaram como sobreviventes de uma geração e passaram uma tarde nostálgica agradável. "Nunca mais voltou", disse Jonjoca, em 1998. "Mas aquele foi um dos grandes momentos da minha vida." Mario era um astro de curso imprevisível. Podia voltar um dia, se lhe desse na telha. Podia nunca mais aparecer.

Seu derradeiro LP, *Mario Reis*, já não tinha nenhuma representação do cantor na capa; nem foto, nem desenho; apenas uma textura. Gaya e orquestra comandaram o instrumental. O cantor conseguia manter o padrão de qualidade criado desde o LP de 1960. Tinha quase certeza de que seria seu último disco. A primeira faixa era justamente o samba-canção "Cansei", de Sinhô. As inovações ficaram por conta de duas músicas de Chico Buarque: "A Banda" e "Bolsa de Amores", composta a pedido do cantor. Quem aproximou Mario de Chico foi o crítico Nelson Motta, que, na época, era casado com uma amiga do cantor, Mônica Silveira. Chico não alimentava os preconceitos esquerdistas de seus seguidores. E o grande Mario Reis, vindo diretamente do tempo de Sinhô, o elogiava como o maior compositor popular vivo.

Os repórteres voltavam a querer saber por que ele tinha voltado. Dava uma resposta diferente para cada um. A seu amigo Lúcio Rangel, apresentou uma evasiva: "Eu sou um sujeito que tem a mania da perfeição, um esteta, se a palavra não for tomada como pretensiosa. Um perfeccionista".[4]

"Não sei", respondeu a Silio Boccanera, que o entrevistou no Country numa noite inspirada e conseguiu gravar, numa fita cassete, o único depoimento que restou do cantor, pois ele se recusou a fazer um no Museu da Imagem e do Som. Silio se orgulhava em 2000 de ter sido autor da façanha de produzir uma fita *cult*, pela qual foi elogiado ao longo de sua longa carreira como repórter. A entrevista foi regada a uísque e Oppenheimer Goldenberg. "É preciso uma explicação? Sempre fui um homem de vontades e achei que esta era a hora certa. Os amigos estimularam, eu estava querendo e me pegaram na hora certa. Tinha de ser agora ou não seria mais".[5]

Contou a outro repórter como montou o LP: "Quando surgiu a idéia de fazer um *long play* e não um compacto com as cinco músicas que eu

---

[4] Lúcio Rangel e Maria Lúcia Rangel, "Mario Reis: Agora Quero Cantar", *in Manchete*, Rio de Janeiro, 4 de setembro de 1971, *op. cit.*, p. 61.

[5] Silio Boccanera, "Mario Reis: a Escolha da Volta", *op. cit.*, 6 de agosto de 1971, p. 1.

Capa e contracapa do último long-play de Mario Reis, lançado em 1971.

Contracapa do último LP, com desenho de Joselito.

queria regravar, resolvi gravar outras músicas antigas, que não tinha gravado e colocar no disco um compositor novo, em homenagem aos novos. Resolvi colocar o Chico Buarque, que, para mim, para o meu estilo, é o melhor compositor do momento".

As gravações duraram um mês. Pela primeira vez, gravava com *playback*, isto é, cantava sobre uma base instrumental previamente realizada. Um músico relatou o processo da gravação. No primeiro dia que entrou no estúdio, pela manhã, ouviu a orquestra, de 25 integrantes, gravar o *playback* de "Cansei", "Amar a Uma Só Mulher" e "Voltei a Cantar". À tarde, foi sua vez de gravar e cantou as três músicas em 40 minutos. Quase ninguém mais fazia isso. Agora, os cantores levavam um dia para gravar uma música. Cinco dias depois, ao voltar ao estúdio para gravar "Fui Louco", "Moreninha da Praia" e "Rasguei a Minha Fantasia", ele pediu que os músicos ouvissem as faixas gravadas na sessão anterior, para, assim, corrigir as imperfeições. Afinal ainda precisava gravar nove músicas. Depois da audição, Mario pediu que os músicos fizessem suas críticas. Emocionado, um dos instrumentistas se levantou e pediu uma salva de palmas. Todos se levantaram e aplaudiram. Estavam diante de um sujeito que cantava como um deus e sabia dialogar.[6]

Levava os repórteres para ouvir as faixas e ele próprio fazia os comentários: "Veja como estou cantando, o que você acha? Olha isso que beleza, é Noel. Ah, olha aí, 'A Banda', que coisa bonita, olha o arranjo, a banda vindo e banda indo, não é bonito?", ia comentando com José Márcio Mendonça.[7] "Eu não disse que era o meu melhor disco? Tinha de ser o melhor. Você viu como estou muito melhor? Eu não mudei a maneira de cantar, a voz é a mesma, o estilo é o mesmo, mas eu estou melhor, sei que estou melhor. Tem mais alma, está mais sofrido, mais sentido. Eu fiz tudo nesse disco, porque foi um disco que eu quis gravar." O repórter descreve uma retirada característica do excêntrico cantor: "Mario Reis atravessa a rua correndo, sem se despedir. De repente, lembra-se de alguma coisa e volta: mas não é uma beleza? 'A Banda' está diferente, uma gravação definitiva, é ou não é?".

Das doze faixas, uma ficou de fora: "Bolsa de amores", de Chico Buarque. Ela foi vetada pela Censura, por "desrespeito à mulher brasileira" e não pelo conteúdo político. De certa forma, a música, de fato,

---

[6] Lúcio Rangel e Maria Lúcia Rangel, *op. cit.*

[7] José Márcio Mendonça, "O Sucesso Chegou Quando Mario Reis Gravou Seu Quarto Disco (o Primeiro Foi Feito Sem Querer, Por Acaso)", *op. cit.*, 7 de agosto de 1971, p. 1.

desrespeitava a mulher e seria, hoje em dia, considerada politicamente incorreta. Mas se tratava também de um delicioso *revival* do estilo cafetão do Estácio. Em compasso de samba amaxixado, contava a história de um sujeito que compra as ações de uma morena, mas ela não dá lucro. E o malandro reclama: "Bem que dizia/ Meu corretor/ A moça é fria/ É ordinária/ Ao portador". Novamente, a música resultava de um encontro criativo entre compositor e intérprete e tinha tudo a ver com Mario, apostador freqüente da bolsa e lendário misógino.

Mario se recusou a colocar outra faixa no lugar e deixou o seu disco com apenas onze. "Realmente, não entendo por quê", disse, furioso, a Silio Boccanera. "É o melhor que já fiz até hoje. A faixa estava tão bonita. Vai ser uma pena retirá-la. Mas me recuso a colocar outra em seu lugar. Era uma criação do Chico especialmente para o meu disco e considero um desrespeito substituí-la."

O cantor adorava fazer da ausência um trunfo, como no bridge. Ele elogiou exatamente a faixa cortada do LP, assim como, em 1928, não se conformou com o sumiço da primeira gravação que havia feito para a Casa Edison. Sua carreira se iniciou com uma gravação desaparecida para terminar com uma faixa eliminada.

A Censura o cortava, logo Mario, que se dizia a favor da ditadura de 1964 nas entrevistas. Lançado em meados de agosto de 1971, o LP chamou mais atenção pela faixa ausente que pelas interpretações fantásticas do velho Reis da voz. "Com este terceiro LP, já não tenho mais nada a dizer", declarou.

"Bolsa de Amores" acabou sendo relançada em 1993, em um CD "2 em 1" da EMI. Exibia o cantor com emissão ainda segura e firme na ironia do dizer o samba. Foi uma de suas grandes realizações e tinha tudo para ter feito sucesso. Desde então, o samba foi esquecido novamente.

O disco se prolongou no show que aconteceu de 2 a 4 de setembro de 1971 no Golden Room do Copacabana Palace. O Brasil experimentava a repressão e a tortura patrocinadas pelo governo Médici. Como escreveu Tárik de Souza, as apresentações de Mario "obtiveram uma pequena trégua na tensão política que vivia a cidade em transe".[8]

Mario, alheio a tudo, encarou a censura à sua faixa como uma questão pessoal, um desaforo à sua estética. Aceitou fazer o recital porque queria, agora sim, se despedir definitivamente. O cachê oferecido pelos Guinles

---

[8] Tárik de Souza, "O Mais Carioca dos Cantores", *op. cit.*, 6 de outubro de 1981, p. 1.

Mario numa recepção social em meados dos anos 60: mantendo a elegância, ao lado da Sra. Ediala Santo Domingo.

Coletâneas lançadas em LP: à esquerda, em 1988, pela EMI-Odeon; à direita, pela RCA, em 1986, com desenho de Joselito.

era de US$ 15 mil. "Ainda me faltava um show como esse para fazer. Surgiu a oportunidade e resolvi pegá-la. Afinal, é como cantar em casa, porque moro no Copacabana Palace há muitos anos e só preciso sair do meu apartamento para o salão."[9]

Só gente famosa lotou o Golden Room para assistir a Mario Reis. João Gilberto confirmou comparecimento, dizendo: "Agora só quero mesmo é ouvir o disco, ver o show, cantar com Mario Reis". Até o ex-presidente Juscelino Kubitschek se entusiasmava, associando "a volta de Mario Reis à ressurreição de uma época de ouro da música brasileira".[10]

De *smoking*, superelegante, Mario estava um feixe de nervos. Andava à roda de seu quarto, conversando com Candinha. "Não, não quero saber de nada, Candinha, não quero." Estava morrendo de medo. Tomou três doses de uísque para se acalmar e abriu seu sorriso clássico, agora surgindo no rosto enrugado, para saudar o público. Muito comovido, ele cantou seus sucessos — "Jura", "Gosto Que Me Enrosco', "Rasguei a Minha Fantasia", mais "A Banda", "Apesar de Você" e, não podia faltar, "Bolsa de Amores". Acompanhou-o a orquestra de Gaya, a mesma que havia gravado o disco. A voz fraquejava um pouco, mas não perdia o autocontrole. No final da útima noite, o público jogou rosas no palco, enquanto ele cantava. Anunciou, para concluir, em seu estilo cortado: "A partir de hoje, quem quiser me ouvir vai ter que tirar os discos do baú!".

Retirou-se do palco meio tonto, chorando. Chico Buarque, às lágrimas, foi abraçá-lo. "Hoje descobri que eu tinha composto 'A Banda' pra você", disse o compositor. Naqueles dias de chumbo, a direita, representada por Mario, e a esquerda, por Chico, se abraçavam como mãe e filha.

A TV Globo levou o show ao ar, às 23 horas, no sábado, dia 14 de outubro de 1971. Quem viu, viu. Meses depois, a fita era apagada para reutilização. De 1928 a 1971, completava-se o ciclo: duas gravações eliminadas a balizar uma carreira.

---

[9] *Idem, ibidem.*

[10] *Idem, ibidem.*

Mario Reis concede entrevista em 1971, por ocasião do lançamento de seu LP de despedida.

14.
ESCRETE DOS CHATOS

Jonjoca Reis não foi assistir aos shows do irmão no Copa. "Não tenho saúde para isso", disse. É que o veterano corretor amava tanto aquele irmão diferente dele que, segundo seus amigos, não iria resistir à comoção da despedida.

Ele acompanhou Mario a vida toda, às vezes de longe, percebendo os tropeços, o excesso de vaidade. João da Silveira Reis (1903-1985) também fez das suas: jogou na Bolsa, perdeu o capital da família, recuperou-o depois de muito tempo, separou-se da mulher e agora estava cada vez mais rico. Tinha seu escritório no sétimo andar do prédio da Bolsa. Colecionava pratarias e obras de arte em sua mansão em Petrópolis, habitada por uma governanta alemã, de nome Nair. Na sua sala havia telas de Di Cavalcanti, Guignard, Portinari e Vuillard, descrito assim por Júlio Tavares, amigo dos dois irmãos: "Um vulto de mulher ao fundo da qual insere-se o seu amor, o pintor".

Mario e Jonjoca eram considerados levemente lunáticos pelos amigos. Não se pareciam fisicamente: Jonjoca era mais baixo que o irmão (1,70m) e tinha o rosto redondo e poucos cabelos. "Jonjoca e Mario constituem a dupla de irmãos, talvez, mais extraordinária de que tenho conhecimento", escreveu Tavares, em 1971. "Jonjoca tem curso livre de quitutes e iguarias, por leitura e por experiência. É de pouco comer, mas não conheço no Brasil quem melhor saiba de uma e outra coisa para uso dos amigos. Não viaja: 'Viajar para quê, se tenho aqui tudo aquilo que se procura lá fora?'".

Mario não ficava atrás. "Quem só o conhece por música ficará admirado de saber que esse homem imemorialmente jovem, do cabelo muito liso, repuxado, da boca larga e dos olhos que se encolhem quando ri — e ri sempre, mesmo na maior indignação, seu riso não é uma contração muscular, é uma filosofia de vida —, tem na música apenas um dos aspectos de sua vida numerosa." Tavares mencionava a memória fantástica para "os nomes menos necessários, os dados mais inexpressivos" de mistura com fatos capitais. "É um sestro intelectual, um desperdício voluntário, um exercício gratuito, ou gracioso, de talentos desengajados. O homem guarda de cor. Para quê? Para nada. Para se manter desemburrado e alerta. Escotismo da inteligência. Sempre pronto a recordar o que ninguém faz questão de saber." Mario era o "procurador distinto e competente aposentado" que "deslizava entre a sede do Jockey Club — e a noite. Simplesmente aos gritos, pois seus casos, numerosos e irresistíveis, são contados em alta voz. Tem o dom da caricatura e do sarcasmo; mas no fundo dessa polpa suculenta há um caroço de ternura que, a meu ver, constitui seu segredo".[1]

Tavares contou que, certo dia, Mario pegou uma gripe e ficou recolhido ao quarto de hotel. Jonjoca soube do fato, sem que Mario contasse, e decidiu fazer uma visita. Bateu à porta e apareceu o irmão, com a barba crescida, "creio que pela primeira vez na vida, pois se escanhoa a ponto de parecer glabro". Estava mal-humorado, com nariz vermelho e olhos úmidos. "Que é?" Jonjoca respondeu: "Vim te visitar". Mario: "Está feita a visita, obrigado. Até logo". E fechou a porta. Jonjoca não se importou.

Quando os dois se encontravam, a conversa beirava o hospício, como a presenciada por Tavares, num jantar que ele sugerira para reunir os irmãos: "O jantar foi destruído, pois Mario falava de música, Jonjoca dos outros assuntos seus prediletos, entre os quais não figura nenhum que interessa ao outro. Esbravejavam de modo que tive medo da intervenção da rádio-patrulha. Há pessoas que se estimam tanto que, por pudor de afeto, precisam disfarçá-lo com impropérios".

Por volta de 1972, Mario tinha certeza de que ia sobreviver ao irmão ricaço. Comentava com seu amigo de Country, o advogado Afrânio Nabuco: "Afraninho, vou herdar toda essa grana do Jonjoca. O que é que eu vou fazer com isso tudo?".

Afrânio fazia parte da ala jovem do Country, que constituía, aliás, o fã-clube do ex-cantor; conheceu Mario nos anos 60, já morador do 140 do Copa e estranhava que o amigo não tivesse nada no quarto. "Não tinha nada dele, absolutamente nada." Outro amigo, Julio Bressane, freqüentou muito o apartamento de Mario, e só via lá uma mala, onde guardava suas recordações: fotos, recortes de jornal, documentos. "Ele vivia da aposentadoria, era praticamente um mendigo que fazia pose." Afrânio e Julio desconheciam a existência do apartamento da Leopoldo Miguez, onde ele guardava seus grandes tesouros. No teatro de sua vida, fazia questão de manter certos alçapões em segredo. Seu jogo de esconde-esconde não tinha fim.

Ainda assim, demarcou sua geografia afetiva em muitas ocasiões.

---

[1] Júlio Tavares, "Mario Reis, no Singular", in *O Estado de S. Paulo*, 17 de outubro de 1971.

Mas nunca foi tão preciso quanto ao falar a Lúcio Rangel: "Eu sou flor do asfalto carioca. Funciono da porta do Jockey Club, na avenida Rio Branco, até o Country, em Ipanema, passando pelo Copacabana Palace, onde moro. Fora isso, não me pergunte nada porque eu não respondo. Como disse uma vez, já basta agüentar os chatos do Brasil, ainda tenho que suportar os chatos de outras terras?".[2]

Sua vida se alterava como o mercúrio de um barômetro. Acordava cedo, tomava o chá (café, jamais), lia os jornais, vestia o terno branco, tomava um ônibus até o Jockey. Depois pegava outra condução para ir ao Country. Mesmo assim, ocultou alguns endereços importantes que ficavam entre os dois pontos extremos. São os casos do apartamento de Candinha e Joaquim no Flamengo e o seu refúgio na Leopoldo Miguez. Precisava dormir às 21h30.

Gostava de passar uma imagem ainda mais exagerada de seu mundo particular: afirmava que o Brasil começava no Jockey e terminava no Country. O resto era a barbárie.

Quando o velho prédio do Jockey foi demolido e o clube transferido para uma sede nova, em 1974, Mario perdeu um terço de seu mundo triangular. Nunca mais voltou a freqüentar o clube, a exemplo de tantos outros jogadores e políticos de seu tempo. Passou a acordar mais tarde e a sair do Copa ao meio-dia rumo ao Country. Exonerou o Centro de sua existência. A coisa não parou por aí. Guilherme da Silveira morreu em seguida. De uma tacada só, foi espoliado do pai, do médico e do bridge.

Perdia dinheiro também. Na década de 70, as ações da Bangu começaram a se desvalorizar e perder patrimônio. Mario viu quase toda a fortuna que tinha acumulado ser comida pela inflação e as crises da fábrica. Passou a depender de sua aposentadoria na Prefeitura. Mas nada lhe tirava a pose de grã-fino abonado.

Mantinha a aparência a qualquer preço, menos pagar uma conta. Quando o jornalista Hélio Fernandes estava preso, ia ao presídio Caetano de Farias para lhe dar de presente um livro raro, "que quase ninguém deve ter, sobre a revolta chefiada por Saldanha da Gama na ditadura do Marechal Floriano Peixoto". Fernandes se comovia porque sabia que Mario não só fazia a visita, como "quebrava o hábito de uma vida inteira, eu sabia que ele tivera que ir no apartamento da Leopoldo Miguez, entre os Postos 3 e 4, aonde não ia há anos, procurava exatamente aque-

---

[2] Lúcio Rangel e Maria Lúcia Rangel, "Mario Reis: Agora Quero Cantar", in *Manchete*, Rio de Janeiro, 4 de setembro de 1971, número 1.011, pp. 60-2.

le livro, fugira do triângulo Jockey-Country-Copacabana Palace, para homenagear um amigo querido".[3]

Mario, na verdade, passava sempre no seu apartamento, pois precisava de seus livros ou de algum traje guardado com naftalina. Toda semana ele emprestava um livro diferente para Candinha. Como um samba que ele havia lançado 40 anos antes, "Filosofia" (Noel Rosa-André Filho), ele se consolava nos textos de Descartes e Dostoiévski.

"Sua biblioteca era pequena, mas bastante organizada", declarou Hélio Fernandes. "Tinha cerca de 800 livros. Os temas não eram muito variados. Dedicava-se a colecionar títulos sobre Política e História."[4] Chegou a dizer que ia escrever um livro de memórias e um guia sentimental das ruas do Rio. Prometeu o disco *Os Sambas Que Não Fizeram Sucesso* e, como não sabia negar aos amigos, falou em show e chegou a jurar ao cartunista Álvarus que escreveria o livro e até prestaria depoimento no Museu da Imagem e do Som. O MIS tentava convidá-lo, mas só obtinha respostas evasivas. No terrível 1974, Mario foi obrigado a desmentir o assunto nos jornais. Atribuiu tudo a uma sugestão de Álvarus, que ele pretendia não aceitar: "Não vou me deixar vencer pela vaidade que todos, em maior ou menor grau, trazemos dentro de nós. Música para mim é coisa do passado: ligada à minha mocidade que também já vai longe. Foi uma coisa que fiz com vontade durante anos e que não sinto disposto a reviver agora".[5] Jamais prestaria depoimento ao MIS. O único registro de entrevista localizado é a fita cassete de Silio Boccanera, de 1971, que o repórter deu de presente a um fã do cantor do *Jornal do Brasil*, Moacyr Andrade. Este terminou extraviando a fita quando ajudou a produzir um programa para a Rádio JB na semana da morte do cantor. A fita virou um caso especial na MPB e foi copiada por alguns fanáticos. Moacyr, em 1999, já não sabia do paradeiro dela. "Na época, guardei aquilo como uma relíquia", lembrava. "Conheci o Mario pessoalmente, porque às vezes ele aparecia na redação pois era amigo do Zózimo (Barroso do Amaral). Foi o Zózimo quem me apresentou àquele personagem da vida carioca, que eu admirava dos discos, e vivia como um eremita. Trocamos palavras formais, mas notei que ele gostava de bater papo sobre futebol e música popular."

---

[3] Hélio Fernandes, "Morreu Mario Reis, o Inventor da Bossa Nova", in *Tribuna da Imprensa*, Rio de Janeiro, 6 de outubro de 1981.

[4] Depoimento de Hélio Fernandes, em outubro de 2000.

[5] "Mario Reis Desmente Tudo: Não Há Volta, Nem Livro, Nem Depoimento", *Jornal da Tarde*, 1º de junho de 1974.

Em jornal, Zózimo era o único que conseguia convencer Mario a dar entrevistas. Mesmo os repórteres dos jornais concorrentes procuravam o cronista social para interceder junto ao astro escondido. Foi assim que Silio Boccanera, sem conhecer com quem ia falar, foi mandado para a sua entrevista em agosto de 1971, ingressando na história da música brasileira. "Liguei para ele, e ele só topava a entrevista se fosse no Country", contou Silio em 1999. Ele se lembra de se sentar na varanda do bar do Country, que, naquela noite de semana, estava vazio. Não tinha preparado pergunta alguma e a única coisa que sabia é que ia entrevistar um veterano da MPB, de 62 anos, de paletó escuro e gravata. "Aquilo que era uma obrigação se tornou um programa social agradabilíssimo", contou Silio. "Ele batia papo comigo como se eu conhecesse tudo o que ele falava. Eu não tinha a mínima idéia, mas deixei meu gravadorzinho portátil ligado, sem me preocupar em anotar nada." O entrevistado convidou o jovem repórter para jantar. "Fomos enchendo a cara juntos: esvaziamos uma garrafa de Vat 69, calibrado com Oppenheimer Goldenberg, um destilado alemão." Naquela noite, Mario estava de ótimo humor, afável, animadíssimo. "Tudo o que as pessoas me diziam sobre ele entrava em choque brutal com aquele homem que saía da mesa o tempo todo, levantando-se para enfatizar um gesto." Mario mencionava um compositor e se levantava para dizer: "É um craque!". Repórter e entrevistado estavam no maior porre. Silio, que na época era fã de rock, lembrava de Mario falando algo como: "Há muito barulho por aí. Muita música de neurose". À medida que a noite avançava, os dois foram ficando, além do garçom. "Ele me deixou muito à vontade e, para mim, a qualidade do restaurante do Country era uma novidade." E Mario não parava de falar. A impressão de Silio foi de que a conversa nunca mais terminava. "Saí de lá trocando as pernas e ele me acompanhou até meu Fusca. Era um *gentleman*." Outro fato extraordinário aconteceu naquela noite de inverno: Mario Reis pagou a conta...

Mario enxergava a si próprio como um homem calmo, simples, amigo da paz. "É o meu estilo de viver. É o meu estilo de vida. Meu estilo de música. Sou pela melodia, pela calma, pela simplicidade. Esse negócio de guitarra, tropicalismo, samba-soul é agitação, coisa normal numa certa idade, mas não é música que se ame, não é música eterna. Música de época. Estou pensando que tudo isso é passageiro, sabe como é?"[6]

---

[6] José Márcio Mendonça, "O Sucesso Chegou Quando Mario Reis Gravou Seu Quarto Disco (o Primeiro Foi Feito Sem Querer, Por Acaso)", *op. cit.*, 7 de agosto de 1971, p. 1.

De calmo e simples, no entanto, não tinha nada, vibrava com discussões e se angustiava com o tempo que passava. "Ele tinha tudo para ser um louco", disse Bressane. "Só não enlouqueceu por causa de sua rotina. Ele se relacionava com trinta pessoas, no máximo, e não fazia questão de mais ninguém."

Mario era um homem estranhíssimo, um tipo imprevisível. Podia estar no meio de uma conversa calma, quando, de repente, começava a gritar e a dar risadas. "Era possuído pelo gênio, o gênio que destrói e descontrola o ser", lembrava Bressane. "Por isso, ele quis construir sua obra, pedra a pedra. O fato de ele não ter proteção alguma o obrigou a construir um universo com tal rigor, com tal nitidez."

Segundo o cineasta, Mario não tinha nenhum amigo de verdade. "Era o sujeito mais oculto do mundo, de uma personalidade impenetrável. Exibia a fachada sorridente, espirituosa. Mas não passava de uma máscara, a máscara que ocultava o represamento sexual de um temperamento sangüíneo."

Suas conversas com Bressane se davam por telefone: "Era extremamente solitário. Seu canto sorridente era o canto da privação. Não era gay, era casto, e reprimido. Morreu praticamente virgem".

A única companhia que levava ao quarto do Copa era um gato cinzento, ao qual, curiosamente, não havia dado um nome. Ele se viciou no hábito de dormir com o animal em cima do peito. Enquanto o gato não se acomodasse em cima dele, não conseguia dormir. Era sua companhia favorita, e seu tranqüilizante noturno. Fumava um Galaxie com o gato em seu peito e relaxava até a manhã seguinte, num sono profundo que muitas vezes era impossível de ser interrompido pelos funcionários do hotel, que vinham lhe trazer os jornais e o chá pela manhã. Via pouco a TV em cores instalada no quarto; algumas vezes, convidava funcionários do hotel para assistirem a jogos com ele. De acordo com uma reportagem publicada à época da morte do cantor, os funcionários do Copa nunca ouviram música no radinho que mantinha no quarto e muito menos escutaram Mario Reis cantar. Seu apartamento era de um homem caprichoso, com o guarda-roupa arrumado e a roupa para a lavanderia organizada numa mesinha.[7] Além do gato, mantinha um baú de recordações: era uma mala onde guardava documentos de toda a sua vida artística: jornais, fotografias enroladas, discos, cartas, documentos os mais variados.

---

[7] Cleusa Maria, "O Misterioro Morador do Quarto 140 do Copa", in *Jornal do Brasil*, Rio de Janeiro, 6 de outubro de 1981, p. 3.

Mario Reis flagrado pela *Manchete* andando no Centro do Rio: excentricidades.

Doutor Mario em 1971: acima, com Paulinho da Viola. À esquerda, ao violão, instrumento que nunca abandonou.

Os funcionários achavam que ele fazia o tipo velhinho dândi. Seu foco principal eram as senhoras que freqüentavam o cabeleireiro do segundo andar do hotel. Vivia se aproximando das mulheres bonitas, beijando-lhes a mão. Entre suas favoritas estava a atriz Aracy Balabanian. Com ela, fazia galanteios e puxava longos papos.

Os companheiros de Country sabiam que Mario tinha uma namorada, com quem era visto à noite, quando ela ia buscá-lo de carro no clube. Era Gilka Serzedelo Machado, amiga de Candinha, cunhada de Hélio Fernandes, relações públicas e *promoter*, bem mais nova que ele.[8] O casal namorava na sede do clube e mantinha uma discrição quase total. Não há notícia de que a tenha levado alguma vez ao seu quarto no Copa. Mas nem ele nem ela revelou publicamente o romance. Às vezes, ela deixava escapar um "meu Mario", como ela o chamava, a um amigo. Mario nem isso. Não falava de Gilka nem com Candinha.

Mario fez história no Country. Ali, não gostava que o importunassem. Chegava no início da tarde, conversava com os amigos (sempre os mesmos), vestia o calção e ficava na beira na beira da piscina, expondo seu corpo alvo e sardento aos últimos resquícios do sol que batiam ali, à tarde. No final, porque os prédios de Ipanema iam fazendo sombra, encostava no muro do canto sul da piscina, para roubar os últimos raios. Tudo regado a copos e copos de Vat 69.

Se um gaiato fosse lhe pedir para cantar um "sambinha", não perdoava: "Não me chateia, porra! Eu não sou dublê!". Quando aparecia um intruso no clube, ele parava de contar piadas e sussurrava para sua turma: "Tem roupa na corda...".

Para economizar, almoçava geralmente depois do banho de sol, por volta das 18 horas. Quando ele não tinha o jantar garantido no apartamento de Joaquim, ele se aproximava dos amigos para que lhe oferecessem o almoço. Não perdia uma oportunidade de almoçar fora com um amigo.

Certo dia, no fim da década de 70, aceitou o convite de Bressane para almoçar na churrascaria A Carreta, em Ipanema. Naquele dia, estava nervoso. Se o amigo ousasse fazer alguma pergunta, resmungava: "Não é o momento, não é o momento". O garçom começou a passar o espeto. "Você tem capa?", Mario perguntou, se referindo a um tipo de carne. "Não, não temos hoje, senhor", respondeu o garçom com toda delicade-

---

[8] Segundo depoimento de Hélio Fernandes, Gilda Serzedelo Machado (1920-1986) se tornou amiga íntima de Mario Reis, mas não manteve romance com ele. "Ambos eram muito recatados e não conversavam sobre amores. Basicamente, trocavam idéias sobre a vida. Mario morreu virgem, como Kant e Paulo Francis", disse o jornalista.

za. Mario ficou branco, escondeu o rosto com as mãos, enquanto grunhia na direção do comensal: "Você viu?!!". Baixou as mãos e arregalou os olhos, dizendo para o garçom, enquanto fatiava a barra de manteiga: "Você tem manga aí?". O funcionário achou estranho, porque, na época, não se servia manga em churrascaria, ainda mais como entrada. Nova negativa. "Você reparou? Este homem tem ódio de mim, ele tem ódio de mim!" Mario Reis saiu correndo, caminhando com as pernas arqueadas, com se tivesse as pernas curtas, como se fosse Groucho Marx. O amigo seguiu-o preocupado, e o alcançou na porta do restaurante: "Que houve, Mario?" "Você não percebe que esse homem tem ódio de mim? Me procura na Páscoa. Por que ele fez aquilo? Tchau!" Corria, atravessando a rua, sem olhar para trás. Só voltava a dar sinal de vida seis meses depois. "Mario estava sempre numa cena. Era possesso." Inventava sons os mais variados, discorria sobre as ações da Bolsa, arrumando nomes estrambóticos para empresas, fazia trocadilhos, parecidos com "Bolsa de Amores".

Nos últimos tempos de sua existência, só ficava à vontade no 140 do Copa ou no Country. Muitas vezes, desde que não houvesse "roupa na corda", lhe dava na telha cantar. Chamava o pianista do clube, Raul Mascarenhas, e aconteciam memoráveis espetáculos, que podiam durar a noite inteira. Com sua verve, apresentava uma música de Noel, Ismael ou Sinhô, sem deixar de observar à platéia de amigos: "Esse era um craque!".

Esses recitais faziam tanto sucesso que não era raro aparecerem noticiados na imprensa. Em outubro de 1978, o *Jornal do Brasil* mencionou uma dessas ocasiões numa nota, intitulada "Noite Régia": "Há dois anos [sic] sem enfrentar um microfone, Mario Reis não resistiu aos apelos de uma mesa que festejava anteontem no Country Club o aniversário do Sr. Sérgio Malaguti de Souza e se dispôs a homenageá-la concordando em cantar apenas uma música. Cantou-a e, diante da ovação, não largou mais o microfone, brindando quem estava presente ao bar do clube com um show de mais de uma hora. Assim que terminou o espetáculo, que só alguns poucos tiveram o privilégio de apreciar e aplaudir, chegou-se imediatamente à conclusão de que Mario precisava urgentemente voltar a fazer shows e gravar discos".[9]

Ele se tornou alvo dos repórteres de artes e espetáculos e dos candidatos a *paparazzi*. Perseguiam-no pela cidade, esperavam que saísse da porta do hotel, faziam plantão no Country para obter uma "imagem exclusiva" do mito que se retirou, da Greta Garbo do Brasil. Quanto mais

---

[9] "Noite Régia", *Jornal do Brasil*, 20 de outubro de 1978, p. 3.

avesso à imprensa ele se mostrava, mais ela fazia questão de expô-lo. Foi assim numa reportagem de *O Estado de S. Paulo* em dezembro de 1978, que tentava dissecar os hábitos do ex-cantor. "Estou muito velho. E velho só quer sossego", foi uma das poucas perguntas feitas pela repórter Berta Sichel que ele se dignou a responder. O jornal apresentava uma seqüência de quatro fotos, tiradas por Iarli Goular. Mostrava Mario Reis saindo do hotel e pegando um táxi, um fusca de frota, à frente do hotel. O texto-legenda é curioso: "Registro Indiscreto — O fotógrafo Iarli Goular perseguiu Mario Reis durante uma semana. E finalmente supreendeu-o diante do Copacabana Palace, quando tomava um táxi".[10] E assim saíam muitas matérias da imprensa, descrevendo a solidão e o isolamento extremo do artista.

Tinha pavor dos chatos, e identificava os jornalistas como a pior caterva de assediadores da face da Terra. Mario se abria a poucos. No tempo em que o Jockey era Jockey, conversava com amigos, como Hélio Fernandes. Este garantiu, em 1981, que muita gente pensava que o conhecia a vida toda, mas tinha acesso apenas ao "Mario externo". Era muito difícil chegar ao interno: "Era preciso deixar Mario Reis se abrir, conversar, falar sobre as coisas que ele conhecia, que milagrosa e surpreendentemente abrangiam quase todos os setores do conhecimento humano. Nesses momentos, com um auditório formado apenas de raríssimos amigos (geralmente eu, Afraninho e João Maurício Nabuco e pouquíssimos mais), Mario Reis falava exaustivamente, incansavelmente, determinadamente". Os amigos iam minguando e, quando os amigos eram muito poucos, "Mario Reis deitava no grande sofá de couro que ficava embaixo do retrato do Marechal Jukov, e fazia comentários cáusticos sobre todos que passavam. Pois Mario Reis era um terrível crítico e tinha horror da mediocridade".[11]

O sentimento crítico o transfomou também, nos termos de Afrânio, "no mestre em dar apelidos". Ninguém era poupado, ele classificava todo mundo. Nem Afrânio, que ele chamava de Galo. Havia o Antônio Maconheiro, que era saudado assim quando chegava ao clube: "Porra, puta que o pariu, agora tem que aturar o Maconheiro!". A pobre vítima, um respeitável sócio do Country, recebeu o apelido porque confessou que fumava maconha uma vez ou outra. Entre seus célebres sócios, o Country

---

[10] "Mario Reis (os 50 Anos de Uma Carreira Interrompida)", *O Estado de S. Paulo*, 30 de dezembro de 1978.

[11] Hélio Fernandes, *Tribuna da Imprensa*, op. cit.

contava com um marquês nos anos 70. Um dia o nobre operou da hérnia e foi bater papo com Mario, fazendo o estilo lamuriento que ele tanto detestava. "Sabe, Mario, porra, eu operei a hérnia, bla, bla blá." E Mario não perdoou: no ato, batizou o convalescente de Marquês da Hérnia Operada. O nobre francês Faussigny-Lucenge era outro personagem lamuriento. Como possuísse varizes e se lamentasse delas, Mario passou a chamá-lo de Príncipe das Varizes.

"Ele esculhambava com todo mundo", recordava-se Afrânio. Quando, por exemplo, um sujeito se encontrava numa situação sem saída na vida, Mario comentava com os amigos: "Esse cara aí tá na posição do Quintanilha!". Ninguém entendia. "Mas, Mario, que merda é essa de Quintanilha?" "Galo, o negócio é o seguinte. Tinha um poeta em Niterói, inteligente, chamado Silva Gordo. O Quintanilha era um amigo dele que tinha uma filha linda, a maior beleza já surgida no Rio de Janeiro. Pois, certo dia, o Quintanilha começou a dar. Era apaixonado por um tal de Dias e resolveu viver com ele sob o mesmo teto em que vivia com a filha. De repente, o Dias se apaixonou pela moça. Aí foi foda: o Quintanilha perdeu a filha adorada e o cara que o enrabava. Daí o poeta Silva Gordo, que você conheceu lá do início da história, escreveu a seguinte estrofe: 'A filha do Quintanilha/ Com Dias casar vai/ Ora, grande maravilha/ Depois de ir ao cu ao pai/ Vai agora à cona à filha!'."

Era uma risada atrás da outra. Mario, no fim da vida, escandalizava. Na vida mansa que gostava de levar no clube, só não gostava da aproximação dos chatos, que interrompiam suas histórias para fazer observações bobas. Foi assim que ele inventou o "time dos chatos", que ele escalava tanto no Jockey como no Country. Fazia a escalação em voz alta, para todo mundo ouvir. Certa ocasião, como conta seu amigo e companheiro de tênis, o médico Roberto Paulino, ele escalava os chatos do momento, sentado no gramado do Country. Um sócio paulista, rodeado de lindas mulheres, entendeu que Mario havia citado seu nome. Saiu do conforto onde estava para interpelar Mario: "Que história é essa de me botar no escrete dos chatos? Não admito essa brincadeira!". Mario respondeu, sério: "De jeito nenhum: você ouviu mal. É que agora eu estou escalando o escrete carioca e você é paulista. Mas não se incomode; quando eu escalar o brasileiro, você tem vaga garantida!".[12]

---

[12] Roberto Paulino, "O Aristocrata Mario Reis Cantava Samba Como Quem Falava (ao Pé do Ouvido). Hoje É Parte da Antologia da Música Popular Brasileira. Quem Tiver um Disco Dele Tem um Tesouro", *op. cit.*, 11 de julho de 1976.

No Golden Room, o público joga flores a Mario Reis,
em seu recital de despedida, em 1971.

15.
RASGUEI A MINHA FANTASIA

No Copa, Mario Reis era conhecido como "o americano", porque, invariavelmente trajado de branco, parecia um turista, sempre de passagem. Sentava-se nas poltronas do átrio do hotel. Nunca foi visto freqüentando a piscina ou conversando na pérgula. Era considerado um hóspede simpático e afável, que torcia pelo América e falava muito de futebol. Os primeiros a notarem que o humor do americano mudava foram os ascensoristas Américo e Domingos, que trabalhavam no hotel, respectivamente desde 1952 e 1956. Ele começou a sentir dor no pé direito e reclamava muito. O funcionário da recepção, Carlos Henrique, observou que o Dr. Mario estava entristecendo e perdendo o bom humor, além do que aparecia com a barba por fazer, algo que não combinava com sua habitual elegância. À reportagem, feita na época: "Perguntei por que estava tão abatido e o Dr. Mario me respondeu que estava com problemas de vesícula e que teria de se operar. 'Estou ruim', disse".[1]

Pela primeira vez na vida, estava sentindo algo diferente de uma gripe. Mario começou a sofrer dores lancinantes na perna esquerda. Por telefone, reclamou das dores a Candinha e disse que não ia poder jantar lá à noite. Passou alguns dias deitado na cama, sem deixar nenhum funcionário entrar para fazer a limpeza. Estava com depressão e a perna inchava assustadoramente.

Sabe-se lá como, Jonjoca tinha poderes sobrenaturais que lhe permitiam adivinhar quando o irmão estava mal de saúde. Passou pelo Copa e dito e feito. Só que dessa vez não era gripe. Ficou alarmado com a situação e foi logo consultar o clínico da Bolsa de Valores, seu amigo, o doutor Fernando Adolfo Velho Wanderley. "O Jonjoca freqüentava meu consultório diariamente", contou o médico, em 2000. Numa tarde, Jonjoca chamou o médico para ir até seu escritório, no prédio velho da instituição. Ao chegar ao escritório do sétimo andar, viu Mario Reis sentado na poltrona, com o rosto espantado. Wanderley posou os olhos nas

---

[1] Cleusa Maria, "O Misterioso Morador do Quarto 140 do Copa". In: *Jornal do Brasil*, Rio de Janeiro, 6 de outubro de 1981, p. 3.

pernas do homem e viu que a esquerda estava com o dobro da grossura da direita, o que obrigou o doente a abrir uma fenda na perna esquerda da calça.

"Dá um jeito nesse cara que ele tem menos juízo que eu!", disse Jonjoca.

"Então estou fodido", respondeu o médico.

Dr. Wanderley conhecia Jonjoca de muitos anos. "Jonjoca era completamente louco e estava me dizendo que tinha um irmão ainda pior!" João Reis estava para a Bolsa como Mario para o Country. Protagonizou episódios que eram lembrados até o final do século XX. Jonjoca era corretor durão, e uma de suas atribuições era dizer no pregão. Certo dia, tinha que entrar no pregão, mas tinha se esquecido do crachá. "O senhor não está usando o seu crachá!", chamou-lhe a atenção o segurança, que não pretendia deixá-lo entrar. "Apresente suas credenciais." Jonjoca não teve dúvida. Arriou as calças e, como não usava cuecas, mostrou-as ao funcionário: "Olha aqui as credenciais, ó!", e deu um encontrão no segurança para entrar logo e disputar o pregão.

No verão, Jonjoca costumava andar nuzinho da silva pela sala. Afinal, ali só entravam seus clientes, todos homens. Jonjoca era amigo do ex-governador Carlos Lacerda. Os dois viraram amigos por causa da paixão pela jardinagem. Jonjoca tinha uma "criação de orquídeas" em Petrópolis e Lacerda plantava rosas. Os dois trocavam orquídeas e rosas. Lacerda conheceu Mario e logo percebeu que era uma dupla cômica. Escreveu, para a *Tribuna da Imprensa*, um artigo intitulado "Os Irmãos Reis (da Loucura)".

Jonjoca contou a Wanderley que percebia que seu irmão estava doente quando o pessoal do Country lhe telefonava para perguntar o que tinha acontecido, caso o Mario não aparecesse no clube por dois dias. Resolveu carregá-lo para ser examinado.

O médico ficou espantado. "Eu nunca tinha visto aquilo na minha vida. Era um linfatismo monstruoso." Em geral, explicou o médico, o processo inflamatório leva a perna a ficar mole e quente. "Mas a perna do Mario era fria e enorme." Como o escritório de Jonjoca não dispunha de cama, o médico ficou de vê-lo no Copacabana Palace.

Ao bater na porta do quarto (nunca teve campainha), doutor Wanderley ouviu o berro vindo de dentro: "Que é?!". Anunciou-se, Mario abriu a porta e deixou-o entrar. "A cena que eu vi no quarto me causou muita pena", lembrou o médico. Mario havia perdido o controle do esfíncter e começava a evacuar sem perceber. "Havia restos fecais pelo banheiro e pelo lençol da cama. Examinei-o com muita dificuldade devido ao ambiente hostil."

O médico investiu no abdômen de Mario e encontrou um globo pulsante na área inferior esquerda. Levou Mario para tirar um raio X na rua Bahia e descobriu que ele tinha um aneurisma na aorta abdominal. "Era incrível, mas o aneurisma havia se rompido, e por implicações celestiais, ele não tinha morrido." Quando um aneurisma rompe, acontece uma hemorragia fatal. No caso de Mario, o aneurisma foi até a veia ilíaca na perna. "O que aconteceu é que a artéria ilíaca se rompeu dentro da veia ilíaca." Esse processo bizarro impediu-lhe a morte imediata num banho de sangue. A junta médica que o operou jamais tinha visto o rompimento de um aneurisma dentro da veia. "Era uma verdadeira pororoca, com a artéria levando sangue à veia, daí a inchação violenta da perna." Mario parecia um monstro. A coxa esquerda estava com um diâmetro três vezes maior que o da coxa direita. A ruptura interna da veia ilíaca provocaria sua morte imediata. Doutor Wanderley contratou um cirurgião vascular para realizar a operação para interromper o processo.

Assim, Mario se via pela primeira vez na vida na posição do Quintanilha: ou fazia operação ou morria. Bateu o pé e disse a Jonjoca que não faria operação alguma. Wanderley chamou seus colegas Francisco Rodrigues de Moraes, cirurgião intra-abdominal, e dr. Carlos de Brito, um dos melhores cirurgiões vasculares do Rio na época. "Fomos os três em comitiva ao Copacabana. Nosso objetivo era dizer ao Mario que a cirurgia era a única maneira de ele sobreviver."

Os três médicos bateram na porta, ouviram o berrão de dentro, se apresentaram. Mario abriu a porta. Como Jonjoca, ele só andava nu dentro do quarto. Olhou os três detidamente de alto a baixo e perguntou: "O que vocês querem? Vieram me comer?". Deixou-os entrar. Os três ponderaram que estavam lá porque o assunto era sério, que a perna podia explodir a qualquer momento e a operação era necessária. "Afinal, vocês vieram me tratar ou me foder?" "Olha, Mario, você não vai resistir à hemorragia quando ela vier à tona. É possível corrigir o problema e daí você vai poder ter tempo para gozar sua vida como vem fazendo", explicou Wanderley. Mario, irredutível: "Bom, quer dizer que vocês querem me matar?". "Não! Queremos o contrário. A gente não teria vindo aqui para te matar, não é verdade?" Francisco enfatizou: "Estamos aqui para preservar sua integridade física".

Mario se acalmou e começou a falar de suas recordações musicais. "Ele parecia um ator de Hollywood, cheio de trejeitos e pose", descreveu

Francisco. "Eles sabiam que estavam diante de um grande homem, mas não o conheciam direito." "Éramos muito novos ou nem tínhamos nascido quando ele fez sucesso", disse Wanderley. Mario se encarregou de ensiná-los quem ele era.

A conversa se estendeu pela tarde toda. O trio de médicos estava hipnotizado pelas histórias do astro temperamental, que havia deixado de cantar no auge etc... Por fim, para provar o que dizia, mostrou sua mala. "Vou abrir a mala para vocês. Aqui está toda a minha vida artística." Mostrou as "folhas secas da saudade". Uma das fotos amareladas que chamou a atenção do doutor Francisco era uma que mostrava Mario moço, jogando tênis com uma personagem que ele conhecia: Roberto Paulino, que mais tarde se tornaria um dos cirurgiões mais consagrados do Brasil. O charme e as coisas velhas de Mario deixaram o trio encantado. Mas ele precisava ser examinado, com toda a pressa.

Daí se deu uma cena que doutor Wanderley chamou de "estapafúrdia". Depois do exame, doutor Francisco não resistiu à síndrome de tiete e fez o pedido: "Você é cantor e a gente queria ouvir uma música sua". Dentro do quarto pequeno, havia um tablado. Mario, nu (seu pênis era normal, de acordo com doutor Wanderley, e não "embutido", como afirmou Bressane), subiu no palquinho e soltou os pulmões: cantou "Rasguei a Minha Fantasia". Segundo Wanderley, ele estava sob uma emoção violenta "e o vozeirão fez estremecer as paredes do Copacabana Palace." Carlos ficou com os olhos mareados e Francisco desatou a chorar. O solo, recordou, não se parecia com João Gilberto: "Era mais para o Caetano, uma voz no começo rouca, mas se soltou mais depois". Doutor Wanderley ficou surpreso com o show particular que ouviu. Estavam diante de um grande cantor da Bela Época da MPB. Mario observou: "Eu não costumo fazer isso, não. Fiz por causa de vocês. Simpatizei com vocês".

Como verdadeiros tietes, os três médicos o abraçaram e cumprimentaram. "A gente nem sabia que ele tinha filmado com a Carmen Miranda!", impressionou-se Francisco. "E conseguimos uma façanha: fazer com que ele quebrasse o compromisso de nunca mais cantar ao comum dos mortais." Aquele foi seu último número.[2] "Mario presenteou Fernando Wanderley com um álbum de recortes de sua carreira. "Fique com ele. Não vou precisar mais", disse.

No dia de se internar, Mario se arrumou sozinho, pegou suas malas

---

[2] Baseado no relato dos médicos, Julio Bressane reproduziu a cena no filme *O Mandarim* (1995), rodado justamente no quarto 140 do Copacabana Palace.

e despediu-se das camareiras e dos ascensoristas. Disse a Domingos: "Olha, o teu amigo não dura muito mais". Ao gerente do hotel, José Morelli, não deu maiores explicações. Avisou que iria se ausentar por alguns dias. Saiu e pegou um táxi para Botafogo. Pouco tempo depois, um médico e uma enfermeira apareceram para falar com o gerente. "Avisaram que nosso hóspede não voltaria mais". Seu apartamento, porém, ficou à espera de alguém que viesse pegar os pertences do ex-cantor.

Mario ficou internado no terceiro andar da Clínica Bambina (rua Bambina, nº 56), em Botafogo. Logo foi transferido para o segundo andar, num quarto mais confortável. "As mulheres o rodeavam", lembra o doutor Francisco. "Eram moças da sociedade, que o adoravam e foram lá cuidar dele. Era muito adulado." Entre elas, estava Gilka Serzedelo Machado.

Candinha e Joaquim se mudaram para lá para acompanhar a operação. "Ficamos no primeiro andar, tomando conta de tudo. Ele precisava da família e a única que ele tinha era eu, Joaquim e o Jonjoca", contou Candinha. Jonjoca pagou tudo, porque Mario não tinha plano de saúde. A pedido dele, Candinha e Joaquim foram a seu "apartamento secreto" para pegar algumas roupas e livros. Candinha viveu em tensão constante, cuidando daquele homem frágil que ela adorava. E tomava conta do corpo médico também. Doutor Francisco lembra que havia contraído hepatite e que dona Candinha lhe serviu um consomê. Mario pegava na mão da mulher do primo e perguntava, com as repetições e ênfases que eram típicas de seu jeito de falar nervoso: "Candinha, Candinha, você acha, você acha que eu vou morrer? Será que eu vou morrer? Você acha que estou muito mal, muito mal?". Ele estava com muito medo, e queria conversar com todo mundo.

Os médicos mandaram importar dos Estados Unidos uma aorta de *nylon*, que chegou a tempo para a operação, graças ao esforço de Jonjoca, que acionou amigos nos Estados Unidos. A cirurgia aconteceu no dia 9 de setembro de 1981, com Wanderley, Carlos, Francisco, o anestesista Marcos Botelho da Fonseca e um instrumentador. Demorou seis horas porque a equipe teve que trocar toda a aorta lacerada pelo aneurisma pela prótese.

"Foi um momento de emoção quando conseguimos deixar tudo conectado e não acontecia mais sangramento", contou doutor Wanderley. "Quando terminou a cirurgia fomos comemorar com um cafezinho no bar da casa de saúde. Nós nos sentimos abençoados porque tudo tinha dado certo. Nunca havíamos vivido uma situação daquele tipo, com tantos riscos."

Wanderley deixou a enfermeira de plantão para que ele ficasse sob guarda até as 6 da manhã e foi para casa, na Tijuca. Na madrugada, Wanderley ouviu seu nome ser gritado da rua, acompanhado de buzina. Fui à janela e vi o Jonjoca e o Joaquim da Silveira agitadíssimos". Eles gritaram: "Corre aí que o Mario tá mal!". Jonjoca gritou: "Ele tá cheio de sangue!".

O médico ligou para Francisco e Carlos. O anestesista tinha ido a um congresso em Sergipe e só foram os dois. Quando chegaram à clínica, viram a cinta abdominal toda sangrando. É que Mario, durante a madrugada, quis ir ao banheiro e chamou a enfermeira.

"Quero ir ao banheiro. Preciso levantar. Me ajuda."

A enfermeira disse que ele tinha que urinar na comadre. "O senhor pode romper os pontos!"

"Esses caras não mandam em mim. Eu vou mijar no banheiro e pronto! Me ajuda aí!"

A enfermeira o acompanhou ao banheiro, carregando o poste de soro. De volta ao quarto, a enfermeira o ajudou a se postar do lado da cama.

"Não vou sentar, aí, não. Vou sentar na cadeira."

"Pelo amor de Deus, o senhor não pode fazer isso!"

"Veremos!", e se jogou na cadeira, com toda a violência.

O baque rompeu os pontos de sutura superficiais do abdômen e provocou uma hemorragia assustadora. Ao chegarem, os médicos anestesiaram o paciente, refizeram os pontos e redobraram o plantão, agora a cargo de um homem, para impedi-lo de cometer loucuras.

"Estava tudo refeito", lembrou Wanderley. "Mas o que se seguiu foi um negócio triste."

No dia seguinte, ao recuperar a consciência, 48 horas depois da operação, Mario olhou para mim e para Jonjoca e falou para o irmão: "Porra, vocês fizeram uma merda na minha barriga. Como eu vou botar meu calção lá no Country com essa Avenida Brasil aberta na barriga? Hein?". O corte ia do estômago até o púbis. Mario olhou para aquilo e disse: "Eu não quero mais viver. Vocês acabaram com a minha vida. Como é que eu vou aparecer no Country com esta boceta?".

Segundo o médico, ele não media as palavras, e se agredia, agredindo. "Entrou num processo de niilismo, um processo de autonegação radical."

Dizia: "Não quero comer. Não quero tomar remédio. Não quero nada!".

Para tentar evitar a depressão, os médicos e Jonjoca saíram à procura das amizades de Mario. Jonjoca chamou Gilka.

"Ela foi à clínica, ficou com ele. Gostava muito dele", disse o médico. "Ela tentou de todas as formas reanimá-lo. Chamou os amigos, que foram visitá-lo, como Afrânio e Hélio Fernandes. Mas a "seqüência negativa", como descreveu o médico, não conseguiu ser impedida. Com uma sonda no nariz para alimentá-lo, passou dias recebendo os amigos. No sétimo dia, uma falta de ar (dispnéia) causou um choque circulatório e uma embolia pulmonar.

"A gente tinha colocado um guarda-chuva na veia femural para permitir a passagem do sangue na altura da mama. Com aquela arte de se jogar na cadeira, esse mecanismo deixou de fazer o seu papel. O sangue parou de circular. O choque foi irreversível."

A agonia durou um mês. Mario Reis morreu segunda-feira, 5 de outubro de 1981, às 6 horas e 41 minutos, em estado de choque, inconsciente do último suspiro. Tinha 73 anos. A certidão de óbito, assinada pelo doutor Fernando Adolpho Velho Wanderley, dá como *causa mortis* "insuficiência renal aguda; embolia pulmonar; septicemia".[3] O documento diz ainda que Mario da Silveira Reis "deixou bens" e não tinha testamento.

O médico disse que a causa da morte foi a embolia pulmonar. "A gente acha que o Mario acabou se suicidando — à moda dele." Dr. Wanderley tem convicção de que até na morte Mario Reis foi um homem de vontades: "Ele estava usando de toda a sinceridade. Tinha uma maneira de ser especial e resolveu se despedir da vida. Ele não via razão na vida se não pudesse mais freqüentar o Country".

No final de manhã de 6 de outubro de 1981, todo o Brasil sabia da morte do cantor. O Copacabana se encheu de repórteres à busca de depoimentos sobre os hábitos excêntricos e os últimos dias do cantor. Alguns, mais afoitos, chegaram a pedir ao gerente que abrisse o quarto do cantor, para ver se achavam alguma relíquia. O gerente Morelli proibiu a invasão. O apartamento permaneceria fechado e avisou os jornalistas que, se dentro de sete dias um parente do morto não viesse reclamar os bens, ele próprio faria um inventário dos bens do 140 e recolheria tudo ao depósito do hotel.

O caixão, coberto com a bandeira do Country Club, permaneceu fechado durante o velório. O enterro aconteceu às 17h de 6 de outubro, no cemitério São João Batista, e não foi menos excêntrico. Não mais que cem pessoas estavam presentes, em silêncio, sem o alarde típico dos en-

---

[3] Certidão de óbito de Mario da Silveira Reis, expedida pela Quinta Circunscrição do Registro Civil das Pessoas Naturais, Rio de Janeiro.

terros de artistas (havia poucos por lá). Estavam lá Joaquim e Guilherme da Silveira, Jonjoca, Candinha, Gilka, Afrânio, Hélio Fernandes, Braguinha, o ator Agildo Ribeiro. Sua família se reduzia a um irmão, dois primos e uma cunhada. No momento em que o caixão baixava ao jazigo da família Silveira, apareceu uma mulher de bermudas, lábios pintados de vermelho e uma sacola de supermercado e tomou a iniciativa de cantar sozinha e aos prantos, a marcha "Cadê Mimi?" — ironicamente, a música que Mario havia rejeitado por causa da reação divertida do público[4]. Tentou fazer com que as pessoas cantassem, mas ninguém acompanhou. Mas não conseguiu levar a marchinha até o fim. Indignada com a falta de reação dos presentes, interrompeu a música para gritar um sonoro "filhos da puta!".

Depois, recomposta e arrependida, identificou-se para Silveirinha como sendo Marli Medalha, irmã da cantora Marília Medalha. Ainda com a voz alterada, ela pediu desculpas à família. Silveirinha sorriu e, com os olhos cheios de lágrimas, disse à moça: "Menina, talvez tenha sido isso o que Mario mais gostou em seu enterro!".[5]

Naquele dia, saiu na *Tribuna da Imprensa* o artigo de Hélio Fernandes, que havia visitado Mario quatro dias antes da morte: "Na quinta-feira, fui visitá-lo. Não tive coragem de voltar mais. Seu estado era desencorajador. Aquele jovem que fascinara multidões e que abandonara tudo aos 28 anos numa decisão que só uma grande força e uma grande personalidade seriam capazes de impulsionar, estava no fim e esse fim me chocava terrivelmente. Compreendi que Nelson Rodrigues tinha razão: 'As mulheres só deveriam amar meninos de 17 anos'. E acrescentei: 'E os homens não deveriam passar dos 28 anos, morrendo sempre no apogeu'. Vivendo mais do que a própria glória, consomem tudo numa vida que vai fugindo velozmente, até chegar ao desaparecimento brutal, chocante e desesperador".[6]

Dezenove anos depois Hélio diz que Mario foi "um personagem misterioso com a aparência de simplicidade". Não era filiado a partido, não possuia ideologia. "Era um crítico feroz de tudo. Não deixou um úni-

---

[4] "Mario Reis, a Morte aos 73 anos", *O Estado de S. Paulo*, 6 de outubro de 1981. A reportagem informa que Marli Medalha cantou "Linda Mimi". Outras fontes, como o radialista Luiz Carlos Saroldi, que compareceu ao enterro, afirmam que a música foi "Cadê Mimi?".

[5] "Mario Reis, a Morte aos 73 anos", *O Estado de S. Paulo*, 6 de outubro de 1981.

[6] Hélio Fernandes, *Tribuna da Imprensa*, op. cit.

co vestígio de que tinha sido gay. Não quis casar. Morreu virgem. Existiam dois Mario Reis: o que se afirmou e conquistou o Rio de Janeiro e o doutor que se retraiu. Sua segunda vida praticamente não existiu. Era pura rotina."[7]

A voz de Mario Reis, no entanto, sobreviveu à glória do homem. Está aí vibrando no seu ápice, como um dos patrimônios da Música Popular Brasileira, à espera de reedições de seus discos, a maior parte deles gravados com preciosismo de obras de arte. Mario Reis soube ser impessoal com suas próprias criações e absolutamente autoral com as músicas dos outros, foi um traço típico do artista. Por isso, muito de sua personalidade e de seu imaginário estão eternizados nas gravações. Sua vida em segredo foi ditada ao microfone, na espécie de sambas e marchas. Basta ouvi-los para se dar a reencarnação do niilista que sorri.

Nunca houve na história da MPB um intérprete como ele, que tivesse exercido tanta influência, com uma carreira tão brilhante e que atuou por amor à arte, por prazer e diletantismo. Isso fez a diferença. Com suas convicções aristocráticas, Mario raramente se dobrou aos modismos ou cantou o que não quis, com a qualidade que exigia. Talvez tenha sido o primeiro a submeter a indústria da música às suas vontades.

Mais que um divisor de águas na história da música, Mario Reis foi um divisor de sílabas. E, como tal, ultrapassa o seu espaço e tempo. Sua maneira de frasear virou um modelo. Sua respiração é uma filosofia de cantar.

Como escreveu Orestes Barbosa, o canto de Mario Reis "não escandaliza mas impressiona". Não se verifica nada aparentemente brilhante nele: o timbre é normal, não há nele enfeites exagerados. O interessante é que sua voz não pode ser comparada a nenhum timbre de instrumento. Chico Alves era um trombone, Celestino, trompete, Januario, clarinete; Frederico Rocha, tuba, Orlando Silva, sax-barítono. Eles mimetizavam o fraseado desses instrumentos e punham a música a dominar a palavra.

Mario é a voz humana demais, despida de qualquer timbre identificável senão o de um homem dizendo uma melodia; a marca das cordas vocais em um corpo, a voz sem ornamentos nem virtuosismos, que se projeta na máscara facial para emitir nasalações cotidianas, sotaques do asfalto, palavras simples. A interpretação de Mario Reis converte a melodia numa fala sem outras marcas que as humanas. É totalmente personalista no seu fraseado *staccato*. Mostra-se, porém, infenso ao sentimen-

---

[7] Depoimento de Hélio Fernandes, outubro de 2000.

Mario no Golden: show dentro de casa, para amigos especiais.

to fácil. Seu cantar se desenrola na superfície da melodia, como a evitar a profundidade enganosa, a irracionalidade dos sentimentos trágicos. Evitar a tragédia foi seu plano de cantor. Daí a escolha do samba sincopado e da marcha como gêneros; da misoginia, da finitude e da desilusão como tema. Não existe alegria plena nas gravações do cantor. Para desviar grandes dores e maiores gargalhadas, ele opta por ser superficial e linear, um silogismo perfeito. Seu canto soa muitas vezes impessoal, tranqüilo, como se um sorriso abstrato se armasse diante do ouvinte. Sorriso às vezes irônico de eterna e despreocupada juventude. Mario cantava com a plenitude de um menino que jogava tênis sem precisar competir; um jogo que, de tão sossegado, não desejava nunca se acabar.

O legado do homem vaidoso e excêntrico, do esteta sofisticado, do grã-fino sala-cheia, foi ter feito do samba um modo de dizer versos e melodias universais. Mario Reis arrancou o gênero afro de sua raiz folclórica para enxertá-lo na grande arte. Ninguém sabia, mas ele quis, o tempo todo, ser um paradoxal cantor popular culto. Por um curto período, teve êxito. Sabia que isso não ia durar para sempre, a não ser que inscrevesse, na cera, as suas interpretações.

Mario nunca parou de cantar. Apenas abandonou uma carreira que o teria triturado pela roda das modas. Além de ter voltado para se apresentar em público seis vezes, como um cometa, fez memoráveis recitais privados, em navios, na casa de amigos e parentes, no Jockey e principalmente no Country Club. Ali, podia passar uma noite inteira desfiando sambas que ninguém conhecia, que ele dizia ter ouvido em segredo de Noel, Ary, Lamartine, Nilton. Acompanhado pelo pianista Raul Mascarenhas, transformou o Country em seu palco favorito. Cantou até para o médico que assinaria seu atestado de óbito. No limiar do século XXI, ainda é possível ouvir sua voz sorrindo nas tardes de Ipanema. Mario Reis continua a cantar no restaurante do Country, pois os discos dele são tocados lá como uma religião. Seus companheiros remanescentes — muitos vítimas fatais de seus apelidos — juram de pés juntos que, às vezes, escutam uma voz incisiva, vinda talvez lá da piscina, berrando para si próprio, sem modéstia: "É um craque!".

Mario Reis na piscina do Country Club em 1950: o paraíso encontrado.

16.
DATAS E FATOS

1907	Mario, filho de Raul Meirelles Reis e Alice da Silveira Reis, nasce em 31 de dezembro de 1907, no Rio de Janeiro, rua Sampaio Viana, nº 13, Rio Comprido. Seu nome completo é Mario da Silveira Meirelles Reis.
1910	Raul Meirelles Reis e família mudam-se para a rua Afonso Pena, na Tijuca.
1914	Inicia curso primário no Instituto La-Fayette, onde permanece até completar o secundário.
1922	Começa a jogar na divisão juvenil do América Futebol Clube. Sua posição é meia-direita.
1923	O América conquista o vice-campeonato carioca juvenil Interclubes. Mario Reis é o artilheiro do time, marcando quatro gols.
1924	Estuda violão com o professor Carlos Lentini. Durante o carnaval, conhece Sinhô.
1925	Raul Meirelles Reis morre em Resende em um engavetamento de trem.
1926	Ingressa na Faculdade de Direito. Freqüentando a loja À Guitarra de Prata, é apresentado a José Barbosa da Silva, Sinhô, com quem começa a ter aulas de violão.
1928	Começa a gravar na Casa Edison, no selo Odeon.
1929	Ao lado de Oswaldo Teixeira de Freire, vence o Torneio de Duplas de Tênis do Rio de Janeiro. Lança "Vou à Penha", primeira música gravada de seu colega de faculdade Ary Barroso. Estréia no rádio (Rádio Sociedade), cantando "Vamos Deixar de Intimidade", de Ary.
1930	Forma-se em Direito. Ingressa como advogado no Banco do Brasil, por indicação de seu tio, Guilherme da Silveira, presidente da instituição. Quando o governo Washington Luís cai, Mario se afasta do Banco. Faz dupla com Francisco Alves até 1932.
1931	O lojista Paul J. Christoph promove uma festa em homenagem a Mario e Carmen em seu estabelecimento; a Rádio Clube do Brasil transmite o evento, com números cantados pelos dois. Visita amigos em São Paulo e aproveita para gravar pela Columbia, sob o pseudônimo de C. Mendonça. Encontra-se com Carlos Gardel em 17 de agosto. Em setembro, viaja no navio Desna com Carmen Miranda e Francisco Alves a Buenos Aires, onde fazem temporada de um mês.
1932	Em abril e maio, faz excursão pelo Rio Grande do Sul, ao lado de Chico Alves, Noel Rosa, Pery Cunha e Nonô. Ao voltar, é contratado pela Rádio Philips do Brasil para cantar no *Programa Casé*. Em outubro, rescinde contrato com a Odeon. Em 23 de novembro, assina contrato com a Victor, a convite de seu diretor-musical, Pixinguinha.

1933	Deixa o Banco do Brasil para se tornar Fiscal de Jogo da Prefeitura. Estréia na Rádio Mayrink Veiga. O diretor-artístico e principal *speaker* da emissora, César Ladeira, batiza-o de O Bacharel do Samba.
1935	Muda-se da casa da Tijuca para um apartamento na Viveiros de Castro, nº 116, apartamento 22, em Copacabana. Em 24 de julho, inaugura a Rádio-Farroupilha de Porto Alegre, com Carmen Miranda. Participa das produções da Waldow-Cinédia, nos musicais *Alô, Alô, Brasil!* e *Estudantes*. Neste filme, faz par amoroso com Carmen Miranda. Retorna à Odeon em outubro.
1936	Canta no filme *Alô, Alô, Carnaval!*, de Adhemar Gonzaga. Grava seu último disco para a Odeon em 10 de janeiro. Abandona a vida artística. Torna-se chefe de gabinete do prefeito do Distrito Federal, Olympio de Mello, cargo no qual continuará com o sucessor, Henrique Dodsworth, até 1938.
1938	Assume o cargo de diretor técnico do Bangu A. C. É nomeado Agente da Dívida da Prefeitura.
1939	Em julho e agosto, participa do musical beneficente *Joujoux e Balangandans*, no Teatro Municipal. Grava quatro músicas para a Columbia, duas lançadas no espetáculo. Em 10 de dezembro, participa, com o cantor francês Jean Sablon e Francisco Alves, de programa na Rádio Nacional.
1940	Lança mais duas músicas para o Carnaval, pela Columbia: "Vírgula" e "Você Me Maltrata". Em 4 de maio, é aceito como sócio do Country Club do Rio de Janeiro.
1948	Viaja como turista pela Europa (França, Suíça, Itália, Espanha, Bélgica e Inglaterra) com o casal Maria Cândida e Joaquim Guilherme da Silveira.
1951	Volta a gravar para a Continental. São três discos de 78 rotações reunidos em um álbum, onde canta sucessos de Sinhô, e outro com a música de Fernando Lobo "Saudade do Samba", e "Flor Tropical", de Ary Barroso, para o carnaval de 1952.
1957	Passa a residir no quarto nº 140, no primeiro andar do prédio principal do Copacabana Palace Hotel, saindo de um apartamento na rua Ronald de Carvalho, nº 45, apartamento 5, Copacabana. Mantém no bairro um outro apartamento, na rua Leopoldo Miguez, como biblioteca e depósito.
1960	A convite do produtor Aloysio de Oliveira, grava pela Odeon o LP *Mario Reis Canta suas Criações Hi-Fi*. Tom Jobim compõe para o disco o samba "O Grande Amor".
1965	Grava e lança o LP *Ao Meu Rio*, pelo selo Elenco, para comemorar o quarto centenário da cidade. No disco, interpreta "Gavião Calçudo", de Pixinguinha.
1971	Grava e lança o LP *Mario Reis*, com o samba "Bolsa de Amores", de Chico Buarque, censurado por "ofender a mulher brasileira". Faz três espetáculos no Golden Room do Copacabana Palace, nas noites de 2, 3 e 4 de setembro. É sua derradeira aparição como cantor. A TV Globo transmite o videoteipe do show, às 23 horas de 13 de outubro. Meses depois, a emissora apaga o vídeo.
1981	Morre no Rio de Janeiro em 5 de outubro de insuficiência renal aguda e embolia pulmonar, após complicações operatórias decorrentes de um aneurisma abdominal. É sepultado no Cemitério de São João Batista.

17.
OS FILMES

ALÔ, ALÔ, BRASIL!
Duração: 78 minutos
Produção: Waldow-Cinédia, Rio de Janeiro, 1935
Direção: João de Barro, Wallace Downey e Alberto Ribeiro
Argumento: João de Barro, Alberto Ribeiro
Diretor de cinegrafia: Antônio Medeiros, Luiz de Barros, Afrodisio de Castro, Edgard Brasil, Ramón Garcia, Fausto Muniz
Sonografia: Charles Whaly
Sistema de som: Movietone

Estreou no Cine Alhambra, no Rio de Janeiro, em 4 de fevereiro de 1935 e nos Cines Odeon e São Bento de São Paulo em 11 de fevereiro de 1935.

Nesse musical, entremeado de gagues, Mario Reis interpreta "Rasguei a Minha Fantasia", marcha de Lamartine Babo, a penúltima música apresentada no filme. A história é vivida por Mesquitinha, maluco por rádio, que persegue uma musa para lançar. Como atores cômicos, Barbosa Júnior, Cordélia Ferreira, César Ladeira, Mesquitinha, Jorge Murad, Alberto Ribeiro, Afonso Stuart, Manoelino Teixeira. Nos números musicais, além de Mario, Almirante, Francisco Alves, Ary Barroso, Dircinha Batista, Elisa Coelho, Custódio Mesquita, Aurora Miranda, Carmen Miranda, Manoel Monteiro, Heriberto Muraro, Arnaldo Pescuma, Bando da Lua, Os Quatro Diabos, Simon Bountman e Orquestra. Entre os números musicais lançados figuram "Cidade Maravilhosa" (André Filho), com Aurora Miranda, "Deixa a Lua Sossegada" (João de Barro e Alberto Ribeiro), com Almirante. "Foi Ela" (Ary Barroso), com Francisco Alves, "Ladrãozinho" (Custódio Mesquita), com Aurora Miranda, "Menina Internacional" (João de Barro-Alberto Ribeiro), com Dircinha Batista, "Muita Gente Tem Falado de Você" (Mário Paulo e Pescuma), com Arnaldo Pescuma, "Salada Portuguesa" (Paulo Barbosa-Vicente Paiva), com Manoel Monteiro; "Primavera no Rio" (João de Barro), com Carmen Miranda.

ESTUDANTES
Duração: 70 minutos
Produção: Waldow-Cinédia, Rio de Janeiro, 1935
Produção: Adhemar Gonzaga
Direção: Wallace Downey
Argumento: Alberto Ribeiro e João de Barro
Fotografia: Antônio Medeiros e Edgard Brasil
Som: Moacyr Fenelon

Estreou no Cine Alhambra, no Rio de Janeiro, em 8 de julho de 1935 e nos Cines Odeon e São Bento de São Paulo no dia 15 de julho de 1935.

Mimi (interpretada por Carmen Miranda) é uma cantora de rádio, que possui uma legião de fãs, quase todos estudantes. Ela é disputada por Ramalhete (o estudante conservador, vivido por Mesquitinha) e Flores (Barbosa Júnior). Mas ela gosta do estudante vivido por Mario Reis (ele mora com outros colegas na "República dos Inocentes"). Mario interpreta a marcha "Linda Mimi" (João de Barro), o maior sucesso do filme. Outros números musicais são "Sonho de Papel" (marcha, de Alberto Ribeiro), "E Bateu-se a Chapa" (samba de Assis Valente), ambas por Carmen Miranda; "Linda Ninon" (samba, João de Barro-Cantídio de Mello) e "Onde Está Seu Carneirinho?" (marcha, de Custódio Mesquita), por Aurora Miranda. "Ele ou Eu"(fox-canção de Alberto Ribeiro), por Silvinha Melo e Irmãos Tapajós; "Lalá" (marcha de João de Barro-Alberto Ribeiro), pelo Bando da Lua; "Assim Como o Rio" (toada de Almirante), por Almirante.

ALÔ, ALÔ, CARNAVAL!
Duração: 70 minutos
Produção: Waldow-Cinédia, Rio de Janeiro, 1936
Direção: Adhemar Gonzaga
Argumento: João de Barro e Alberto Ribeiro
Direção de cinegrafia: Antônio Medeiros e Edgard Brasil
Cenógrafo: Ruy Costa
Sonografia: Moacyr Fenelon

A pré-estréia ocorreu no Cine Alhambra, Rio de Janeiro, em 15 de janeiro de 1936, estreando no mesmo cinema em 20 de janeiro. Em São Paulo, estreou em 3 de fevereiro de 1936, nos Cines Odeon e São Bento.

O título original era *O Grande Cassino*. Pinto Filho, Barbosa Júnior, Oscarito e Jaime Costa se encarregam das gagues, revezadas com números musicais. É a história de dois autores que tentam convencer um empresário a patrocinar a revista *Banana-da-terra*. Mario Reis canta três marchas: "Cadê Mimi?", de João de Barro e Alberto Ribeiro, "Teatro da Vida" (A. Vítor) e "Fra Diávolo no Carnaval" (Carlos A. Martinez-Alberto Ribeiro). Detalhe: o cantor Henrique Chaves faz uma ponta como crupiê. Números musicais: "A-m-e-i" (Eratóstenes Frazão-Antônio Nássara), com Francisco Alves, "As Armas e os Barões" (Alberto Ribeiro), com Almirante e Lamartine Babo; "Cadê Mimi?" (João de Barro-Alberto Ribeiro), com Mario Reis; "Cantores de Rádio" (Lamartine Babo, João de Barro e Alberto Ribeiro), com Aurora e Carmen Miranda; "50%" (Lamartine Babo) com Alzirinha Camargo. "Comprei uma Fantasia de Pierrot" (Lamartine Babo-Alberto Ribeiro), com Francisco Alves; "Fox-Mix" (Ari Fragoso), com Luiz Barbosa; "O Guarani", paródia da ópera por Alberto Ribeiro, com Jaime Costa; "Manhãs de Sol" (João de Barro-Alberto Ribeiro), com Francisco Alves; "Maria, Acorda Que É Dia" (João de Barro-Alberto Ribeiro), com Joel e Gaúcho; "Molha o Pano" (Getúlio Marinho-Cândido Vasconcelos), com Aurora Miranda; "Muito Riso, Pouco Siso" (João de Barro-Alberto Ribeiro), com Dircinha Batista; "Não Beba Tanto Assim" (Geraldo Décourt), Irmãs Pagãs; "Não Resta a Menor Dúvida" (Hervê Cordovil-Noel Rosa) e "Negócios de Família" (Assis Valente), com Bando da Lua; "Pierrô Apaixonado" (Heitor dos Prazeres-Noel Rosa), com Joel e Gaúcho; "Pirata" (João de Barro-Alberto Ribeiro), com Dircinha Batista; "Querido Adão" (Benedito Lacerda-Oswaldo Santiago), com Carmen Miranda; "Seu Libório" (João de Barro-Alberto Ribeiro), com Luiz Barbosa; "Tempo Bom" (João de Barro-Heloísa Helena), com Heloísa Helena.

Joujoux e Balangandans
Duração: 75 minutos
Produção: Hamman Filmes, Rio de Janeiro, 1939
Direção: Amadeu Castelaneta
Argumento: Henrique Pongetti
Som: Hélio Barrozo Neto
Cenografia: Flávio Léo da Silveira, Lazary e Oscar Lopes
Fotografia: Manoel Ribeiro e A. P. Castro

 É um documentário sobre o espetáculo musical em oito partes realizado no Rio de Janeiro, em show beneficente organizado pela primeira-dama Darcy Vargas. Foi filmado no Teatro Municipal e nos estúdios da Cinédia. Estreou 4 de dezembro de 1939, nos Cines Art Palácio, Rosário e Odeon.

 Mario Reis canta a marcha-título em dueto com Mariah e, solo, o samba "Voltei a Cantar", ambas de Lamartine Babo. Participam do filme Alma Cunha de Miranda, Alexandre Azevedo, Ary Barroso, Cândido Botelho, Hugo Pontes, Dorival Caymmi, Jenny Hime, Lamartine Babo, Maria Clara e Mario Reis. Músicas apresentadas: "Aquarela do Brasil", "Bolero" (Maurice Ravel), "O Mar", "O Que É Que a Baiana Tem", "Hello Manhattan", "La Lampe", "Madame Espera um Chapéu", "Nós Temos Balangandãs", "Policromia", "Quartier Latin", "Ritmos Bárbaros", "Ritmos Nativos", "Uma Semana de Tempo de Swing", "Trolinho", "Voltei a Cantar", "Iaiá Baianinha".

O Mandarim
Duração: 120 minutos
Direção e Produção: Julio Bressane, Rio de Janeiro, 1995

 É uma homenagem a Mario Reis por um amigo e admirador. Bressane não rompeu com a visão mítica do cantor. Quis reforçar a figura do cantor sorridente e calmo. Contém imagens inéditas do cantor, como um filme que mostra Mario saindo do Copacana Palace Hotel em 1971. A história é uma colagem de situações em torno da figura simbólica do cantor. Mario Reis (Fernando Eiras) se apaixona por uma jovem que havia estudado Medicina na Áustria nos anos 20 (Giulia Gam), fato que o marca para a vida toda. Estuda violão com Sinhô (Gilberto Gil) e passa a vida cantando. Tem um romance com Carmen Miranda (Gal Costa), torna-se amigo de Noel Rosa (Chico Buarque de Hollanda) e Ismael Silva (Paulinho da Viola). Edu Lobo faz um alfaiate do cantor. Maria Bethânia interpreta um misto de Aracy de Almeida e Marília Batista. Os três médicos que examinaram Mario Reis no Copacabana Palace, e para quem o cantor fez seu último show, participaram do filme, numa reconstituição do fato. Esta filmagem aconteceu no famoso quarto 140. Entre as músicas interpretadas, estão "Jura", por Gilberto Gil, "Provei" e "Filosofia", por Chico Buarque e o "Hino da Marata", com música feita especialmente por Chico Buarque.

Mario Reis no catálogo da Odeon em 1930.

18.
OS DISCOS

Uma lista de títulos, números de discos, números de matrizes, datas de gravação e lançamentos, nome dos músicos. Discografias parecem textos bastante simples, mas são resultado de trabalho de gerações de pesquisadores. Uma discografia nunca se completa, mesmo que sejam arrolados todos os discos, todas as datas e todas as fichas técnicas. Sempre faltará uma informação, sobretudo quando se trata de música popular brasileira, pois as fábricas de discos trataram de se desfazer de seus arquivos, numa clara indiferença ao que se produziu nos anos 20 e 30.

Os interessados que se arranjassem. E coube aos pesquisadores e aos apaixonados — que, geralmente, não têm formação científica nem pretensões de aparecer na mídia — a elaboração da fantástica discografia brasileira.

Para organizar a discografia de Mario Reis, baseei-me em sete fontes (três publicadas e quatro não-publicadas), além de haver consultado diretamente os selos dos discos. As três publicadas foram: a "Discografia Completa de Mario Reis", realizada por Enecê (Nelson Cunha), para a *Revista de Música Popular*, nº 7, de maio-junho de 1955, a "Discografia de Mario Reis", preparada por Ary Vasconcelos, e publicada no *Jornal do Brasil*, de 6 de setembro de 1971, e a *Discografia Brasileira 78 rpm*, em cinco volumes, editada pela Funarte em 1982. Este trabalho monumental teve participação de Alcino Santos, Gracio Barbalho, Jairo Severiano e M. A. de Azevedo (Nirez). As quatro fontes não publicadas são: *Discografia de Mario Reis*, de Walter Teixeira Alves, a *Discografia de Mario Reis*, de Manoel Cardoso Simões, o Arquivo de Discos de 78 rpm da Divisão de Música e Arquivo Sonoro da Biblioteca Nacional e o Arquivo da Casa Edison, do qual não restam os discos, mas documentos e listagens de gravações. Devo muito, portanto, a todos esses pesquisadores.

A discografia segue um padrão clássico de quadro, com subdivisões. A exemplo da discografia de Walter Teixeira Alves, os títulos estão relacionados por gravadoras e não em ordem cronológica. Cada música é relacionada com o número do disco, o número da matriz, os autores, os intérpretes, datas de gravação e de lançamento, além de observações. A maior dificuldade está no estabelecimento de todas as datas de gravação, uma vez que não foi possível, até a conclusão do livro, encontrar livros de gravações com as fichas técnicas.

Mario Reis teve 82 discos em 78 rpm gravados de 1928 a 1951. Ao todo, 161 títulos. Os LPs foram 3, num total de 36 faixas. Entre os gêneros que gravou, a predominância é samba, com 146 títulos, seguido de marcha, 48, entre marchinhas carnavalescas e frevos, 2, indicados, na época, como "marcha pernambucana". Gravou um cateretê, uma canção e um "romance pedagógico", na realidade também uma canção. São 197 gravações em 43 anos de atividade, embora descontínua, durante a qual lança de Sinhô a Chico Buarque, abrangendo quatro gerações de compositores.

Entre as músicas que lançou com exclusividade, o compositor que Mario mais gravou foi Lamartine Babo, com 24 títulos (dois em parceria). Em segundo lugar, vem a "tríplice aliança" Francisco Alves-Ismael Silva-Nilton Bastos: 16 músicas, sendo nove em trio, quatro de Francisco Alves, duas de Ismael e uma só de Nilton; mas esses três formam uma mesma "empresa" criativa. Sinhô aparece a seguir, com dez músicas (sem contar quatro reinterpretações posteriores de sucessos na voz Francisco Alves), e Noel Rosa, com 16 (três em parceria). Ary Barroso, Alcebíades Barcellos (Bide) e Kid Pepe figuram com seis músicas cada um. Com menor quantidade de títulos estão Walfrido Silva e Braguinha (cinco cada um), Cícero de Almeida (Bahiano), Orlando Vieira, José Francisco de Freitas e Nássara (quatro cada um).

Mario também gravou, embora em menor quantidade, composições de Donga, Sylvio Fernandes (Brancura), Lauro Santos (Gradim), Bucy Moreira, Custódio Mesquita, Mário Lago, Cartola e Paulo de Oliveira (Paulo da Portela). Lançou até mesmo canções exclusivas de Tom Jobim ("Isso Eu Não Faço, Não") e Chico Buarque ("Bolsa de Amores").

Gravou duas novas versões para cada um de seus três maiores sucessos: "Gosto Que Me Enrosco" (de 1928, regravado em 1951 e 1971), "Jura" (lançado em 1928, regravado em 1951 e 1965) e "Rasguei a Minha Fantasia" (de 1934, com novas versões em 1960 e 1971).

Em termos de quantidade de gravações, Sinhô foi premiado. Mario gravou 23 músicas de seu mestre, entre lançamentos, regravações e reinterpretações, e manteve seus sambas no seu repertório ao longo de toda sua vida artística.

78 RPM

Número do disco	Título, gênero, autor e acompanhamento	Número da matriz	(g) Gravação e (l) lançamento
GRAVADORA ODEON			
10.224-A	QUE VALE A NOTA SEM O CARINHO DA MULHER (samba) J. B. da Silva (Sinhô) Acomp. de dois Violões	1.741-1	(g) 06/1928 (l) 08/1928
10.224-B	CARINHOS DE VÔVÔ (romance) J. B. da Silva (Sinhô) Acomp. de dois Violões	1.740	
10.257-A	SABIÁ (canção) J. B. da Silva (Sinhô) Acomp. de dois Violões	1.935	(l) 10/1928
10.257-B	DEUS NOS LIVRE DO CASTIGO DAS MULHERES (samba) J. B. da Silva (Sinhô) Acomp. de dois Violões	1.936	
10.278-A	JURA (samba) J. B. da Silva (Sinhô) Orchestra Pan American;	2.070	(l) 11/1928
10.278-B	GOSTO QUE ME ENROSCO (samba) J. B. da Silva (Sinhô) Acomp. de dois Violões	2.003	

10.298-A	Vou À Penha (samba) Ary Barrozo Com Orchestra Pan American	2.078	(l)12/1928
10.298-B	Margot (samba) Alfredinho Dermeval Com Orchestra Pan American	2.082	
10.299-A	Dorinha!... Meu Amôr (samba apaixonado) José Francisco de Freitas Com Orchestra Pan American	2.126	(g) 28/11/1928 (l) 12/1928
10.299-B	Vou Me Vingar (samba) José Lins de Moraes (Caninha) Com Orchestra Pan American	2.127	(g) 28/11/1928
10.307-A	Vadiagem (samba) Francisco Alves Com Orchestra Pan American	2.230	(l) 01/1929
10.307-B	Sorriso Falso (samba de amor) Cícero Almeida (Bahiano) Com Orchestra Pan American	2.207	
10.309-A	Perdão (samba) Francisco Alves Com Orchestra Pan American	2.202	(l) 01/1929
10.309-B	Meu Amôr Vou Te Deixar (samba) Orlando Vieira Com Orchestra Pan American	2.208	
10.357-A	Novo Amôr (samba) Ismael da Silva Com Orchestra Pan American	2.400	(g) 27/02/1929 (l) 04/1929
10.357-B	O Destino Deus É Quem Dá... (samba) Nilton Bastos Com Orchestra Pan American	2.405	(g) 27/02/1929
10.387-A	Vae Mesmo (samba) Heitor dos Prazeres Com Orchestra Pan American	2.517	(l) 05/1929
10.387-B	Carga de Burro (samba) J. B. da Silva (Sinhô) Com Orchestra Pan American	2.518	
10.414-A	Vamos Deixar de Intimidade (samba) Ary Barroso Com Orchestra Pan American	2.605-1	(g) 06/06/1929 (l) 06/1929
10.414-B	É Tão Bonitinha (samba) Henrique Vogeler Com Orchestra Pan American	2.655	

10.459-A	A Medida do Senhor Do Bomfim (samba) J. B. da Silva (Sinhô) Com Orchestra Pan American	2.814	(l) 08/1929
10.459-B	Cansei (samba) J. B. da Silva (Sinhô) Com Orchestra Pan American	2.813	
10.506-A	Deixaste Meu Lar (samba) Heitor dos Prazeres (Arranjo de Fr. Alves) Com Orchestra Pan American, direcção: Simon Bountman	3.037	(l) 12/1929
10.506-B	Podes Sorrir (samba) Alfredo Dermeval Com Orchestra Pan American	3.034-1	
10.528-A	Outro Amôr (samba) Ary Barroso-C. F. Machado Com Orchestra Pan American, direcção: Simon Bountman	3.130	(l) 01/1930
10.528-B	Vou Morar na Roça (samba) Orlando Vieira Com Orchestra Pan American, direcção: Simon Bountman	3.047-1	
10.539-A	Capricho de Mulher (samba) José Francisco de Freitas Com Orchestra Pan American, direcção: Simon Bountman	3.050-1	(l) 01/1930
10.539-B	Não Dou Confiança ao Azar (samba) Cicero de Almeida (Bahiano) Com Orchestra Pan American, direcção: Simon Bountman	3.153	
10.568-A	Risoleta (samba carnavalesco) Cicero de Almeida (Bahiano) Com Orchestra Pan American, direção: Simon Bountman	3.310	(l) 02/1930
10.568-B	Nosso Futuro (samba) Zé Carioca Com Orchestra Pan American, direcção: Simon Bountman	3.311	
10.569-A	O Que Há Contigo?! (samba) Ernesto dos Santos (Donga) Com Orchestra Pan American, direcção: Simon Bountman	3.313-1	(l) 02/1930
10.569-B	Meu Coração Não Te Aceita (samba) Orlando Vieira Com Orchestra Pan American, direcção: Simon Bountman	3.314	
10.576-A	No Grajahú Iáiá (samba da elite) José Francisco de Freitas-Dan Mallio Carneiro Com acompanhamento	3.337	(l) 03/1930
10.576-B	Estou Descrente (samba) Romualdo Miranda-Pio Barcello Com Os Desafiadores do Norte	3.348	

10.614-A	MENTIRA (samba) Freire Júnior Com Orchestra Pan American, direcção: Simon Bountman	3.537	(l) 06/1930
10.614-B	JÁ É DE MAIS (samba-canção) J. B. da Silva (Sinhô) Com Orchestra Pan American, direcção: Simon Bountman	3.540-1	
10.645-A	ÉS FALSA (samba) Heitor dos Prazeres Com Orchestra Pan American, direcção: Simon Bountman	3.666	(l) 07/1930
10.645-B	EU AGORA SOU FAMILIA (samba do cotovelo) Freire Júnior Com Orchestra Pan American, direcção: Simon Bountman	3.667	
10.715-A	DEIXA ESSA MULHER CHORAR (samba) Sylvio Fernandes Com Francisco Alves e Orchestra Copacabana	3.969	(g) 09/09/1930 (l) 12/1930
10.715-B	QUÁ-QUÁ-QUÁ (samba) Lauro dos Santos Com Francisco Alves e Orchestra Copacabana	3.976-1	(g) 10/09/1930
10.728-A	BATUCADA (marcha carnavalesca) Eduardo Souto-João de Barro Com Orchestra Copacabana	4.057	(l) 01/1931
10.728-B	N'ALDEIA (samba) Euclydes Silveira (Quidinho) Com Orchestra Copacabana	4.058	
10.747-A	NÃO HÁ... (samba) Francisco Alves-Ismael Silva-Nilton Bastos Com Francisco Alves e a Orchestra Copacabana	4.079	(g) 05/12/1930 (l) 01/1931
10.747-B	SI VOCÊ JURAR (samba) Francisco Alves-Ismael Silva-Nilton Bastos Com Francisco Alves e a Orchestra Copacabana	4.080	
10.780-A	ARREPENDIDO (samba) Francisco Alves-Ismael Silva-Nilton Bastos Com Francisco Alves e a Orchestra Copacabana	4.163	(g) 28/02/1931 (l) 04/1931
10.780-B	O QUE SERÁ DE MIM? (samba) Francisco Alves-Ismael Silva-Nilton Bastos Com Francisco Alves e a Orchestra Copacabana	4.162-2	
10.824-A	NEM ASSIM (samba) Lauro dos Santos Com Francisco Alves e a Orchestra Copacabana	4.266	(g) 08/03/1931 (l) 04/1931
10.824-B	ANDA, VEM CÁ (samba) Bucy Moreira Com Francisco Alves e a Orchestra Copacabana	4.264-2	

10.837-B	Quem Espera Sempre Alcança (samba) Paulo de Oliveira Com Orchestra Copacabana;	4.272	(l) 1931
10.850-A	Sinto Saudade (samba) Mario Travassos de Araujo Com Francisco Alves e Orch. Copacabana	4.291-1	(l) 12/1931
10.850-B	Ri P'ra Não Chorar (samba) Francisco Alves Com Francisco Alves e Orch. Copacabana	4.292	
10.871-A	Marchinha do Amôr Lamartine Babo Com Francisco Alves e Orch. Copacabana	4.312	(g) 22/09/1931 (l) 01/1932
10.871-B	Liberdade (samba) Francisco Alves-Ismael Silva Com Francisco Alves e Orch. Copacabana	4.363	
10.872-A	Soffrer É da Vida (samba) Francisco Alves-Ismael Silva Com a Orch. Copacabana	4.375	(g) 28/11/1931 (l) 01/1932
10.872-B	Só Dando com uma Pedra Nella (samba) Lamartine Babo Com Lamartine Babo e Orch. Copacabana	4.382	
10.881-A	Ao Romper da Aurora (samba) Lamartine Babo-Francisco Alves-Ismael Silva Com Orch. Copacabana	4.398	(l) 01/1932
10.881-B	Sinto Muito (samba) Sylvio Fernandes (Brancura) Com Conjunto dos Ases	4.399	
10.905-A	É Preciso Discutir (samba) Noel Rosa Com Francisco Alves e Orch. Copacabana	4.374	(g) 28/11/1931 (l) 1932
10.905-B	Foi Em Sonho (samba) Bucy Moreira Com Francisco Alves e Orch. Copacabana	4.424	(g) 01/04/1932
10.910-A	Perdão, Meu Bem (samba) Angenor de Oliveira Com Francisco Alves e Gente Bôa	4.423	(g) 30/03/1932 (l) 1932
10.910-B	Antes Não Te Conhecesse (samba) Francisco Alves-Ismael Silva Com Francisco Alves e Gente Bôa	4.425	(g) 01/04/1932

10.928-A	UMA JURA QUE EU FIZ (samba) Francisco Alves-Ismael Silva-Noel Rosa Com Orch. Copacabana;	4.482 (g) 12/07/1932 (l) 12/1932
10.928-B	MULATO BAMBA (samba) Noel Rosa Com Orch. Copacabana	4.480 (g) 07/07/1932
10.939-A	A RAZÃO DÁ-SE A QUEM TEM (samba) Francisco Alves-Ismael Silva-Noel Rosa Com Francisco Alves e Orch. Copacabana	4.472 (g) 02/07/1932 (l) 12/1932
10.939-B	RIR (samba) José de Oliveira Com Francisco Alves e Gente Bôa	4.501 (g) 15/09/1932
10.943-A	MENTIR (samba) Noel Rosa Com Gente Bôa	4.516 (g) 28/09/1932 (l) 12/1932
10.943-B	PRAZER EM CONHECEL-O (samba) Custodio Mesquita-Noel Rosa Com Gente Bôa	4.517 (g) 28/09/1932
10.956-A	ESTAMOS ESPERANDO (samba) Noel Rosa Com Francisco Alves e Gente Bôa	4.535-3 (g) 17/11/1932 (l) 01/1933
10.956-B	TUDO QUE VOCÊ DIZ (samba) Noel Rosa Com Francisco Alves e Gente Bôa	4.554-1 (g) 19/12/1932
10.957-A	FORMOSA (marcha) Nássara-J. Rui Com Francisco Alves e Orchestra Odeon	4.560 (g) 22/12/1932 (l) 01/1933
10.957-B	PRIMEIRO AMÔR (samba) Ernani Silva Com Francisco Alves e Orchestra Odeon	4.570-1 (g) 29/12/1932
10.961-A	MAS COMO... OUTRA VEZ?! (marcha) Francisco Alves-Noel Rosa Com Francisco Alves e Orchestra Odeon	4.561 (g) 22/12/1932 (l) 01/1933
10.961-B	FITA AMARELLA (samba) Noel Rosa Com Francisco Alves e Orchestra Odeon	4.569-2 (g) 29/12/1932
10.977-A	VAE HAVER BARULHO NO 'CHATEAU' (samba) Walfrido da Silva e Noel Rosa Com Orchestra Odeon	4.584 (g) 13/01/1933 (l) 01/1933

11.003-A	Quando o Samba Acabou (samba) Noel Rosa Com Orch. Copacabana	4.639 (g) 11/04/1933 (l) 05/1933
11.003-B	Capricho de Rapaz Solteiro (samba) Noel Rosa Com Orch. Copacabana	4.652 (g) 24/04/1933
11.274-A	Meu Consolo (samba) Walfrido Silva-Gadé Com Orch. Odeon, dir.: Simon Bountman	5.159 (g) 17/09/1935 (l) 10/1935
11.274-B	Foi Assim Que Morreu o Nosso Amor (samba) Paulo de Frontin Werneck Com Orch. Odeon, dir.: Simon Bountman	5.158 (g) 17/09/1935
11.286-A	Na Hora 'H' (marcha) Walfrido Silva-Alcyr Roméro Com Orch. Odeon, dir.: S. Bountman	5.142 (g) 09/09/1935 (l) 12/1935
11.286-B	Vae Ter (samba) Walfrido Silva-Alcyr Roméro Com Orchestra Odeon, dir.: Simon Bountman	5.157 (g) 17/09/1935
11.301-A	Theatro da Vida (marcha) A. Victor Com Orchestra Odeon, dir.: Simon Bountman	5.143 (g) 09/09/1935 (l) 01/1936
11.301-B	Menina Eu Sei de Uma Coisa (marcha) Custódio Mesquita-Mario Lago Com Orchestra Odeon, dir.: Simon Bountman	5.186 (g) 20/11/1935
11.305-A	Frá Diavolo no Carnaval (marcha) Carlos Dix-Carlos Braga Com Orchestra Odeon, dir.: Simon Bountman	5.202 (g) 03/12/1935 (l) 01/1936
11.305-B	Cadê Mimi (marcha do film *Allô Allô Carnaval*) Carlos Braga-Alberto Ribeiro Com Orchestra Odeon, dir.: Simon Bountman	5.206 (g) 06/12/1935
11.307-A	Você É Crente (marcha) Arlindo Marques-Roberto Roberti Com Orchestra Odeon, dir.: Simon Bountman	5.203 (g) 03/12/1935 (l) 01/1936
11.307-B	Vae-te Embora (samba) Francisco Mattoso-Nonô Com Orchestra Odeon, dir.: Simon Bountman	5.201 (g) 03/12/1935
11.312-A	Olha Este Bloco (marcha) Kid Pêpe-Germano Augusto-Fadel Com Orchestra Odeon, dir.: Simon Bountman	5.212 (g) 12/12/1935 (l) 01/1936
11.312-B	Foi Audácia (samba) Kid Pepe-Germano Augusto-Fadel Com Orchestra Odeon, dir.: Simon Bountman	5.211 (g) 12/12/1935

11.321-A	Você É Quem Brilha (marcha) Antônio Nássara-Alberto Ribeiro Com Orchestra Odeon, dir.: Simon Bountman	5.233	(g) 02/01/1936 (l) 01/1936
11.321-B	A Tal (marcha) João de Tal Com Orchestra Odeon, dir.: Simon Bountman	5.234	(g) 02/01/1936
11.323-A	É Você Que Eu Ando Procurando (marcha) Oswaldo Santiago-Carminha Baltazar Com Orchestra Odeon, dir.: Simon Bountman	5.235	(g) 02/01/1936 (l) 01/1936
11.323-B	Você Merece Muito Mais (samba) Ismael Silva Com Orchestra Odeon, dir.: Simon Bountman	5.236	(g) 02/01/1936
11.326-A	Este Meio Não Serve (samba) Noel Rosa-Ernesto dos Santos (Donga) Com Orchestra Odeon, dir.: Simon Bountman	5.241	(g) 10/01/1936 (l) 02/1936
11.326-B	Tira... Tira... (samba) Alberto Simões-Ernesto dos Santos (Donga) Com Orchestra Odeon, dir.: Simon Bountman	5.242	(g) 10/01/1936

Gravadora Colúmbia

22.031-A	Não Me Perguntes (samba) Dr. Joubert de Carvalho Acomp. pelo Jazz Regional, vocal: C. Mendonça*	381.051	(l) 06/1931
22.031-B	Quem Ama Não Esquece (samba malandro) Mario Reis Acomp. pelo Jazz Regional, vocal: C. Mendonça* (* pseudônimo de Mario Reis neste disco)	381.053	
22.225-A	Vejo Amanhecer (samba) Noel Rosa Acomp. por Pixinguinha e sua orchestra	381.503	(l) 1933
22.225-B	Filosofia (samba) Noel Rosa-André Filho Acomp. por Pixinguinha e sua orchestra	381.504	
22.242-A	Esquina da Vida (samba) Noel Rosa-Francisco Mattoso Acomp. por piano	381.532	(l) 1933
22.242-B	Meu Barracão (samba) Noel Rosa Acomp. por piano	381.533	

55.515-A	Joujoux e Balangandans (marcha) Lamartine Babo Com Mariah, Kolman e a Orchestra do Casino da Urca	178	(g) 26/07/1939 (l) 09/1939
55.515-B	Voltei a Cantar (samba) Lamartine Babo Com Kolman e a Orchestra do Casino da Urca	183	(g) 03/08/1939
55.189-A	Deixa Esta Mulher Soffrer (samba) Ary Barroso Com Fon-Fon e sua orchestra	218	(g) 13/10/1939 (l) 12/1939
55.189-B	Iaiá Bonéca (marcha) Ary Barroso Kolman e a Orchestra do Cassino da Urca	217	(g) 13/10/1939 (l) 12/1939
55.199-A	Virgula (marcha) Alberto Ribeiro-Frazão Com orquestra	242	(l) 01/1940
55.199-B	Você Me Maltrata (samba) Xavier de Souza-Marques Jr.-Roberto Roberti Com orquestra	243	(g) 08/12/1939

Gravadora Victor

33.603-A	Ahi!... Hein!... (marcha) Lamartine Babo-Paulo Valença Com Lamartine Babo e o Grupo da Guarda Velha	65.601	(g) 25/11/1932 (l) 01/1933
33.603-B	Bôa Bola! (marcha) Lamartine Babo-Paulo Valença Com Lamartine Babo e o Grupo da Guarda Velha	65.602	(g) 25/11/1932
33.614-A	Linda Morena (marcha) Lamartine Babo Com Lamartine Babo e o Grupo da Guarda Velha	65.631	(g) 26/12/1932 (l) 02/1933
33.614-B	A Tua Vida É um Segredo (samba) Lamartine Babo Grupo Guarda Velha	65.615	(g) 05/12/1932
33.645-A	Fui Louco (samba) Alcebíades Barcellos Grupo da Guarda Velha	65.628	(g) 15/12/1932 (l) 04/1933
33.645-B	Pobre Creança (samba) João Miranda Diabos do Céo	65.680	(g) 20/03/1933

33.671-A	CHEGOU A HORA DA FOGUEIRA (marcha) Lamartine Babo Com Carmen Miranda e os Diabos do Céo	65.766-1 (g) 05/06/1933 (l) 07/1933
33.671-B	TARDE NA SERRA (samba) Lamartine Babo Com Carmen Miranda e os Diabos do Céo	65.673-4 (g) 05/06/1933
33.691-B	AS CINCO ESTAÇÕES DO ANNO (cateretê) Lamartine Babo Com Almirante, Carmen Miranda, Lamartine Babo e o Grupo do Canhoto	65.795-1 (g) 06/07/1933 (l) 08/1933
33.698-A	EU QUERIA UM RETRATINHO DE VOCÊ (samba) Lamartine Babo Com os Diabos do Céo	65.796-2 (g) 07/07/1933 (l) 09/1933
33.698-B	FORÇA DE MALANDRO (samba) Hervê Cordovil-Jayme Tolomi da Rocha Com os Diabos do Céo	65.797-1 (g) 07/07/1933
33.728-A	AGORA É CINZA (samba) Alcebíades Barcellos-Armando Vieira Marçal Diabos do Céo	65.871-1 (g) 25/10/1933 (l) 12/1933
33.728-B	DOUTOR EM SAMBA (samba) Custodio Mesquita Diabos do Céo	65.878-1 (g) 06/11/1933
33.738-A	RIDI... PALHAÇO... (marcha) Lamartine Babo Diabos do Céo	65.879-1 (g) 08/11/1933 (l) 01/1934
33.738-B	O SOL NASCEU P'RA TODOS (samba) Lamartine Babo Diabos do Céo	65.880-1 (g) 08/11/1933
33.742-A	UMA ANDORINHA NÃO FAZ VERÃO (marcha) Lamartine Babo-João de Barro Diabos do Céo	65.903-1 (g) 01/12/1933 (l) 01/1934
33.742-B	MORENINHA TROPICAL (marcha) João de Barro Diabos do Céo	65.877-1 (g) 06/11/1933
33.746-A	ME RESPEITE... OUVIO?... (samba) Walfrido Silva Com Carmen Miranda e Diabos do Céo	65.904-1 (g) 04/12/1933 (l) 02/1934
33.746-B	ALÔ... ALÔ?... (samba) André Filho Com Carmen Miranda e o Grupo do Canhoto	65.930-1 (g) 28/12/1933

33.752-A	É DE AMARGAR (marcha pernambucana) (marcha pernambucana premiada no concurso do "Diário de Pernambuco" Recife) Lourenço Barbosa "Capiba" Diabos do Céo	65.915-1 (g) 15/12/1933 (l) 01/1934
33.752-B	VOCÊ FAZ ASSIM COMIGO (marcha pernambucana premiada no concurso do "Diário de Pernambuco" Recife) Irmãos Valença Diabos do Céo	65.926-1 (g) 20/12/1933
33.768-A	GARGALHADA (samba) Alcebíades Barcellos-Carlos Martins Com Diabos do Céo	65.950-1 (g) 06/03/1934 (l) 04/1934
33.768-B	MEU SOFRIMENTO (samba) Alcebíades Barcellos-Armando Vieira Marçal Com Diabos do Céo	65.955-1 (g) 20/03/1934
33.789-A	ISTO É LÁ COM SANTO ANTONIO! (marcha) Lamartine Babo Com Carmen Miranda e Diabos do Céo	79.643-1 (g) 14/05/1934 (l) 06/1934
33.789-B	P'RA MEU SÃO JOÃO (samba) Humberto Pinto-Kid Pepe Diabos do Céo	79.616-1 (g) 25/04/1934
33.802-A	TENHO RAIVA DE QUEM SABE (samba) Kid Pepe-Zé Pretinho Diabos do Céo	79.617-2 (g) 25/04/1934 (l) 07/1934
33.802-B	NÃO SEI QUE MAL EU FIZ... (samba) Heitor dos Prazeres Diabos do Céo	79.621-1 (g) 30/04/1934
33.810-A	ESTÁS NO MEU CADERNO (samba) Benedito Lacerda-Oswaldo Silva-Wilson Baptista Com Gente do Morro	79.640 (g) 11/05/1934 (l) 08/1934
33.810-B	VOU VÊR SI POSSO... (samba) Heitor dos Prazeres Com Diabos do Céo (Obs.: solos de flauta de Benedito Lacerda)	79.622 (g) 30/04/1934
33.850-A	MAIS UMA ESTRELLA (marcha) Bomfiglio de Oliveira-Herivelto Martins Com Diabos do Céo	79.712-1 (g) 05/10/1934 (l) 11/1934
33.850-B	CORTADA NA CENSURA (marcha) João de Barro-Aldo Taranto-Maércio Com Diabos do Céo Obs.: "A minha bola foi cortada na censura", diz a letra, que brinca com a censura da Era Vargas.	79.711-1 (g) 05/10/1935

33.861-A	Nosso Romance (samba) Alcebíades Barcellos-Armando Vieira Marçal Diabos do Céo	79.698-1 (g) 26/09/1934 (l) 12/1934
33.861-B	Si Eu Fosse Pintor (marcha) Alcebíades Barcellos-Alberto Ribeiro Diabos do Céo	79.699-1 (g) 26/09/1934
33.887-A	Rasguei a Minha Fantasia (marcha) Lamartine Babo Com os Diabos do Céo	79.791-1 (g) 27/11/1934 (l) 01/1935
33.887-B	Verbo Amar (samba) Lamartine Babo Com os Diabos do Céo	79.800-1 (g) 19/12/1934
33.888-A	Nada Além (marcha) Lamartine Babo Com os Diabos do Céo	79.792-1 (g) 27/11/1934 (l) 01/1935
33.888-B	Parei Comtigo (samba) Lamartine Babo Com os Diabos do Céo	79.802-1 (g) 21/12/1934
33.898-A	Eva Querida (marcha) Luiz Vassallo Com os Diabos do Céo	79.801-1 (g) 19/12/1934 (l) 02/1935
33.898-B	Muito Mais (marcha) Nássara-Francisco Alves Com os Diabos do Céo	79.814-1 (g) 16/01/1935
33.928-A	Este Samba Foi Feito P'ra Você (samba) Assis Valente-Humberto Porto Diabos do Céo	79.886-1 (g) 22/04/1935 (l) 05/1935
33.928-B	Amei Demais (samba) Walfrido Silva-Roberto Martins Diabos do Céo	79.887-1 (g) 22/04/1935
33.940-A	Pistolões (marcha) Lamartine Babo Com os Diabos do Céo	79.910 (g) 16/05/1935 (l) 06/1935
33.940-B	Roda de Fogo (samba-rumba) Lamartine Babo-Alcyr Pires Vermelho Com os Diabos do Céo	79.911 (g) 16/05/1935
33.957-A	Linda Ninon (samba) (do film da Waldow Films "Estudantes") João de Barro-Cantídio de Mello Com Diabos do Céo	79.941-1 (g) 26/06/1935 (l) 08/1935
33.957-B	Linda Mimi (marcha) (do film da Waldow Films "Estudantes") João de Barro Com os Diabos do Céo	79.942-2 (g) 26/06/1935

33.989-A	ADEUS SAUDADE (samba) Kid Pepe-Raul Rezende Com os Diabos do Céo	79.986-1 (g) 17/07/1935 (l) 11/1935
33.989-B	SONHO DE JARDINEIRO (samba) Kid Pepe-Zé Pretinho Com os Diabos do Céo	79.987-1 (g) 17/07/1935

GRAVADORA CONTINENTAL

16.454-A	JURA (samba) J. B. da Silva (Sinhô) Com Vero e Sua orquestra*	2.691 (g) 22/08/1951 (l) 10/1951
16.454-B	SABIÁ (samba) J. B. da Silva (Sinhô) Com Vero e Sua orquestra* (* Pseudônimo de Radamés Gnattali, que fez os arranjos)	2.693 (g) 22/08/1951
16.455-A	FALA MEU LOURO (samba) J. B. da Sinhô (Sinhô) Com Vero e Sua orquestra	2.692 (g) 22/08/1951 (l) 10/1951
16.455-B	GOSTO QUE ME ENROSCO (samba) J. B. da Sinhô (Sinhô) Com Vero e Sua orquestra	2.703 (g) 22/08/1951
16.456-A	ORA VEJAM SÓ (samba) J. B. da Sinhô (Sinhô) Com Vero e Sua orquestra	2.705 (g) 22/08/1951 (l) 10/1951
16.456-B	A FAVELA VAI ABAIXO (samba) J. B. da Sinhô (Sinhô) Com Vero e Sua orquestra	2.704 (g) 22/08/1951
16.511-A	FLÔR TROPICAL (marcha) Ary Barroso Com Vero e Sua orquestra	C-2.780 (g) 26/10/1951 (l) 01/1952
16.511-B	SAUDADE DO SAMBA (samba) Fernando Lôbo Com Vero e Sua orquestra	C-2.779 (g) 26/10/1951

LONG-PLAYS

ODEON

MARIO REIS CANTA SUAS CRIAÇÕES EM HI-FI (1960)
MOFB — 3177

Lado A (Matriz BR-XLD 10.483)
1) "Palavra Doce", samba (Mario Travassos de Araújo)
2) "Vamos Deixar de Intimidade", samba (Ary Barroso)
3) "O Que Vale a Nota Sem o Carinho da Mulher", samba (J. B. da Silva, Sinhô)
4) "Iaiá Boneca", marcha (Ary Barroso)
5) "Mulato Bamba", samba (Noel Rosa)
6) "Rasguei a Minha Fantasia", marcha (Lamartine Babo)

Lado B (Matriz BR-XLD 10.484)
1) "Isso Eu Não Faço, Não", samba (Antônio Carlos Jobim)
2) "Deus Nos Livre do Castigo das Mulheres", samba (J. B. da Silva, Sinhô)
3) "Linda Mimi", marcha (João de Barro)
4) "A Tua Vida É um Segrêdo", samba (Lamartine Babo)
5) "Vai-te Embora", samba (Francisco Mattoso-Nonô)
6) "O Grande Amor", samba (Antônio Carlos Jobim-Vinicius de Moraes)

Produção de Aloysio de Oliveira
Orquestrações: Lindolfo Gaya
Regência: Oswaldo Borba

Em 1968, este disco foi relançado pela Odeon sob o selo Imperial, nº IMP. 30.113.

ELENCO

MARIO REIS — AO MEU RIO (1965)
ME-22

Lado A (Matriz MELP-6323-A)
1) "Cadê Mimi?", marcha (João de Barro-Alberto Ribeiro)
2) "Jura", samba (J. B. da Silva, Sinhô)
3) "O Destino É Deus Quem Dá", samba (Nilton Bastos)
4) "Flor Tropical", marcha (Ary Barroso)
5) "Quando o Samba Acabou", samba (Noel Rosa)
6) "Agora É Cinza", samba (A. Barcellos-A. Marçal)

Lado B (Matriz MELP-6323-B)
1) "Sofrer É da Vida", samba (Ismael Silva-Francisco Alves)
2) "Pelo Telefone", samba (Ernesto dos Santos [Donga]-Mauro de Almeida)
3) "Linda Morena", marcha (Lamartine Babo)
4) "Dorinha Meu Amor", samba (J. F. de Freitas)
5) "Gavião Calçudo", samba (Pixinguinha-Cícero de Almeida)
6) "Formosa", marcha (Nássara-J. Rui)

Arranjos e regência: Lindolfo Gaya
Produção e direção: Aloysio de Oliveira
Assistente de produção: José Delphino Filho
Estúdio de gravação: Rio Som S/A
Engenheiro de som: Norman Sternberg
Técnico de som: Umberto Contardi
Capa: Eddie Moyna
Ilustração: J.C. Mello Menezes

Este LP foi relançado em 1971 com o título *Os Grandes Sucessos de Mario Reis*, com algumas correções nas autorias e nos títulos, já feitas acima.

ODEON

MARIO REIS (1971)
MOFB — 3.690

Lado A (Matriz SBR-XLD 12.147)
1) "Cansei", samba (J. B. da Silva, Sinhô)
2) "Amar a Uma Só Mulher", samba (J. B. da Silva, Sinhô)
3) "Moreninha da Praia", marcha (João de Barro)
4) "Fui Louco", samba (Bide)
5) "Nem É Bom Falar", samba (Ismael Silva-Francisco Alves-Nilton Bastos)
6) "Voltei a Cantar" (Lamartine Babo)

Lado B (Matriz SBR-XLD 12.148)
1) "A Banda", marcha (Chico Buarque de Hollanda)
2) "Filosofia", samba (Noel Rosa-André Filho)
3) "Rasguei a Minha Fantasia", marcha (Lamartine Babo)
4) "Gosto Que Me Enrosco" (J. B. da Silva, Sinhô)
5) "Se Você Jurar", samba (Ismael Silva-Nilton Bastos-Francisco Alves)
6) "Bolsa de Amores", samba (Chico Buarque de Hollanda)*

Diretor de produção: Milton Miranda
Diretor musical: Lindolfo Gaya
Orquestrador e regente: Lindolfo Gaya
Diretor técnico: Z. J. Merky
Técnico de gravação: Jorge E. Nivaldo
Técnico de laboratório: Reny R. Lippi
Lay-out: Joselito

* Este samba de Chico Buarque foi censurado por "ofender a mulher brasileira". Mario Reis determinou que a faixa saísse em branco, sem que fosse trocada. A faixa só sairia em CD em 1993, que juntou dois LPs, o de 1960 e o de 1971, lançado pela EMI.

19. FONTES

LIVROS

ALENCAR, Edigar de. *Nosso Sinhô do samba*. Rio de Janeiro: Funarte, 1981.
_____. *O carnaval carioca através da música*. Rio de Janeiro: Francisco Alves, 1985.
ALVES, Francisco. *Minha vida*. Rio de Janeiro: Editora Brasil Contemporâneo, 1936.
_____. *Minha vida... minha vida...* Edição revista, melhorada e ampliada. Rio de Janeiro: J. R. de Oliveira & Cia., 1942.
ALMIRANTE. *No tempo de Noel Rosa*. Rio de Janeiro: Francisco Alves, 1977.
ANDRADE, Mario de. *Aspectos da música brasileira*. São Paulo/Brasília: Martins/INL, 2ª ed., 1975.
BANGU 100 anos: a fábrica e o bairro. Texto e pesquisa de Gracilda Alves de Azevedo Silva. Edição de texto: Jairo Severiano. Rio de Janeiro: Sabiá Produções Artísticas, 1989.
BARBOSA, Orestes. *Samba: sua história, seus poetas, seus músicos e seus cantores*. Rio de Janeiro: Funarte, 2ª ed., 1978.
BARSANTE, Cássio Emmanuel. *Carmen Miranda*. Rio de Janeiro: Europa, 1986.
BOECHAT, Ricardo. *Copacabana Palace: um hotel e sua história*. São Paulo: DBA Melhoramentos, 1998.
CABRAL, Sérgio. *No tempo de Ary Barroso*. Rio de Janeiro: Lumiar, 1990.
_____. *No tempo de Almirante: uma história do rádio e da MPB*. Rio de Janeiro: Francisco Alves, 1990.
CARDOSO JUNIOR, Abel. *Francisco Alves: as mil canções do Rei da Voz*. Curitiba: Revivendo, 1998.
_____. *Carmen Miranda: a cantora do Brasil*. Sorocaba: Edição do Autor, 1978.
CATÁLOGO de periódicos brasileiros microfilmados. Rio de Janeiro: Biblioteca Nacional/ Ministério da Cultura/ Departamento Nacional do Livro, 1994.
CASTRO, Ruy. *Ela é carioca: uma enciclopédia de Ipanema*. São Paulo: Companhia das Letras, 1999.
CUNHA, Orlando e VALLE, Fernando. *Campos Salles, 118: a história do América*. Rio de Janeiro: Laudes, 1972.
ENCICLOPÉDIA DA MÚSICA BRASILEIRA: POPULAR, ERUDITA E FOLCLÓRICA. São Paulo: Arte Editora, Publifolha, 1998.
FRANCESCHI, Humberto Moraes. *Registro sonoro por meios mecânicos no Brasil*. Rio de Janeiro: Studio HMF, 1984.
GIL-MONTEIRO, Martha. *Carmen Miranda: a Pequena Notável (uma biografia não-autorizada)*. Rio de Janeiro: Record, 1989.
GOMES, Bruno Ferreira. *Wilson Batista*. Rio de Janeiro: Funarte, 1985.

GONZAGA, Alice. *50 Anos de Cinédia*. Rio de Janeiro: Record, 1987.
JOTA EFEGÊ. *Meninos eu vi*. Rio de Janeiro: Funarte, 1985.
_____. *Figuras e coisas do carnaval carioca*. Rio de Janeiro: Funarte, 1982.
LIRA, Marisa. *Brasil sonoro*. Rio de Janeiro: A Noite, s.d.
MARIZ, Vasco. *A canção brasileira*. Rio de Janeiro: INL/Nova Fronteira, 5ª ed., 1985, pp. 208-11.
_____. *História da música no Brasil*. Rio de Janeiro: Nova Fronteira, 5ª ed. revista e ampliada, 2000.
MÁXIMO, João e DIDIER, Carlos. *Noel Rosa: uma biografia*. Brasília: UnB, 1990.
NASSER, David. *Chico Viola*. Rio de Janeiro: O Cruzeiro S. A., 1966.
NEPOMUCENO, Rosa. *Música caipira: da roça ao rodeio*. São Paulo: Editora 34, 1999.
NUNES, Mario. *40 anos de teatro* (volumes I a IV, período de 1913 a 1935). Rio de Janeiro: Serviço Nacional de Theatro, 1955.
PACHECO, Jaci. *Noel Rosa e sua época*. Rio de Janeiro: Minerva, 1955.
_____. *O cantor da vila*. Rio de Janeiro: Minerva, 1958.
PAIVA, Salvyano Cavalcanti de. *História ilustrada do cinema brasileiro*. Rio de Janeiro: Francisco Alves, 1989.
RANGEL, Lúcio. *Sambistas e chorões: aspectos e figuras da música popular brasileira*. Rio de Janeiro: Francisco Alves, Coleção Contrastes e Confrontos, 1962.
ROULIEN, Raul. *A verdadeira Hollywood*. Rio de Janeiro: Freitas Bastos Livraria Editora, 1933.
RUIZ, Roberto. *Aracy Cortes: linda flor*.
_____. *O teatro de revista no Brasil*. Rio de Janeiro: INACEN, 1988.
SANTOS, Alcino et al. *Discografia Brasileira 78 rpm* (volumes 1 a 5). Rio de Janeiro: Funarte, 1982.
SOARES, Maria Thereza Mello Soares. *São Ismael do Estácio*. Rio de Janeiro: Funarte, 1985.
TINHORÃO, José Ramos. *Música popular: teatro & cinema*. Petrópolis: Vozes, 1972.
_____. *História social da música popular brasileira*. São Paulo: Editora 34, 1998.
_____. *Música popular: do gramofone ao rádio e TV*. São Paulo: Ática, 1981.
_____. *Pequena história da música popular: da modinha ao tropicalismo*. São Paulo: Art Editora, 5ª ed., 1986.
_____. *Música popular: os sons que vêm da rua*. São Paulo: Tinhorão, 1976.
_____. *Música popular: um tema em debate*. Rio de Janeiro: Saga, 1966; São Paulo: Editora 34, 3ª ed. revista e ampliada, 1997.
_____. *A imprensa carnavalesca no Brasil: um panorama da linguagem cômica*. São Paulo: Hedra, 2000.
SEVERIANO, Jairo & HOMEM DE MELLO, Zuza. *A canção no tempo: 85 anos de músicas brasileiras* (volume 1: 1901-1957). São Paulo: Editora 34, 1997.
VALENÇA, Suetônio Soares. *Tra-la-lá*. Rio de Janeiro: Funarte, 1981.
VAMPRÉ, Octavio Augusto. *Raízes e evolução do rádio e da televisão*. Feplam-RS/Fundação Pe. Landell de Moura/RBS, 1979.
VASCONCELOS, Ary. *Panorama da música popular brasileira*. São Paulo: Martins, 1963.

PERIÓDICOS

BOCCANERA, Silio. "Mario Reis: a Escolha da Volta". In: Caderno B, *Jornal do Brasil*, Rio de Janeiro, 6 de agosto de 1971, p. 1.

CABRAL, Sérgio. "Há 50 Anos um Estilo de Cantar Foi Inventado: o Estilo Mario Reis". In: Caderno B, *Jornal do Brasil*, Rio de Janeiro, 18 de janeiro de 1978, p. 1.

_____. "Uma Tarde com Mario Reis (II)". In: *Diário de Notícias*, Rio de Janeiro, 24 de abril de 1974.

CARDOSO JUNIOR, Abel. "Heitor dos Prazeres: Na Primeira Linha do Samba e da Pintura". In: Jornal *Cruzeiro do Sul*, Sorocaba, 21 de outubro de 1984, p. 3.

EDIÇÕES Carlos Wehrs. "Carinhos de Vovô". In: *Phono-Arte*, Rio de Janeiro, 30 de agosto de 1928, número 2.

ENECÊ (Nelson Cunha). "Discografia Completa de Mario Reis". In: *Revista da Música Popular*, maio-junho de 1955, pp. 37-9.

FIGURAS da Nossa Música. "Mario Reis", In: *Phono-Arte*, Rio de Janeiro, 15 e 30 de dezembro de 1928, números 9 e 10, pp. 30-1.

GIRON, Luís Antônio. "O Diabo do Maxixe". In: *Around*, São Paulo, novembro de 1986, pp. 92-4.

_____. "Um Rei Sinhô do Samba". In: Notícias da AGRALE, Caxias do Sul: ano 17, nº 45, 4º trimestre de 1988.

_____. "O Reis da Voz". In: *Around*, São Paulo, março de 1987, pp. 92-6.

_____. "Mario Reis". Texto da contracapa do LP *Mario Reis*. Rio de Janeiro, EMI, 1988.

_____. "Verdadeiro é Falso". In: *Around*, São Paulo, janeiro-fevereiro de 1987, pp. 26-8.

_____. "Chega ao CD o Exílio de Vicente Celestino". In: *Folha de S. Paulo*, São Paulo, 14 de abril de 1991, p. 5-3.

_____. "Editora Relança Sucessos na Voz de Sinhô". In: *Folha de S. Paulo*, São Paulo, 22 de setembro de 1995, pp. 26-8.

_____. "Do Ba-ta-clan à Morte do Jazz". In: Caderno Fim-de-Semana, *Gazeta Mercantil*, São Paulo, 8 de julho de 1999, p. 24.

_____. "Dorival Caymmi Completa 80 anos Hoje". In: *Folha de S. Paulo*, São Paulo, 22 de setembro de 1995, pp. 26-8.

_____. "Um Império Musical do Brasil". In: Caderno Fim-de-Semana, *Gazeta Mercantil*, São Paulo, 6 e 7 de novembro de 1999, p. 2.

_____. "Pixinguinha, Quintessência da Música Popular Brasileira". In: *Revista do Instituto de Estudos Brasileiros*, São Paulo, 1997, nº 42, pp. 43-57.

_____. "Bando da Lua". In: Caderno Fim-de-Semana, *Gazeta Mercantil*, São Paulo, 19 de novembro de 1999, p. 1.

_____. "A Outra Pequena Notável". In: Caderno Fim-de-Semana, *Gazeta Mercantil*, São Paulo, 13 de novembro de 1998, p. 1.

_____. "No Colo dos Deuses". In: Caderno Fim-de-Semana, *Gazeta Mercantil*, São Paulo, 8 de outubro de 1999, p. 14.

_____. "Compositor Por Força Maior". In: Caderno Fim-de-Semana, *Gazeta Mercantil*, São Paulo, 6 de novembro de 1999, p. 1.

_____. "Nosso Homem em Hollywood". In: Caderno Fim-de-Semana, *Gazeta Mercantil*, São Paulo, 2 de janeiro de 1999, pp. 1 e 3.

HISTÓRIA DA MÚSICA POPULAR DO BRASIL. *Fascículos*. São Paulo: Abril Cultural.

MÁXIMO, João. "Mario Reis: Ele Criou o Modo de Cantar Brasileiro". In: *Jornal do Brasil*, Rio de Janeiro, 6 de outubro de 1981.

MENDONÇA, José Márcio. "O Sucesso Chegou Quando Mario Reis Gravou Seu Quarto Disco (o Primeiro Foi Feito Sem Querer, Por Acaso)". In: *Jornal da Tarde*, São Paulo, 7 de agosto de 1971, p. 1.

MÚSICA Popular. "Odeon, 10224". *Phono-Arte*, Rio de Janeiro, 30 de agosto de 1928, número 2, p. 13.

MÚSICA Popular. "Odeon". *Phono-Arte*, Rio de Janeiro, 15 de novembro de 1928, número 7, p. 26.

NÁSSARA, Antônio. "Dr. Mario (Mario Reis)". In: *O Pasquim*, Rio de Janeiro, 15 de outubro de 1981.

PAULINO, Roberto. "O Aristocrata Mario Reis Cantava Samba Como Quem Falava (ao Pé do Ouvido). Hoje É Parte da Antologia da Música Popular Brasileira. Quem Tiver um Disco Dele Tem um Tesouro". In: *Fatos & Fotos*, 11 de julho de 1976.

RANGEL, Lúcio & RANGEL, Maria Lúcia. "Mario Reis: Agora Quero Cantar". In: *Manchete*, Rio de Janeiro, 4 de setembro de 1971, número 1.011, pp. 60-2.

SOUZA, Tárik de. "O Mais Carioca dos Cantores". In: Caderno B, *Jornal do Brasil*, Rio de Janeiro, 6 de outubro de 1981, p. 1.

VASCONCELOS, Ary. "Discografia de Mario Reis". In: Caderno B, *Jornal do Brasil*, Rio de Janeiro, 6 de setembro de 1971, p. 8.

WECO. "Sinhô, o Violão e sua Obra". Anno I, nº 3, janeiro de 1929. Rio de Janeiro, Carlos Wehrs e Irmãos, pp. 19-20.

ORIGINAIS INÉDITOS

FRANCESCHI, Humberto Moraes. *A Casa Edison e seu tempo*. Rio de Janeiro, 1999

SIMÕES, Manoel Cardoso. *Discografia de Mario Reis (1907-1981)*. São Paulo, junho de 1982.

ALVES, Walter Teixeira. *Discografia de Mario Reis*. São Paulo, s.d.

BELHAM, Floriano. *Minhas recordações*. Manuscrito cedido pelos herdeiros do cantor, escrito em 1982.

SANTOS, Alcino O. *Discografia completa de Simon Bountman*. Original datilografado pelo autor, s.d.

ENTREVISTADOS

Abel Cardoso Junior
Afrânio de Mello Franco Nabuco
Alice Gonzaga
Antônio Moreira da Silva
Antônio Sérgio Ribeiro
Aracy de Almeida
Aurora Miranda
Carlos Braga (Braguinha)
Carolina Cardoso de Meneses
Dorival Caymmi
Fernando Velho Wanderley
Gilda Müller
Hélio Fernandes
Hércio Expedito Filho
Humberto Moraes Franceschi
Joel de Almeida
Jonjoca (João de Freitas Ferreira)
Jorge Guinle
José Lino Grünewald
Julio Bressane
Luiz Carlos Saroldi
Maneco Müller (Jacinto de Thormes)
Maria Candida da Silveira (Candinha)
Mário Lago
Moacyr Andrade
Nelson Gonçalves
Nelson Motta
Olga Praguer Coelho
Orlando Cunha
Oswaldo Éboli (Vadeco)
Raul Roulien
Silio Boccanera
Sylvio Caldas

Mario Ruis

AGRADECIMENTOS

Este trabalho deve muito a Maria Candida da Silveira e Afrânio de Mello Franco Nabuco. Com paciência e simpatia, eles me introduziram à vida íntima de Mario Reis e propiciaram o acesso ao pouco material documental e fotográfico.

Tárik de Souza merece uma menção honrosa, pois é dele a idéia de publicar uma biografia de Mario Reis. Confiou a tarefa a mim, o que me deixou muito orgulhoso, pela admiração que tenho pelo trabalho constante e inteligente do crítico e historiador. Tárik me poupou muito trabalho, mandando-me uma ampla pesquisa de periódicos sobre o cantor.

Humberto Moraes Franceschi foi um conselheiro diuturno para este livro. Além disso, esse grande pesquisador da música brasileira me permitiu o acesso a documentos preciosos da Casa Edison. Sem sua orientação e inspiração, o capítulo referente à passagem da Era Mecânica para a Elétrica não teria sido elaborado.

João de Freitas Ferreira (Jonjoca) se revelou um consultor essencial, tanto no aspecto do funcionamento dos estúdios de rádio e companhias de discos, como no testemunho pessoal.

Um agradecimento especial ao pesquisador Antônio Sérgio Ribeiro, que me propiciou o acesso a seu arquivo de jornais e revistas e cedeu material fotográfico usado amplamente neste livro.

Devo muito a todos as pessoas que conviveram com o artista Mario Reis e me concederam entrevistas (citadas como fontes ao final do volume).

Obrigado a Gonçalo Jr. pela pergunta feita a Caymmi e a Jaqueline e Raquel Vanetto pela pesquisa nos arquivos do *Correio do Povo*.

Outra contribuição foi a do cineasta Julio Bressane, que sugeriu a biografia a mim quando filmava *O Mandarim* (1995), sua homenagem ao cantor. Bressane não só forneceu informações importantes, como cedeu as fotografias familiares de Mario Reis, que estavam em seu poder.

Não posso deixar de agradecer também ao Grupo Pão de Açúcar, por patrocinar este trabalho. A Bia Bracher eu devo a pressão simpática, que me fez concluir o livro — o que, a princípio, me pareceu impossível.

O apoio familiar foi fundamental. A minha esposa, Míriam, a minhas filhas, Giulia e Lorena, e a minha mãe, Loraine, que, pacientemente, deram o apoio para que esta biografia chegasse a seu termo.

ÍNDICE REMISSIVO

Abreu, Brício de, 37, 62
Abreu, Gilda, 85, 114
Abreu, Nelson, 64
Abreu, Zequinha de, 138
Albuquerque, Alfredo, 108
Alencar, Edigar de (Dig), 17, 38, 42-3, 49, 93, 95
Almeida, Aracy de, 173, 194, 212, 220, 225, 236, 283
Almeida, Cícero de (Bahiano), 93, 102, 286-8, 299
Almeida, Joel de, 194
Almirante (Henrique Foreis Domingues), 35, 61, 83, 112-4, 156, 158, 160-1, 171, 181, 187, 281-2, 295
Alvarenga e Ranchinho, 116
Alvarus, 258
Alves, Ataulfo, 15
Alves, Francisco, 13-5, 21, 28, 35, 45, 49, 54, 58, 60-4, 70-1, 74, 79-80, 92-101, 107-11, 114-6, 119, 122-8, 133, 135, 137, 139, 142-4, 149-50, 153, 155-63, 165-6, 173-4, 181-2, 187, 196, 203, 212, 221, 223, 225, 227, 235, 238, 247, 275, 279-82, 285-7, 289-91, 297, 299-300
Alves, Lúcio, 124

Alvinho (Bando de Tangarás), 113-4
Amaral, Lucila Noronha Barrozo do, 220
Americano, Luiz, 153
Américo e Domingos (ascensoristas do Copacabana Palace), 267
Amorim, Ottilia, 20, 22, 45, 47, 64, 133
Andrade, Mario de, 13-5, 23
Andrade, Moacyr, 258
André Filho, 15, 171, 178, 258, 281, 293, 295, 300
Aranha Filho, Oswaldo, 216
Aranha, Dedê, 232
Araújo Jorge, J. G. de, 221
Araújo, Mario Travassos de, 124, 137, 243, 245, 290, 299
Araújo, Mozart de, 17, 71, 125, 207-8
Ases do Samba, 127, 129, 131, 134, 147-50, 152-3, 158
Assis Chateaubriand, 235
Assis Valente, 25, 184, 187, 282, 297
Assumano (babalorixá), 94
Astaire, Fred, 184
Astrea, Dona (mulher de Braguinha), 36

Azeredo da Silveira, Dona Léa, 215, 220, 223
Azeredo, Antônio Francisco de, 211, 220
Azevedo, Alexandre, 215, 283
Babo, Lamartine, 18, 32, 35, 84, 108-9, 126-7, 131, 137, 147, 149-50, 152-3, 162-4, 171, 176, 178, 181, 186, 192, 197, 203, 212, 215-6, 218, 223, 245, 277, 281-3, 285, 290, 294-7, 299-300
Bahiano, 19, 44, 60, 71, 155
Baiaco, 95, 98, 101, 136
Balabanian, Aracy, 262
Baltazar, Carminha, 197, 293
Bambas do Estácio, 25, 95-7, 100, 118, 136, 161, 169, 192
Bandeira, Manuel, 111, 178
Bando da Lua, 89, 102, 146, 181, 185-7, 192, 240, 281-2
Bando de Tangarás, 112-4, 129, 153
Barbosa Júnior, 181-2, 186, 192, 281-2
Barbosa, Benício, 108
Barbosa, Luiz, 201, 282
Barbosa, Orestes, 70-1, 165, 212, 230, 275
Barbosa, Paulo, 281
Barcello, Pio, 113, 288

Barcelos, Jaime, 31
Barreto, José de Oliveira, 46
Barros, Josué de, 135
Barroso, Ary, 18, 23, 53, 55, 90-1, 93, 106, 109, 203, 210, 212, 215, 221, 223, 226, 236, 245, 277, 279-81, 283, 285-8, 294, 298-9
Barrymore, John, 184
Bastos, Nilton, 23, 95, 98-100, 118, 124, 135, 285, 287, 289, 299-300
Batista, Dircinha, 181, 281-2
Batista, Marília, 212, 236, 283
Belham, Floriano, 14-5, 20, 132
Bernardes Filho, Arthur, 211
Bernardes, Arthur, 36, 230
Bernardete, 216
Bide (Alcebíades Barcellos), 23, 95-6, 98, 119, 162, 174-5, 178, 286, 300
Bittencourt, Carlos, 45-6, 150
Blassifera, Carlito, 21-2
Blecaute, 18, 237
Boccanera, Silio, 166, 202, 241, 248, 251, 258-9
Bolton, 114
Borba, Oswaldo, 243, 299
Borba, Ruy, 105
Bôscoli, Geisa, 64
Botelho, Cândido, 216, 221, 223, 283
Bountman, Simon, 20-1, 60, 77-9, 91, 98, 109, 112, 120, 171, 181-2, 191-2, 235, 281, 288-9, 292-3

Braguinha (Carlos Braga, João de Barro), 18, 35-6, 89, 113, 178, 181, 184, 192, 194, 199, 235-6, 274, 286
Brancura (Sylvio Fernandes), 23, 38, 86, 95, 98, 101, 109, 114, 120, 147, 286, 290
Brandão (censor), 160-1
Brandão, Nestor, 84
Brasil, Edgard, 192, 281-2
Bressane, Julio, 25, 132-3, 256, 260, 262, 270, 283
Brito, Carlos de, 269
Britto, Henrique, 106, 113-4
Brummel, Belo, 184
Burke, Joe, 114, 123
Cabral, Sérgio, 35-6, 38, 61, 64, 117-8, 120, 139-40, 165, 176, 210
Caco Velho, 158
Caldas, Sylvio, 15, 23, 35, 41-2, 112, 144, 160, 174, 223
Calheiros, Augusto, 112
Camerata Bardi, 202
Canhoto, 171, 295
Caninha (José Luís de Morais), 15, 23, 37, 91, 95, 105, 287
Capiba (Lourenço Fonseca Barbosa), 178, 296
Capitão Furtado, 116
Cardoso de Menezes, Carolina, 129
Cardoso de Menezes, Oswaldo, 23, 45-6, 150
Cardoso Junior, Abel, 60, 71, 80, 94, 101, 132, 139, 142-3, 147, 155, 161, 221
Cardoso, Elizeth, 235

Cardoso, Ivan, 38, 89, 133
Carneiro, Dan Mallio, 113, 288
Cartola (Angenor de Oliveira), 118, 126-7, 153, 161-2, 166, 286, 290
Carvalho, Afonso de, 76
Carvalho, Joubert de, 21, 106, 293
Casé, Ademar, 160-1
Cassino da Urca, Orquestra do, 220, 294
Castro Barbosa, 107, 121, 138, 152
Castro, Arthur, 21, 45, 93
Castro, Nonette de, 221
Celestino, Pedro, 21
Celestino, Vicente, 13, 23, 45, 60, 64, 71, 74, 79, 84-5, 108, 150
Chameck, Lúcio, 77, 79, 121
Chaves, Henrique, 74, 282
Chaves, Juca, 18
China (Otávio Viana), 44-5
Ciacchi, Victor, 192
Clarinha (Maria Clara de Araújo, ver Mariah)
Coelho, Elisa, 181, 281
Colbaz, Orquestra, 138
Colbert, Claudette, 187
Cole Porter, 238
Collor, Fernando, 89
Columbia, Orquestra, 120
Copacabana, Orquestra, 120, 123, 135, 149, 153, 166
Cordovil, Hervê, 23, 170-1, 282, 295
Cortes, Aracy, 40, 70, 76-7, 221
Coslow, Sam, 123
Costa, Humberto, 33
Costa, Jaime, 282

Costa, Jayme, 192
Costa, Ruy, 192, 282
Crosby, Bing, 201
Cruz Cordeiro (J. Cruz Cordeiro Filho), 72-3, 82-3, 87, 91, 93, 102, 106, 126, 152
Cugat, Xavier, 221
Cunha, José Maria Pinto da, 139
Cunha, Nininha Leitão da, 216
Cunha, Orlando, 31, 35
Cunha, Pery, 148, 153, 156-7, 279
Cunha, Vasco Leitão da, 221
Curangy, J. (ver Sinhô)
Del Rio, Dolores, 184
Delgado, Pepa, 60
Dermeval, Alfredinho, 91, 287-8
Desafiadores do Norte, Os, 113, 288
Descartes, René, 258
Di Cavalcanti, Emiliano, 255
Diabos do Céu, 162-4, 171, 174, 178, 184, 294-8
Dias, João, 261
Didier, Carlos, 153, 156, 158-9
Disney, Walt, 102, 221
Dix, Carlos, 292
Djalma (trumpete), 153
Dodsworth, Henrique, 212, 221, 280
Donga (Ernesto dos Santos), 22, 44-5, 62, 64-5, 73, 79, 95, 197, 286, 288, 293, 299
Dostoiévski, Fiodor, 53, 103, 138, 179, 258
Downey, Wallace, 178, 181, 281
Drummond de Andrade, Carlos, 178

Dubin, Al, 123
Duque (Antônio Lopes de Amorim Dinis), 22, 58-9, 69
Dutra, Eurico Gaspar, 229, 238
Eisenstein, Serguei, 13
Ernesto, Pedro, 205, 210
Eustachia, Dona, 223
Evans, Mr., 178
Expedito Filho, Hércio, 243
Faria, Leonel, 18
Farney, Dick, 124
Fath, Jacques, 235
Faussigny-Lucenge (Príncipe das Varizes), 265
Fenelon, Moacyr, 192, 281-2
Fernandes, Hélio, 257-8, 262, 264, 273-5
Fernando, 17, 19, 91
Ferreira, Breno, 43
Ferreira, Henriqueta, 44
Ferreira, Procópio, 45
Figner, Frederico, 19, 23, 56-60, 62, 65-7, 77, 79, 86, 101-2, 106, 116, 198
Figueiredo, Nestor de, 139
Flor, Nelly, 74
Flores da Cunha, general, 190
Fonseca, Marcos Botelho da, 271
Ford, John, 184
Formenti, Gastão, 80, 160
Franceschi, Humberto Moraes, 54, 57-8, 77, 101-2, 108
Frazão, Eratóstenes, 225, 282, 294
Frazão, João, 113
Freire Júnior, 19, 23, 54, 79, 98, 289

Freitas, Geraldo Teixeira de, 33
Freitinhas (José Francisco de Freitas), 20, 45, 91-2, 286-8, 299
Frontin, Paulo de, 191, 292
Gadé, 191, 292
Galhardo, Carlos, 35
Gallet, Luciano, 49
Gaó (Odmar Amaral Gurgel), 106, 138
Gardel, Carlos, 139-40, 142-3, 279
Gaúcho, 194, 212, 282
Gaya, Lindolpho, 243, 247-8, 253, 299-300
Gente Boa, 153, 161-2, 290-1
Gente do Morro, 112, 296
Ghipsman, Romeu, 213
Gilbert, John, 187
Gilberto, João, 17, 240-1, 243, 253, 270
Gnattali, Radamés, 171, 213, 215, 221, 235, 298
Gogol, Nicolai, 53
Gomes Jr., J., 91, 106
Gonçalves de Oliveira, 84
Gonzaga, Adhemar, 192, 197, 280-2
Gorgulho (Jaci Pereira), 35
Goular, Iarli, 264
Goulart, Jorge, 18
Gradim (Lauro dos Santos), 95, 98, 114, 121-3, 136, 286
Grey, Clifford, 114
Guarda Velha, 164, 166, 171, 294
Guerreiro Lima, Augusto, 46
Guignard, Alberto da Veiga, 255
Guimarães, Celso, 221

Mario Reis 311

Guimarães, Rogério, 15, 62, 74, 143
Guinle, Arnaldo (e família), 22, 57, 69, 135, 240, 251
Guinle, Jorge, 28, 216
Guzmán, Glória, 139
Hallier, Pedro Leon, 155
Hollanda, Chico Buarque de, 18, 133, 248, 250, 253, 280, 283, 285-6, 300
Houston, Elsie, 13, 15
Iglésias, Luiz, 64
Irmãos Tapajós, 187, 282
Irmãs Pagãs, 282
Janis, Elsie, 123
Jararaca e Ratinho, 116
Jércolis, Jardel, 64
João da Gente, 23, 84, 93, 95
João de Barro (ver Braguinha)
João de Tal (ver Lamartine Babo)
Joel e Gaúcho, 212, 282
Jonjoca (João da Silveira Reis), 28, 36-7, 53, 127, 191, 295, 207, 211, 232, 255-6, 267-9, 271-2, 274
Jonjoca (João de Freitas Ferreira), 18, 105-8, 121, 138-9, 152, 174, 238, 247-8
K. D. T. (Cadete), 60
Kid Pepe, 189, 240, 286, 292, 296, 298
King, Jack, 123
Kolman, Ignacio, 79, 109, 220, 294
Kosarin, Harry, 77, 79
Kubitschek, Juscelino, 253
Lacerda, Benedito, 35, 94, 282, 296
Lacerda, Carlos, 268
Ladeira, César, 23, 173-4, 181, 225, 280-1

Lago, Mário, 23, 42, 69, 89, 131, 196-7, 286, 292
Laye, Evelyn, 187
Lentini, Carlos, 35, 37, 55, 279
Lermontov, Mikhail, 53
Lewis Seiler, 206
Lima, Diana Sabóia de, 216
Lobo, Fernando, 236, 280, 298
Lobo, Haroldo, 225
Luiz Octavio, 215
Machado, Celina Heck, 215
Machado, Gilka Serzedelo, 232, 262, 271
Machado, Orlando Luiz, 98
Maciste da Mangueira, 120
Maconheiro, Antônio, 264
Madame Graça, 227
Maércio (de Azevedo), 173, 178, 296
Maia, Abigail, 60
Marechal Jukov, 264
Manhattan, Hélio, 215
Mano Edgar, 98
Marçal (Armando Vieira), 23, 95-6, 98, 119, 174-5, 178, 295-7, 299
Maria (Mariah), 217, 220-2, 283, 294
Marquês da Hérnia Operada, 265
Marques Júnior, Arlindo, 225, 294
Marques Porto, 64, 76
Martinez, Carlos A., 194, 282
Martins, Carlos, 296
Martins, Herivelto, 296
Martins, João, 95

Martins Filho, Porfírio, 38, 43
Martins, José de Barros, 17
Martins, Roberto, 184, 297
Marx, Groucho, 263
Mascarenhas, Raul, 263, 277
Mattos, Maria, 187
Mattoso, Francisco de Queiroz, 167, 292-3, 299
Máximo, João, 71, 153, 156, 158-9
McMurray, Fred, 187
Medalha, Marília, 274
Medalha, Marli, 274
Medeiros, Antônio, 192, 281-2
Médici, Emílio Garrastazu, 251
Meira, Arlindo, 225
Mello, cônego Olympio de, 204-5, 207-8, 210, 212
Mello, Cantídio de, 187, 283, 297
Melo, Silvinha, 182, 187
Mendoça, Carlos Prado de, 106
Mendonça, C. (pseudônimo de Mario), 106, 279, 293
Mendonça, Égas de, 31
Mendonça, José Márcio, 38, 65, 74, 90-1, 97, 201-2, 250, 259
Menezes, Gastão de Oliveira, 113
Mesquita, Custódio, 23, 175-6, 185, 187, 196, 281-2, 286, 292
Mesquitinha (Olímpio Bastos), 79, 94, 180-1, 186, 281-2
Miguelão, Clóvis, 118

Miranda, Aurora, 146, 174-5, 178, 181-2, 185, 187, 196, 281-2
Miranda, Carmen, 14, 35, 42, 55, 102, 111, 130-1, 133, 135, 138-40, 142-7, 152, 160, 162-4, 171-3, 175, 177, 180-4, 186-7, 189-91, 196, 203, 213, 215, 247, 270, 279-83, 295-6
Miranda, João, 113, 162, 294
Miranda, Luperce, 121, 129, 138, 142, 147, 149-50, 152-3
Miranda, Romualdo, 113, 288
Monteiro, Cyro, 201
Moraes, Francisco Rodrigues de, 269-70
Moraes, Guilherme Augusto de, 30
Moraes, Vinicius de, 69, 178, 240, 245, 299
Moreira da Silva, 174, 201
Moreira, Bucy, 122, 286
Moreno, Rosita, 206
Moreyra, Alvaro, 45
Motta, Nelson, 133, 248
Moura, Fileto, 46
Murray, Charles, 150
Nabuco, Afrânio, 117, 131, 211, 256
Nabuco, João Maurício 264
Nair, 255
Nascimento Silva, Marta Hortência, 216
Nássara, Antônio, 114, 126-7, 129, 153, 164, 197, 212, 282, 286, 291, 293, 297, 299
Nasser, David, 28, 62, 114, 159-60
Nazareth, Ernesto, 49

Nery, Aldo (pseudônimo de Oswaldo Santiago), 121, 123
Netto, Dermeval, 109
Neves, Eduardo das, 19, 44
Neves, Sebastião Santos, 21
Nonô (Romualdo Peixoto), 148, 153, 156-60, 162, 167, 174, 279, 292, 299
Norat, Ildefonso, 18, 45, 112
Noriega, Manuel, 206
Novarro, Ramon, 187
Nozinho, 60
Nunes, Mário, 64, 76, 79, 181
Odeon, Orquestra, 127, 150, 162, 164, 166, 191, 291-3
Oito Batutas, 21-2, 69, 140
Oliveira, Aloysio de, 146, 180, 185-6, 240, 242-3, 280, 299-300
Oliveira, Armando de Salles, 106
Oliveira, Bomfiglio de, 109, 153, 296
Oliveira, Januario de, 18, 48, 87, 103-5, 109, 111-2
Oliveira, Marcelino de, 98
Oliveira, Milton de, 255
Orleans e Bragança, Dom João de, 216
Oscarito, 192, 282
Osório, Yolanda, 113
Paiva, Gabriel Nascimento Gomes de, 31
Paixão Cearense, Catulo da, 62

Pan American, Orquestra, 20-1, 77, 79, 91, 100, 102, 106, 109, 112, 118, 171, 220, 286-9
Paraguassu (Roque Ricciardi), 56-7, 60
Patrocínio Filho, José do, 49
Paulinho da Viola, 18, 261, 283
Paulino, Roberto, 33, 66, 83-4, 265, 270
Paulo da Portela (Paulo de Oliveira), 101, 136, 286
Peixoto, Floriano, 257
Peixoto, Luiz, 64, 76
Peixoto, Mario, 13
Pepe, Francisco, 140
Pepe, Raul, 140
Pereira Gomes, 21
Pescuma, Arnaldo, 181, 281
Petry, Carlos Roberto, 158
Pinheiro, Mário, 19, 23
Pinto Filho, 192, 282
Pinto, Walter, 186
Pires Vermelho, Alcyr, 186, 297
Pires, Cornélio, 116
Pires, Júlio, 223
Pixinguinha (Alfredo da Rocha), 21, 44, 95, 108, 135, 140, 162, 166-7, 171, 186, 189, 191-2, 247, 279-80, 293, 299
Poe, Edgar Allan, 103
Pongetti, Henrique, 213, 215, 223, 283
Pontes, Célia, 221
Portinari, Cândido, 255
Porto, Humberto, 184, 297
Prazeres, Heitor dos, 94, 101, 173, 197, 282, 287-9, 296

Prescott, Frederic M., 56
Prestes, Júlio, 103
Puccini, Giacomo, 181
Quidinho (Euclydes Silveira), 135, 289
Quintiliano, Antônio, 79
Rangel, Lúcio e Maria Lúcia, 65, 70, 72, 97, 114, 132, 248, 250,
Raul Torres e João Pacífico, 116
Reis, Antônio dos Santos, 30
Reis, Raul Meirelles, 28-31, 36, 53, 279
Reis, Thereza Meirelles, 30, 36
Rezende, Raul, 240, 298
Ribeiro, Agildo, 274
Ribeiro, Alberto, 23, 178, 181, 187, 192, 194, 197, 225, 281-2, 292-4, 297, 299
Roberti, Roberto, 92, 225, 294
Rocha, Frederico, 60, 84
Rocha, Jayme Tolomi da, 171, 295
Rodrigues, Albertino, 21
Rodrigues, Lupicínio, 18, 158
Rodrigues, Nelson, 274
Rogers, Ginger, 184
Roland, Nuno, 212
Rondon, J. C., 60
Rosa, Elvira, 30
Rosa, Noel, 11, 18, 23-4, 35, 55, 83, 97-8, 108, 113-4, 116, 118, 122, 124, 126-7, 131-2, 147-9, 153, 155-62, 165-7, 169, 171, 173, 176, 178, 194, 197, 212, 232-3, 236, 238, 240, 247, 250, 258, 263, 277, 279, 282-3, 286, 290-3, 299-300
Rosenburgo, Lourdes, 216

Roulien, Raul, 108, 138, 140-1, 184, 206
Rouskaya, Norka, 76
Rufino, João, 113
Rufino, Sebastião, 113
Rui, J., 114, 127, 165, 291, 299
Ruiz, Roberto, 76
Sablon, Jean, 227, 280
Sade, Alfredo, 182, 189
Saldanha da Gama, 257
Santiago, Oswaldo, 114, 123, 197, 282, 293
Sarmento de Beires, 49
Segreto, José, 90
Segreto, Paschoal, 150
Sichel, Berta, 264
Sidney, George, 150
Silva Gordo, 265
Silva, Ernani, 163-4
Silva, Ismael, 25, 93, 95, 98-101, 105, 109, 113, 117-8, 124, 135, 137, 143-4, 147, 149-50, 153, 156, 197, 232, 263, 283, 285, 287, 289-91, 293, 299-300
Silva, J. B. (ver Sinhô)
Silva, Orlando, 17, 24, 201, 212, 275
Silva, Romeu, 16, 19, 21-3, 60, 102
Silva, Walfrido, 153, 166, 171, 176, 184, 186, 191-2, 220, 286, 291-2, 295, 297
Silveira Filho, Guilherme da, 26-7, 30, 89, 203-4, 229, 274
Silveira Filho, Manuel Guilherme da, 30
Silveira Sampaio, 26-7, 30, 212
Silveira, Alice da (mãe de Mario), 28, 30, 97
Silveira, Alice da (prima de Mario), 30

Silveira, Domingos da, 30
Silveira, Guilherme da, 26-8, 30, 37, 53-4, 88-9, 169, 203, 205, 207, 229, 232, 257, 279
Silveira, Joaquim Guilherme da, 26-8, 30, 38, 127, 133, 203, 205, 211-2, 229, 232-3, 257, 262, 271-2, 274, 280
Silveira, Manoel Guilhermino da, 30
Silveira, Maria Candida da (Candinha), 28, 131-2, 212, 230-5, 257-8, 262, 267, 271, 274
Silveira, Maria Rosa de Moraes da, 30
Silveira, Mônica, 248
Sylvio Fernandes (ver Brancura)
Sinhô (José Barbosa da Silva), 17-9, 23-4, 35-51, 53-4, 58, 60-5, 70-1, 73-6, 79-80, 82-3, 87, 91, 93-5, 102-3, 105, 109, 111-3, 116, 120, 220, 230, 232-3, 235-6, 238-9, 245, 248, 263, 279-80, 283, 285-9, 298-300
Siqueira, 133
Souto, Eduardo, 60, 105, 120-1, 135, 147, 171, 289
Souza, Leda, 232
Souza, Sérgio Malaguti de, 263
Souza, Sílvio de, 21
Souza, Tárik de, 33, 67, 251
Souza, Xavier de, 225, 294
Strauss, Rudolph, 57
Stuart, Afonso, 181, 281
Suarez, Laura, 109
Tabajara, Orquestra, 235
Tapajós, Haroldo, 13, 15

Taranto, Aldo, 173, 178, 296
Tavares, Hekel, 64
Tavares, Julio, 255-6
Teixeira, Manoelino, 181, 281
Teixeira, Osvaldo, 33, 247, 279
Teixeira, Patrício, 108, 212
Telles, Sylvia, 240, 243
Tenentes do Diabo, 196
Thomaz, J., 45
Thormes, Jacinto de (pseudônimo de Maneco Müller), 229
Tia Ciata, 44
Tolstói, Leon, 53
Tom Jobim (Antônio Carlos Jobim), 18, 240, 245, 280, 286
Trompowsky, Gilberto, 215
Troupe Guanabarina, 215
Tuiú (Augusto de Oliveira Pinto), 23, 45
Turunas da Mauricéia, 112-3, 116, 129
Tute (Arthur Nascimento), 121, 139, 142, 147, 149-50, 153
Ursulino, 73
Úrsulo, 73
Vadeco (Oswaldo Éboli), 89-90, 131, 146, 186, 189, 194
Valença, Paulo, 162, 294
Vargas, Alzira, 207, 210
Vargas, Getúlio Dornelles, 38, 89, 160-1, 178, 203, 205, 207-9, 211-2, 221, 229
Vasconcellos, Sergio Alencar, 72
Veloso, Caetano, 270
Vero (ver Gnattali, Radamés)
Vieira, Orlando, 93, 286-8
Villa-Lobos, Heitor, 87-8
Vilmar, Roberto, 84
Viúva Guerreiro (Serafina Mourão do Valle), 46-7
Vogeler, Henrique, 41-2, 95, 287
Vuillard, Édouard, 255
Wanderley, Eustórgio, 155
Wanderley, Fernando Adolfo Velho, 267, 273
Washington Luís, 88, 95, 279
Wheyting, Jeanette, 187
Zé Carioca (pseudônimo de Mario Reis), 67, 86-7, 95, 102-3, 105-6, 164, 288
Zenatti, Célia, 139
Zizinha, Dona, 144
Zózimo (Barroso do Amaral), 258-9

CRÉDITO DAS FOTOGRAFIAS

Arquivo Luís Antônio Giron/Reprodução (pp. 10, 16a, 16b, 20a, 20c, 26a, 26b, 29, 32a, 32b, 34a, 34b, 40, 47a, 47b, 50, 55a, 59a, 63a, 63b, 78a, 78b, 81, 96a, 99a, 99b, 104, 107, 110, 115, 119, 125a, 125b, 128, 130, 134, 141, 145, 148, 154b, 157, 163a, 163b, 170a, 172, 177b, 180, 183a, 183b, 185a, 188c, 195a, 195b, 195c, 195d, 198a, 200, 204, 209a, 209b, 228, 231a, 231b, 234, 237b, 242, 244a, 244b, 246b, 249a, 249b, 252b, 252c, 284, 306, 308)
Arquivo Antônio Sérgio Ribeiro/Reprodução (pp. 246a, 252a, 261a, 261b, 261c, 276, 278, 4ª capa)
Arquivo Abel Cardoso Júnior/Reprodução/Marcos Alves (pp. 7, 20b, 47c, 55b, 68a, 68b, 75a, 75b, 92a, 92b, 122a, 122b, 151a, 151b, 154a, 170b, 175a, 177a, 179, 188a, 188b, 198b, 214, 217, 219, 222a, 222b, 222c, 224a, 224b, 224c, 237a, 239a, 239b)
Arquivo Cinédia (pp. 168, 185b, 193, capa)
Divisão de Arquivo Sonoro da Biblioteca Nacional (pp. 59b, 175b, 226)
Adhemar Veneziano/Abril Imagens (p. 254)
Antônio Andrade/Abril Imagens (p. 266)

Todos os esforços possíveis foram feitos para se determinar a autoria das fotos usadas neste livro. Uma vez localizados os fotógrafos, a editora imediatamente se dispõe a creditá-los nas próximas edições.

COLEÇÃO TODOS OS CANTOS
direção de Tárik de Souza

    Iniciada em 1995, a coleção Ouvido Musical entra em nova etapa. Com o título ainda mais abrangente de *Todos os Cantos*, ela passa a ter a dimensão ampliada pelo patrocínio do Grupo Pão de Açúcar, que através de seu programa de apoio cultural oferece bolsas de incentivo aos autores, bem como pagamento de pesquisadores e auxílio à produção para o desenvolvimento dos livros. Reforça-se com isso a idéia de estudar os movimentos musicais do planeta utilizando as mais diversas abordagens, incluindo perfis, ensaios e reportagens. Sempre partindo da visão de um país de musicalidade à flor da pele, a coleção pretende conectar-se às inúmeras vias de cada tema, fiel à tarefa de apresentar aos leitores o maior número de alternativas para o conhecimento deste universo complexo e interpenetrado.

    Na era da simultaneidade virtual e interativa, a seleção de títulos e autores guia-se pelo critério da máxima abrangência, tendo como únicos vetores a qualidade e a relevância. A coleção procura ainda mapear as principais tendências que movem o tabuleiro da música, além de refletir e desvelar seus personagens, instrumentos e atitudes. O desenvolvimento técnico, o apuro virtuosístico, a influência no comportamento refletida na história das humanidades conviverão indissolúveis nesse enredo, retratado por autores escolhidos entre os expoentes de cada assunto. Com a série pretende-se uma visão nova e sistematizada sobre a música — essa arte volátil que nos cerca, mobiliza e define.

Dominique Dreyfus
O violão vadio de Baden Powell

Roberto Muggiati
New Jazz: de volta para o futuro

André Barcinski e Silvio Gomes
Sepultura: toda a história

Rosa Nepomuceno
Música caipira: da roça ao rodeio

Goli Guerreiro
A trama dos tambores: a música afro-pop de Salvador

Marcelo Fróes
Jovem Guarda: em ritmo de aventura

José Teles
Do frevo ao manguebeat

Luís Antônio Giron
Mario Reis: o fino do samba

A sair:

Jamari França
Paralamas do Sucesso

Bia Abramo
O pop brasileiro

Angela de Almeida
Dolores Duran

Stella Caymmi
Dorival Caymmi: O mar e o tempo

Fernando Moura
Jackson do Pandeiro

Zuza Homem de Mello
A era dos festivais

Títulos já lançados (originalmente pela coleção Ouvido Musical)

Roberto Muggiati
Blues: da lama à fama

Arthur Dapieve
BRock: o rock brasileiro dos anos 80

Carlos Calado
A divina comédia dos Mutantes

Dominique Dreyfus
Vida do viajante: a saga de Luiz Gonzaga

Luiz Galvão
Anos 70: novos e baianos

Carlos Albuquerque
O eterno verão do reggae

Tom Leão
Heavy Metal: guitarras em fúria

Jairo Severiano e Zuza Homem de Mello
A canção no tempo: 85 anos de músicas brasileiras (Vol. 1: 1901-1957)

Carlos Calado
Tropicália: a história de uma revolução musical

Henrique Cazes
Choro: do quintal ao Municipal

Jairo Severiano e Zuza Homem de Mello
A canção no tempo: 85 anos de músicas brasileiras (Vol. 2: 1958-1985)

Silvio Essinger
Punk: anarquia planetária e a cena brasileira

Este livro foi composto em Sabon pela Bracher & Malta, com fotolitos do Bureau 34 e impresso pela Bartira Gráfica e Editora em papel Alta Soft 90 g/m² da Cia. Suzano de Papel e Celulose para a Editora 34, em maio de 2001.